长庆油田基层管理
案 例 集 萃

（第三辑）

冉新权 曲广学 主编

石油工业出版社

内 容 提 要

本书共有54篇文章，总结了长庆油田公司在基层建设中所取得的管理经验。内容涉及党支部建设、基层基础管理、员工队伍建设和班站建设。

本书适合油田管理人员及管理专业人员参考使用。

图书在版编目(CIP)数据

长庆油田基层管理案例集萃．第3辑／冉新权，曲广学主编．北京：石油工业出版社，2012.8

ISBN 978-7-5021-9179-5

Ⅰ．长…

Ⅱ．①冉… ②曲…

Ⅲ．石油工业-工业企业管理-案例-西安市

Ⅳ．F426.22

中国版本图书馆CIP数据核字(2012)第161248号

出版发行：石油工业出版社

(北京安定门外安华里2区1号 100011)

网 址：www.petropub.com.cn

编辑部：(010) 64523736 发行部：(010) 64523620

经 销：全国新华书店

印 刷：北京中石油彩色印刷有限公司

2012年8月第1版 2012年8月第1次印刷

787×960毫米 开本：1/16 印张：22

字数：354千字

定价：150.00元

(如出现印装质量问题，我社发行部负责调换)

《长庆油田基层管理案例集萃(第三辑)》
编　委　会

前　言

重视三基工作是中国石油的优良传统。半个世纪前，由大庆油田中十六联北二注水站首推的“岗位责任制”，逐渐形成各行各业竞相开展的强三基工作。50多年来，中国石油以党支部建设引领基层建设，靠岗位责任制夯实基础工作，用岗位练兵磨炼基本功，锲而不舍强三基，促进了企业又好又快发展。特别是近年来，中国石油全面实施“基础管理建设工程”，使三基工作走上制度化、精细化和科学化发展道路，为全面建设综合性国际能源公司夯实了管理根基。

强化三基工作是中国石油充满生机和活力的重要保证，是中国石油建设综合性国际能源公司的重要保证，是中国石油实现科学发展、和谐发展的重要保证。积极继承才有根基，全面创新才有活力，努力变革才有力量，勇于挑战才有希望。

中国石油三基工作的魅力何在？中国石油三基工作的方向何在？

如今，石油企业变革已悄然来到我们面前。最先感受到新一轮石油变革冲击的是石油三基工作。传统的石油三基工作将在继承中创新和发展；适应新一轮石油变革要求的新型石油三基工作或曰现代石油三基工作，将要建立和成长起来。由传统的基层建设转变到数字化、现代化的基层建设，由传统的基础管理转变到数字化、现代化的基础管理，由传统的基本功训练转到数字化、现代化的基本素质提高。加快转型升级，转变发展方式；打破旧模式，建立新模式；打破旧三基，建立新三基，这是石油企业三基工作面临的严峻挑战。

继承和发扬大庆精神，加强三基工作，就是要坚持长期以来形成的抓基层、强基础、提素质等一整套行之有效的工作思路和做法，进一步增强基层组织对推动企业科学发展和谐发展的保障能力，不断强化基础工作在企业管理中的支撑作用，充分挖掘岗位员工对推动企业技术进步和管理水平提升的巨大潜能；就是要坚持解放思想、实事求是、与时俱进，及时总结新经验，不断丰富三基工作内涵，转变思想理念，完善方式方法，更加突出以人为本；就是要注重传统管理与现代管理相互融合、基础管理与专业管理衔接配套、刚性管理与柔性管理有机统一，积极探索和推行量化管理，推广应用现代信息技术，充分发挥现代化管理手段在提升传统管理中的重要作用。

管理是企业的永恒主题，企业越是快速发展，越要加强管理。重视和加强企业管理是长庆油田的优良传统，敢于和善于创新管理是长庆油田新时期企业管理的突出特点。《长庆油田基层管理案例集萃（第三辑）》所选取的54篇管理案例，充分反映了长庆油田在全面推进三基工作新的重大工程中求真务实，奋发进取，勇于探索，创新实践的新做法、新经验、新成效、新风貌。这些新做法、新经验，虽然有些仍处于阶段性的推进过程中，尚需在实践中不断丰富完善，但对于推动长庆油田三基工作向纵深发展，仍不无有益的决策参考和学习借鉴价值。

开卷有益，透过基层管理创新与实践成果的汇集，使我们清醒地认识到：基层是企业管理与核心竞争力的关键。中国石油把加强三基工作作为固本强基的战略任务，作为事关企业可持续发展新的重大工程。因此，我们必须牢牢抓住这个根本，在新形势和挑战下，坚定信念，继续继承和发扬成熟的管理方法和经验，推动各项管理由经验向科学、由定性向定量、由传统向现代的精细化管理转变，全面增强管控能力，进一步打牢长庆现代化管理基础，确保5000万吨能够“上得去、稳得住”，也能够“管得好”，将长庆油田建设成为“技术领先、管理现代、绿色和谐、持续发展”的“西部大庆”。

目　录

党支部建设篇

基层基础管理篇

员工队伍建设篇

班站建设篇

长庆油田基层管理案例集萃（第三辑）

以党建工作数字化推进党建工作科学化

郑天平　张怀帆　毕　岐　李红星
（第一采油厂）

新形势下，信息化正在影响着党的建设。2010年以来，第一采油厂党委积极应对信息时代对党建工作提出的新要求，加快油田数字化建设，着眼于提升党建工作科学化水平，跟进油田管理方式的转变，初步建成党群工作数字化管理系统，充分发挥了党组织的政治核心作用、党支部的战斗堡垒作用和党员的先锋模范作用，为安塞油田现代化“绿色、数字、示范”油田建设，提供了坚强的政治保障。

一、建设背景及出发点

(1) 党的十七届四中全会提出，要“推进基层党组织工作信息化”，以信息化促进党的建设科学化。

(2) 积极应对新兴信息技术和网络虚拟环境的挑战，适应时代要求，拓宽党建工作领域，增强党的凝聚力、吸引力和战斗力。

(3) 针对油田党员干部、员工群众分布点多、线长、面广的实际，拓宽沟通交流渠道，密切党群、干群关系，促进和谐稳定。

(4) 完善油田数字化建设体系，适应油田发展形势和“大油田管理”管理模式的要求。

(5) 信息技术的发展为党建数字化建设提供了技术可能性、现实推动性和时代必须性。

二、建设思路

以“数字化让旗帜更鲜艳、标准化让堡垒更坚强”为主题，充分利用信息技术，将党建工作业务流与数据流高度统一，按照“层级化管理、标准化设计、模块化建设”的思路，把党建工作划分为九路工作（即党组织建设、党风廉政、宣传工作、企业文化、工会工作、共青团工作、综合治理、信访稳定、保密工作），全盘统筹规划，系统考虑实施，不断提升党建科学化水平，彻底转变党建工作方式。

三、建设模式

党建数字化以标准化为内核，按“3765”模式建设。

“3”，即厂党委、党总支、党支部三个层级。

“7”，即管理、监督、教育、服务、展示、宣传、互动等七大功能。

“6”，即实现党支部“六个一”创建工作标准化。

“5”，即保证党员的知情权、参与权、选举权、表达权、监督权等五项权力。

四、系统具体模块

党群工作数字化管理系统由八大平台组成，即党务办公平台、党建信息平台、宣传展示平台、远程教育平台、网上服务平台、互动交流平台、专题活动平台、精品线路平台。

（一）党务办公平台

为各级党组织和党员、入党申请人建立“电子档案”，实时掌握各级党组织的基本情况和党员队伍、入党申请人的数量、分布、结构及变化情况，做好党员管理；实现各级党组织的工作资料和党员、入党申请人的详细信息检索查询便捷化；实时监控、分析各单位党建工作开展情况；实现系统全面的科学化考核。同时，可登录平台进行党务办公和动态管理。

主要栏目有党组织信息分析、党员队伍分析、申请人队伍分析、思想动态分析、工作运行查询、工作运行监控、工作运行评价、考核结果分析、党务办公管理。

（二）党建信息平台

整合党建各路工作的专题网站和各党总支、各标准化党支部的党建数字化网站，构建网上党建信息传播体系，用现代化手段开辟网络虚拟空间的党建新领域，形成强有力的网上意识形态阵地，为党员群众提供理论思想武器，发挥网上思想政治工作的应有效应，增强党组织的影响力。

主要栏目有厂党委网站及工会、共青团、综合治理、党风廉政、基层建设、保密工作等专题网站，各党总支网站，各党支部网站。

（三）宣传展示平台

展示各单位及广大员工荣获的国家级、省部级、公司级荣誉称号；搭建电视新闻的播放平台，扩大电视新闻受众；播报党建活动动态，宣传先锋模范的典型事迹，展现先进党组织和党员的时代风采；建成图文并茂、声像并举的立体化宣传展示平台。

主要栏目有荣誉之窗、电视新闻、新闻动态、时代先锋、活动掠影。

（四）远程教育平台

开辟“网上党校”和“学习园地”，定期发布精品课件、党课资料、专题讲座、党建影视、红色歌曲、电子书籍等，开展“每旬一题”短信党课教育，建成集文字、视频和图片于一体的网上学习资源库，使每位党员都能在网上深造，提高理论素养，提升教育实效。

主要栏目有网上党校、党史纵横、专题讲座、微型党课、短信党课、党建知识、干部培训、警示教育、学习园地、论文荟萃、每日一书、电子书屋、党建影视、红色歌曲、安全教育。

（五）网上服务平台

为党员提供通知公告、文件制度、办事指南、党务问答等业务咨询、办理服务，使公示制、公选制、公开承诺制等；为党员的优秀博客提供展示空间，倾听党员的思想和声音；针对油田员工常见的心理问题，提供心理援助服务。

主要栏目有通知公告、党委文件、党务指南、党务问答、党建制度、业务流程、博客看台、心理援助。

（六）互动交流平台

畅通不同层级、种类的疑惑、问题、意愿的快速表达、反映渠道，进行网上调查讨论，开展面对面在线交流，召开远程视频会议，对员工的思想、工作等各类问题答疑解惑，形成异彩纷呈的多元互动交流渠道，实现基层党员干部、员工群众和党组织之间的有效沟通、交流、反馈。

主要栏目有书记信箱、网上调查、在线交流、党建论坛、远程视频。

（七）专题活动平台

将各类大型活动的视频和党内教育活动在专题网站上集中展现，让各个岗位的党员、员工都能够观看活动视频，参加党内教育活动，实现“流动”不“失控”、离家不离党，虽远在偏远井站，但犹如身在现场。

主要栏目有专题展播、科学发展观、创先争优。

（八）精品线路平台

将反映文化管理成果的三条精品线路（西线、北线、东线）和十三个企业精神、“三爱”教育基地在数字地图上标注，并辅以图文、视频等形式介绍，全方位地展示基层建设亮点。

西线，即数字化管理精品线，主要包括数字化指挥中心、安塞油田第一站——王窑集中处理站、数字化管理典范——高一联、科技应用的窗口——王十八转等。

北线，即人文化管理精品线，主要包括安塞油田展览馆、艰苦创业的见证——好汉坡、英雄成长的摇篮——小军井、一面鲜红的党旗——杏04、井区建设的示范——张04井区等。

东线，即民主化管理精品线，主要包括安塞油田的丰碑——塞一井、民主管理的示范——坪桥作业区等。

五、实现“九大功能”

党建数字化建设实现了九大功能，即党建工作标准化、监控分析自动化、业绩考核科学化、信息检索集成化、服务管理网络化、教育方式信息化、互动交流便捷化、资料存储共享化、党务办公无纸化。

（一）党建工作标准化

梳理细化党建九路工作、党支部68项工作内容和党总支92项工作内容，明确每项工作开展的频次和要求，有效地规范了党建工作的开展标准，提升了党建工作精细化管理的水平。

（二）监控分析自动化

将每项具体党建工作赋以具体分值，系统根据考核标准自动打分，实时监控党建工作的运行情况，并统计分析相关信息。

（三）业绩考核科学化

考核得分由系统自动考核打分、上级考核打分、生产任务完成打分和五个单项指标扣分综合计算得出，考核指标全面、具体、系统、针对性强，考核程序规范、易操作、科学性强。

（四）信息检索集成化

可以检索查询每位党员、入党申请人的具体情况、特长、爱好等。同时，还可以详细查询各级党组织的基本情况、工作开展情况和各种资料。

（五）服务管理网络化

通过网上点击或提问，即可获得各类信息，使服务管理日益现代化、丰富化，从而实现对党员干部和员工群众在工作上多沟通、思想上多交流、生活上多关心。

（六）教育方式信息化

通过网络开展系统化、全面化、多样化的党员、员工远程教育，确保了教育全覆盖。

（七）互动交流便捷化

沟通载体、方法和途径的丰富多样，使各级党组织之间、党组织与党员之间、党员与党员之间、党员与员工之间，实现互动交流“无极限”。

（八）资料存储共享化

各类网络资源、知识资源、学习资源、建设经验等资料，都能通过网络，实现党员之间、党组织之间的共建共享。

（九）党务办公无纸化

通过党建工作业务流将工作产生的数据流全部电子化，实现资料保存、信息传输、工作模式等从手工管理向无纸化、远程化管理转变。

六、取得效果

（1）转变传统的党建工作方式，实现无纸化党务办公。改变了以往党建工作“跑在路上、耗在会上、记在纸上”的局面，党建工作实现“让数字说话、听数字指挥”。

（2）拓宽党建工作领域，创新活动载体和方式以及党务工作新模式，提高了基层党建工作水平，促进了党建工作的跨越式发展。

（3）形成党建工作的标准和统一范本，实现党建工作清单化、规范化、制度化，降低了劳动强度，提升了党建工作的科学化、标准化水平。

（4）达到“上情下达”一清二楚、“下情上察”一目了然，资料查阅方便快捷，监控考核有效实在，满足了党支部全面建设质态的“刚需”、党员综合素养提升的“必需”和社会复杂环境的“弹需”。

（5）增强了政治工作的时效性、覆盖面和影响力，使党建工作切实融入到安全、生产、经营、管理，融入到生活，融入到人心，为安塞油田的可持续发展提供了更加坚强的政治保障。

标准化党支部创建工作的实践

于　军　张安平　陈志刚
（水电厂）

党的基层组织是党的全部工作和战斗力的基础，是党与人民群众直接联系的桥梁和纽带，是党在社会基层组织中的战斗堡垒。面对长庆油田快速发展的新形势、新任务和新要求，水电厂党委针对管理幅度大、点多线长面广和施工队伍流动性大的特点，采取“静态建支部、动态管党员”的方法，创造性地开展标准化党支部创建活动，对新时期改进和加强党的基层建设做了有益的探索，形成“五位一体”的创建模式，有力地促进了水电厂党建工作科学化、规范化、制度化建设。

一、创建标准化党支部的背景

随着长庆油田的快速发展，油田公司适时提出了“标准化设计、模块化建设、数字化管理、市场化运作”的工作要求，同时也为提高党的建设提供了新的思路和方法。在新形势下，进一步改进基层党的建设，促进水电厂党建工作的科学化、规范化、制度化建设，对调动和发挥基层党组织的战斗堡垒作用和党员的先锋模范作用，实现2015年年产油气当量5000×10^4t的宏伟目标具有重大的意义。

二、标准化党支部建设的内涵

标准化党支部就是将党支部的基本工作按照程序、流程和相关要求而制定的统一的、共同的、可以重复使用的一套规范。其主要内容包含“标准化规程、标准化流程、标准化资料、标准化党员活动阵地、标准化考核”五个部分，同步建设、同步推进、同步运行、同步验收、同步考核，一体化运作。这五个部分同为一体、相互关联、不可分割、缺一不可。

（一）标准化规程

共分党支部的设置和职责、党支部的会议制度、党支部的日常工作制度等三个部分。

⑴ 党支部的设置和职责。主要包括党支部的设置、党支部的职责、党支部（总支）书记、副书记、委员、党小组长职责，支部（总支）委员的职责又细分为组织委员、宣传委员、纪检委员、青年委员的职责等。

⑵ 党支部会议制度。包括党员代表大会制度、党建工作座谈会（书记工作例会）制度等7个会议制度，制度中详细规定会议频次、议题准备、主要内容、议程、参加人员（列席人员）、决议的形成与落实等相关事项。

⑶ 党支部的日常工作制度。主要包含党课教育制度、党内民主选举制度、发展党员工作制度等9项基本日常工作制度，是基层党的建设的最基本要素。

（二）标准化流程

主要包含领导班子民主生活会、中心组学习、增补本级党的委员会成员、党群干部教育培养、党总支（支部）党员大会、党总支（支部）委员会会议、党小组会、党课教育、党员定期考核分析、党总支（支部）定期报告、党员责任区模范岗评选推优、党总支（支部）书记、党员组织生活会、交纳党费、发展党员、预备党员转正、流动党员管理、民主评议党员、处分党员、劝退不合格党员、党总支（支部）换届选举、党员目标管理等22个基层党支部工作流程。涵盖党建日常工作的方方面面，伸展到基层党建工作的细枝末节，为基层党组织有效落实工作提供了明晰的思路和程序，达到资料有目录、收发有登记、放置有标示、填写有规范。

（三）标准化资料

基础资料规定记录类、台账类、制度执行类、规划总结类、统一编制目录等，详细明确资料资料编号、填写规范和基本内容等相关要求，并强调记录时必须记清会议的时间、地点、主持人、参加人（与会人员姓名、应到人数、缺席人员名单）和内容，最大限度地完整记录会议的召开情况，特别要记清会议形成的决议，从而规范了基础资料，减轻了基层负担。

（四）标准化党员活动阵地

在充分调动和发挥基层单位自主意识的同时，留有较大的创新空间，并兼容工团组织的部分活动，重点强调党员活动室必须具备的基本物件，如书柜、桌椅、报刊架、文体活动器材和悬挂的党旗、党的基本知识、党组织机构图、党员学习园地、党员风采、支部荣誉等，确保党员活动阵地创建工作特色鲜明、主题明确、内容丰富、形式不拘一格，为广大党员和员工营造了良好的学习活动阵地。

（五）标准化考核

整合基层党支部党建工作和党支部书记的考核标准。基层党支部党建工作主要从党组织工作体制机制建设、党员教育管理、党建工作计划与落实等9个方面考核；党支部书记主要从领导班子建设、党的基层组织建设、安全监督、稳定工作等12个方面考核，比较客观、合理、全面地考评基层党支部工作的真实情况，促进了基层党支部考核工作的标准化、科学化，也为评先选优提供了准确的依据。

三、“五位一体”创建模式的基本做法

按照“七步法”来组织实施。

第一步，完善制度流程。按照长油党发[2008]27号文件要求，结合水电厂以前制定落实的党建工作制度，陆续修订完善《党组织、党员定期汇报制度》、《党组织建设工作流程》、《党总支（支部）大会制度》、《党总支（支部）委员会会议制度》、《党员评价激励办法》等39项管理制度和26个工作流程，实现与公司管理制度的对接，不断完善了党建制度体系，为2012年实施标准化支部创建工作奠定了坚实的基础。

第二步，制订实施方案。结合油田公司党委关于创建标准化党支部的要求，认真研究制订“五位一体”的创建方案，明确组织实施的时间、原则、方

法、步骤以及内容和标准，随后按计划、分层次深入推进创建活动，取得了阶段性成果。

第三步，征求意见建议。在修订完成党建工作制度流程和创建“五位一体”标准化党支部实施方案后，组织召开党委会，并印发基层各党总支、支部深入讨论，提出富有建设性的意见和建议，最终修订完成《水电厂标准化党支部工作手册》。

第四步，学习创建标准。落实的关键是学习掌握，《水电厂标准化党支部工作手册》完成后，各基层单位组织广大党员，特别是党员领导干部进行全面系统学习，掌握基层党建日常工作规范和标准化党支部的创建的要领，为进一步提高创建工作水平和效率打下了理论基础。

第五步，组织试点推广。选定基础较好、条件具备，既有党总支又有党支部的线路施工大队作为试点单位，严格按照创建标准开展创建工作，建成党员活动室两个、规范整理党建工作基础资料14份，对一个党总支和两个党支部自我考核，利用书记工作例会的机会，组织全厂12个直属党总支（支部）书记现场观摩学习，随后在全厂迅速推开。

第六步，全面稳步推进。创建工作在13个直属党总支（支部）、14个规划创建的非直属党支部中深入开展，各党总支、支部都能充分发挥各自的主动性和创造性，做好了资源利用的最大化。

第七步，加强指导检查。主要领导和职能部门多次深入基层单位调研指导创建工作，与基层单位共同策划、共同设计、共同实施，商讨解决创建过程中遇到的难题。同时，在资金上给予大力支持，为创建工作铺平了道路。

四、“五位一体”创建工作取得的成效

（1）提高了基层党建工作的管理水平。“五位一体”标准化党支部创建工作的深入开展，进一步加快了党建工作制度化进程，规范了工作流程、基础资料和党员活动阵地，统一了党支部和书记的考核和标准，促进了基层党建工作标准化、制度化和规范化管理。

（2）进一步增强了基层党支部的活力。通过创建活动，各支部能够结合实

际，实现全员参与建设，充分调动了基层党支部的工作积极性、主动性和创造性，发挥广大党员的聪明才智，重塑了基层党支部的团队精神。

ZJ29井区党支部的“四心”管理法

闵建雄　范玺权　徐高峰　陈永平　夏文娟　杨燕华
（第三采油厂）

五里湾第一采油作业区ZJ29井区党支部围绕生产经营工作中心，以创建示范党支部为目标，积极探索基层党支部建设新方法、新思路，在党员培养、党支部建设上，倡导“专心培养骨干、舒心带领队伍、精心培育团队、爱心帮扶解困”的“四心”管理方法，以党建带工建、带团建，充分发挥党支部的战斗堡垒作用和党员的先锋模范作用，促进井区各项工作有序开展，员工队伍朝气蓬勃，工作生活环境和谐美好，开创了基层党群工作和谐发展的新局面。

一、专心培育骨干

ZJ29井区党支部在发展党员上，始终坚持“把优秀的员工发展成党员、把优秀的党员培养成骨干”的思路，按照“面向前线，重心下移，从年轻员工抓起，早教育、早选苗、早培养，及时发展”的工作原则，抓好入党积极分子的培养教育，保证新党员质量，为党支部输入新鲜血液，从而充分发挥了党员的先锋模范带头作用。

（一）从团支部书记到党员的姚倩

姚倩是踏着父辈的脚印，义无反顾走进油田的“桥头兵”。在与油田同发展的10年时间里，她默默无闻、无私奉献。期间，井区党支部多次访谈，详细了解姚倩的特长和爱好，并跟踪培养、督促、提高了她的工作热情和积极性。2004年，因工作责任心强，她被调整到示范站南一增。同年，通过作业区竞聘，姚倩成为井区团支部书记。在带领团员青年奋战的同时，姚倩积极向党组织靠拢，2005年向党支部递交入党申请书，通过组织培养和个人努力，于2008年7月光荣入党。

（二）从站长到党员的孟宁丽

2002年5月，南一增成立女子站，孟宁丽有幸成为其中的一员。在她眼里只有更好，没有最好，她严格要求自己，刻苦学习业务知识，资料填写准确无误，得到了大家的一致认可。在众姐妹们的共同努力下，南一增很快成为采油三厂的一道亮丽窗口。2003年，她向党组织递交了入党申请书。2004年，由于工作踏实认真，她被任命为南一增站长。在任站长期间，她狠抓精细管理，积极搞好站内各项工作。经过组织的培养教育和个人的努力，于2007年光荣入党。

（三）从班长到党员到副井区长的刘万龙

1995年刚从学校毕业的刘万龙，被分配到靖安油田工作。工作中，他始终如一、严谨求实、勤奋刻苦、兢兢业业，圆满完成上级交给的各项工作任务。2003年被任命为ZJ29井区大班班长后，他严格要求自己，以饱满的工作热情、扎实细致的工作态度，带领全班为原油上产做出了积极贡献。2005年，他向党组织递交入党申请书。2007年，在组织培养教育下，光荣入党。之后，他更加严格地要求自己，不断提高综合素质和业务能力，用自身的言行感召周围的同志。同年7月，他通过竞聘成为ZJ29井区副井区长。

（四）从副井区长到党员到井区长的翟保奇

1997年刚参加工作的翟保奇，严格要求自己，遇到不懂的问题，虚心向师傅请教，积极钻研电工知识，不断提高自身理论知识和实际操作能力，成为了一名合格的电工。由于工作突出，2003年他被任命为ZJ18井区副井区长。2005年，他向党组织递交入党申请书。通过组织培养教育和个人的努力，2007年光荣入党后，他更加严格地要求自己，在条件最艰苦、现场作业难度最大的工作面前，总是冲锋在生产现场和关键时刻，他无私奉献的精神深深感染了员工、带动了员工。同年，被任命为ZJ29井区井区长。

几年来，ZJ29井区党支部在抓好党员发展的同时，坚持抓好党员的日常管理，开展“我是党员，请大家监督”活动，即把党员建区创岗活动始终贯穿于日常工作生活中，把党员“三高于”（思想品质高于身边员工、业务技能高于身边员工、实际贡献高于身边员工）、“三关键”（关键时刻、关键岗位、关键环节冲在前）作为党员发挥“双带”（带头、带动）作用的有效载体，对党员严格教育、严格管理、严格考核，让员工群众测评党员，使党员真正成为爱岗敬业的先锋、技术革新的标兵、奉献油田的榜样、遵纪守法的楷模，时时处处影响和带动着身边的员工。“把优秀的员工发展成党员，把优秀的党员培养成骨干”党员发展模式实施以来，该井区共有14名党员、其中12人是业务骨干。

二、舒心带领队伍

ZJ29井区党支部紧密围绕生产实际，不断探索创新支部思想政治工作方法和内容，逐步摸索出适应员工队伍建设和井区发展的心理疏导法、情感置换法和“亲情”沟通法等员工思想政治工作的方法，发挥了党支部的思想熔炉作用。

（一）心理疏导法感化柯昱呈

柯昱呈在2005年因多次脱岗、睡岗、岗位酗酒、违反劳动纪律等问题，受到批评。加之一个同来上班的同学都因表现出色担任了井区干部，生性懒散的他更加沮丧。一段时间以来，他都沉默寡言，工作热情不高，不愿意与同事交流。为帮助教育柯昱呈，2006年以来，井区一方面将其调整到井区部旁的单井工作，另一方面动员周围的员工积极与其沟通，鼓励他重塑信心。经过半年多的努力，柯昱呈逐渐建立起生活、工作的信心。2008年2月，井区根据他的积极表现，将其安排到井区最大的增压站——南七增担任站长。经过柯昱呈和井区员工的共同努力，目前南七增以特色建站和人性管理成为井区的亮点。

（二）亲情沟通法温暖孙岁棉的心

女员工孙岁棉的父亲去世比较早，母亲又长期有病在身，老公在管道局工作，长期在野外，孙岁棉又患有习惯性耳鸣。自2005年开始孙岁棉就找作业区要求换单位、调岗位。井区积极与孙岁棉沟通，将其安排到井区食堂等不需要上夜班的岗位，以便于调整心态。同时结合其家庭情况，每逢家中有事要请假，井区都会克服人员紧缺困难，尽可能地安排其回家照料。久而久之，孙岁棉也慢慢感受到井区的温暖，对井区有了认同感，也开始主动要求到站上上班，其他员工有急事，她也主动要求连班。现在，在注气站上班的孙岁棉已带了一名徒弟，并担任站上的兼职讲解员。

（三）情感置换法打动宋卓琳的心

宋卓琳是2007年由四川石油管理局输入的合同制员工。从山清水秀的四川来到环境荒凉的陕北，环境的差异使这个19岁的四川小姑娘很难接受，一心想着要辞职回家。为此，井区就将其安排到南一增做一些简单的工作，动员周围的员工像照顾自己的小妹妹一样多关心、多爱护宋卓琳。井区干部一有时间就跟她谈心，交流自己参加工作时的心路历程和工作经历。她也积极参与南一增的助学活动，给孩子们上课，积极向师傅们学习业务知识。在调整到南七增工作不到一周后，她就能够单独顶岗，并且成为岗位上的一把好手。

ZJ29井区党支部通过在员工队伍中广泛应用心理疏导、情感置换和“亲情”沟通等方法，有效地调动了员工的积极性和工作热情，促进了队伍和谐稳定发展。

三、精心培育团队

南一增压站于2002年5月1日建成投产，是当时靖安油田唯一的女子站。增压站对面不远的山脚下有两间旧房子，是靖边县周河乡马崾岘世纪小学，这所学校条件简陋，30多名学生分为4个年级，只有一位老师。

2003年8月，ZJ29井区党支部向全体员工发出义务帮教山区学生的倡议，以南一增女工为主体成立“与山区小学生手拉手”青年志愿者服务队，22名青年志愿者成为助教的主要成员。女工们利用业余时间，先后义务为山区的孩子开设普通话、音乐、美术、舞蹈、体育、英语、思想品德等课程。在女工们的耐心教导下，学生们学习成绩也由过去全学区的倒数几名提高到第一名，两名学生获得学区数学知识竞赛第一名，还有3名辍学的孩子重新返回校园。

几年来，女工们坚持不懈地用爱心和耐心改变着这群山村的孩子，先后授课2496个课时，捐款捐物（书本、书包、校服、课桌椅、供暖设施）共计8万余元。中央电视台《当代工人》栏目、宁夏电视台《今日关注》、《中国石油报》、《新华网》等媒体也闻讯赶来采访报道。南一增也形成独具特色的“爱岗敬业、无私奉献、团结协作、滴水穿石”的南一增精神，成为作业区、采油三厂学习的楷模。南一增站长张丽也被评为油田公司2007年度劳动模范。

四、爱心帮扶解困

员工身边无小事。ZJ29井区党支部将员工的困难和冷暖视为井区管理的大事来抓，想办法为员工办好事、办实事，为员工排忧解难，让员工开心工作、快乐生活。

井区每个站点都配置饮水机。有一次南七增的饮水机坏了，报告到井区后，井区迅速与在顺宁开会的副井区长联系，买来暖瓶，当晚就送到站上，解决了员工的饮水问题。从此，井区一直备有5只暖水瓶，如果哪一个站点饮水机坏了，井区当天就会给员工送去暖水瓶，并及时将坏了的饮水机送去修理。

井站员工的工服沾上油很难清洗。为此，党支部成立清洗小分队，每周到井站收集一次脏工服，清洗或送到作业区干洗店干洗，既解除了员工烦恼又保持了员工衣装整洁。

为解决井区内部员工的分居问题，井区成立夫妻站、夫妻井，解决3对夫妻的分居问题。

通过深入扎实的工作，ZJ29党支部发挥了党支部的战斗堡垒作用和党员的模范带头作用，油区环境趋于和谐，基础管理水平不断提高。2005年以来，井区先后有66名员工报考大专以上学历的函授学习、42人通过采油中级工考试、16人在作业区及厂级技能竞赛中获得好成绩、21名班站长通过竞聘走上井区管理岗位，还先后为其他井区输送党员和业务骨干12人。

2005年，中华全国总工会授予南一增女职工建功立业标兵岗；同年，宁夏回族自治区授予南一增女职工宁夏青年志愿者贡献奖。南一增还先后被宁夏回族自治区总工会授予全区十佳女职工标兵岗；2006年、2008年两年，共青团中央、中国青年志愿者协会授予ZJ29井区第六届、第七届中国百个优秀青年志愿服务集体；2009年南一增女子站被授予油田公司“女职工建功立业标兵岗”

称号；ZJ29井区党支部连续5年荣获采油三厂“先进党支部”称号，ZJ29井区2007年度被授予“基层建设免检井区、跨越300万吨模范集体”称号；2008年度被授予油田公司“优秀党支部”称号；2011年度被授予中国石油天然气集团公司“优秀基层党支部”称号。

“三考、两定”党建工作考核评价体系的建立与运用

于　军　张安平　陈志刚
（水电厂）

随着油田改革改制的进一步深化和“大油田”建设步伐的不断加快，利用有效手段充分发挥党支部的战斗堡垒作用和党员围绕中心服务大局方面发挥先锋模范作用就显得尤为重要，也必将成为各个单位党组织建设的重要课题之一。水电厂党委基于这一重要认识，针对基层党组织工作执行力不够，党员积极性、主动性和创造性发挥不够等问题，深入研究探索，不断建立和完善“三考、两定”党建工作考核评价体系，开辟了基层党支部和党员考评管理的新路子。

一、“三考、两定”的概念

“三考、两定”，即对党支部、对党支部班子成员、对党员“三个层面”的考核和考核后对党支部的定量分析、对党员的定性评价。这五个方面相互关联。

二、实施“三考、两定”的目的和意义

(1) 增强基层党组织执行力。长期坚持党组织的考核工作，有效督促基层各党总支、支部及时完成工作任务，推动了包括生产、安全、稳定等工作的全面进步。同时，营造了干事创业的良好氛围。

(2) 强化党员的履职意识。坚持每月考核党员，提高了党员履行工作职责和自觉完成工作任务的意识，提升了岗位工作效率。同时，也培养了爱岗敬业精神和党员个人素养，对于改进加强党员队伍建设提供有效的途径和方法。

(3) 为推荐先进提供科学依据。年底的综合考核纳入了月、季、半年的考评结果，比较客观全面地反映了一年的整体工作情况，从而为评选各类先进提供科学依据。同时，也进一步完善了“创先争优”工作机制，带动了党建工作的全面进步。

(4) 规范支部和党员行为。随着考核评价体系的进一步完善，形成目标和压力的层层传递，产生了激励效果，带动党群各路工作延伸到生产经营的各个环节、方方面面，为基层党建工作自我完善、自我提高开辟了一条有效途径。

三、“三考、两定”考核评价体系的形成与发展

水电厂“三考、两定”考核评价体系的形成与发展历经了探索、建立、完善和全面实施四个重要阶段。

(1) 探索阶段。这一阶段是在总结党建工作得失的基础上，初步确立党建工作考核评价体系的构想。主要是客观地分析多年来党建工作方面存在的问题，提出改进加强党建工作的意见，确定以党建制度建设为中心的基本思路。此后的几年时间里，先后探索修订完善十多种党建制度，编辑印发《党建工作制度汇编》，在全厂贯彻实施。

(2) 建立阶段。这一阶段主要是确立和实施“两张表”制度。“两张表”就是行政、党群月度工作运行大表。就党群工作运行大表而言，每月依据全年各路重点工作分解任务、月度工作会、文件和会议安排事项，逐一编列工作运行大表，做到工作内容、负责人、责任人、完成时限“四落实”，并长期坚持月检查汇报、月考核兑现，提高了日常工作效率和工作质量，促进了党建工作管理水平的大幅提升。

(3) 完善阶段。这一阶段是以党员目标管理的实施为重点，在改进加强对基层党组织考核的同时，进一步加强党员的评价，考评层面和内容进一步充实和完善，考核评价体系框架初步显现。进一步修订完善党建工作制度，编制党建工作流程，形成《党建工作制度和流程手册》。先后修订完善基层党支部建设工作考评实施细则、基层党总支（支部）书记工作目标考核实施细则和党员群众定期评价基层党组织及其成员实施细则、党员目标管理和考评实施办法等

制度，形成全方位、多层次、广角度的考核评价体系，党建工作考核评价逐渐步入科学化、规范化、制度化的轨道。

（4）全面实施阶段。这一阶段是以考核评价日常化为重要手段，不断加强对基层党支部及其班子成员和党员的考核评价。主要分三个时间段进行：月度工作考评主要是月度党群工作运行大表安排工作完成情况和党员目标完成情况两项基本内容；季度和半年党建工作考评主要途径是季度党建工作检查和上半年岗位责任制大检查，同时，党员群众进行定期评价基层党组织及其成员；年度党建工作考评主要是综合月度、季度和半年的考评结果，对全年党建工作做出正确客观公正的综合评价。考核的主体是各党总支（支部）及其班子成员和党员，考核部门是各党群科室。

四、“三考、两定”考核评价体系的基本内容

“三考、两定”考核评价体系的不断建立与完善，是解决当前党建考核评价工作存在问题的有效途径，也是科学、全面、公正考核评价党建整体工作和党员履行权利义务的一种有效方法，主要内容有以下五个方面。

（一）考核党支部

（1）月度考核，主要是按照年度党委工作要点和其他会议文件精神，以及临时安排的各项工作任务，依据每月的党群工作运行大表，每月考核一次工作完成情况。

（2）季度、半年考核，主要依据季度、半年工作检查标准，考核各党总支（支部）。

（3）年度考核，主要依据水电厂党委《基层党支部建设工作考评实施细则》，从党组织工作体制机制建设、发挥党组织政治核心作用、领导班子建设、基层党支部建设、队伍建设、党员教育管理、党建工作计划及落实、党组织建设基础工作、报告联系制度等9方面，制定详细的考核标准，将党的基层组织建设的具体任务、目标、内容量化分解成若干个便于考核的指标，由厂党委组织科牵头，每年综合考核一次，以检查、督促和保证党建目标的实现，促进水电生产经营健康稳步发展的一种激励约束机制。

综合月度、季度和半年、年度考核结果，对每个总支、支部量化打分。评价打分采取百分制，90分及以上为一类、80～89分为二类、60～79分为三类、59分及以下为四类，最后综合评议一类、二类、三类、四类党支部，并将考核结果反馈给基层单位。

（二）考核党支部班子成员

（1）对党总支（支部）书记的考核。每年年初，各基层党总支、支部书记依据其工作职责，从领导班子建设、党的基层组织建设、稳定工作、基层建设、宣传思想政治工作等方面制定详细的工作目标，每季度厂党委检查考核目标完成情况，并在书记工作例会上考核通报。为了更好地结合生产经营工作，水电厂还对基层党总支、支部书记赋予HSE监督职责，并与党建工作目标完成情况同检查、同考核、同通报。

（2）对党支部副书记及其他委员的考核。主要依据其分工，对岗位职责的履行情况，每季度考核一次。

无论是对党总支、支部书记，还是对支部副书记及其他委员的考核，都结合《党员群众定期评价基层党组织及其成员实施细则》，结合党员群众定期评价的相关内容，突出群众是否满意的检验标准，更加全面、真实考核。

（三）考核党员

每名党员依照自己的岗位职责和工作实际，分解制定个人年度工作目标，并按记实、讲评、检查、评比、奖惩五个环节每季度量化考核。同时，结合党员承诺的履行情况的考核。在目标制定过程中，强调严格审核目标的具体量化、可操作性和实用性，力求做到工作有标准、监督有目标、考核有依据、结果有说服力。并坚持以下几个基本原则：

（1）个人目标与单位目标相结合的原则。制定党员目标，单位总体目标框架是前提，不能孤立于组织之外，不能随意降低目标标准，更不能与单位目标相抵触。

（2）个人目标与岗位职责相结合的原则。制定党员目标，要紧密结合自己的岗位实际，岗位不同、职责不同，目标也各不相同，烙有鲜明的岗位特征，一看便知是某某岗位的个人目标。

(3) 个人制定与集体审定相结合的原则。个人制定的目标必须经过党小组、党支部层层审定，特别是党支部书记要认真履行职责、严格审核。不符合要求的，坚决打回，重新制定。

(4) 定性与定量相结合的原则。管理岗必须含有量化的管理约束指标；技术岗必须含有量化的技术指标；操作岗必须含有量化的工作量。能量化的要尽量量化，不能量化的要准确表述。

(5) 同一性和差异性相结合的原则。同一工种、同一作业环境下的个人目标，大多数目标可能是相同的，但应在技能高低、工龄长短等个性条件下有所差异。

(6) 固定性和变化性相结合的原则。一个人的目标确定后，一般情况下不会有大的变化，只是逐月分解落实的问题。但由于种种原因而造成目标脱离实际或者岗位发生变动时，就应当及时调整。

（四）定量分析党支部

对党支部的考核结束后，综合分析考核结果，找出存在的问题，并深入剖析问题存在的根源，督促编列整改运行大表，做好整改。

（五）定性评价党员

对党员的考核工作完成后，形成定性评价材料，给党员反馈考核和评价结果，由各党支部督促党员整改。

五、“三考、两定”考核评价体系的运用

在长期的实践中，水电厂总结形成 “六步法”，从制定考核标准到最后修订完善考核标准，形成一个完整的工作闭环，保证考核评价体系的高效运行。

(1) 制定考核标准。依据各个阶段、各个时期的重点工作，制定和完善《党总支（支部）建设工作考核标准》、《基层党总支（支部）书记工作目标考核标准》和《党员群众定期评价基层党组织及其成员实施细则》、《党员目标量化考核标准》，以增强考核的有效性和针对性。

（2）认真组织考核。在考核之前，各有侧重地详细编制考核工作方案，组织相关部门审核，并征求基层单位的意见和建议，依据考核标准组织考核。

（3）定量定性分析评价。整理汇总分析考核结果，得出分析评价结果。定量分析由考核领导小组和党委组织科综合分析，形成定量分析材料，交厂党委审定。由各党支部组织定性评价，各党总支审定。

（4）反馈分析评价结果。对党总支、支部的定量分析考核结果由党委组织科书面反馈；对党员的定性评价，由支部以一定形式反馈。

（5）督促整改。对查出的问题，督促制定整改运行大表，将整改项目和内容编列月度工作运行大表，定期复查整改情况，并在有关会议上通报，督促抓好整改落实工作，不断促进基层党建工作上水平。

（6）修订完善考核标准。每次分析评价完毕后，整体评估本次考核工作，查找存在的问题，适时调整补充修订考核标准，进一步优化考核过程，提高考核工作的科学性、合理性和正确性。

六、“三考、两定”考核评价体系运用过程中需要注意的几个问题

（1）要科学合理地组织好考核评价工作。首先各相关部门要依据当前工作实际，科学全面修订考核标准。其次要合理统筹安排考核，提前策划好考核的细枝末节，制定周密的考核方案。最后要在不影响生产经营工作、不增加基层负担的前提下，组织开展考核。同时，做好考核的统计工作，确保考核准确、全面、真实。

（2）要充分结合安全生产经营等中心工作。党建工作必须服从于、服务于生产经营这个中心工作，所以无论是制定考核标准，还是进行考核，特别是党支部书记工作目标的制定和党员目标的制定都要完全融入生产经营实际工作，不能脱离中心工作，否则就失去了考核评价的全部意义。

（3）要坚持不懈做好考核评价工作。考核评价体系完善了，坚持做好考核评价工作显得尤为重要，我们要树立一以贯之的精神，坚持加强对制度落实的检查考核，督促基层党组织按期、不打折扣地做好考核评价工作。

基层基础管理篇

长庆油田基层管理案例集萃（第三辑）

数字化集气站运行管理模式探讨

刘　毅　单吉全　周　建　张晓军　陆国雄　魏自涛
（第三采气厂）

苏里格气田苏14井区于2005年投入开发，是第三采气厂管理的七个区块中最大的井区。苏14井区年生产能力$16.5\times10^8m^3$，已建集气站7座、清管站1座，管理生产气井487口，员工73名。截至2011年7月20日累计产气$43.8\times10^8m^3$。

一、数字化集气站运行管理模式产生的背景

自苏里格“四化”模式推行以来，第三采气厂按照油田公司“两高、一低、三优化、两提升”的数字化建设思路，结合气田数字化技术的不断成熟和发展，不断升级改造作业区数字化管理，逐步完善以厂—作业区—集气站“三级”实时监控网络，实现数字化集气站无人值守。新的生产运行模式打破了常规生产运行、人员配置、生产管理方式，对于无人值守集气站的安全生产运行，亟待一种新的管理模式与之相适应。为此，作为首批建设和实现数字化无人值守集气站的苏14井区，在工作中不断探索总结，形成了数字化集气站运行管理模式。

二、数字化集气站运行模式具体做法

（一）数字化集气站所具有的功能

(1) 气井电子巡井：作业区实时在线单井数据（套压、油压、流量）及现场影像，实现单井远程关断控制。

(2) 集气站内无人值守：生产数据实现作业区数字化平台远程监控。

（3）集气站远程安防智能监控：通过安装在现场的电子路卡执勤系统、门禁系统、围墙红外报警系统、智能视屏监控系统等设备的运行，保障集气站的安全防护要求。

（4）生产应急远程处置：当生产发生紧急情况时，通过作业区数字化管理平台可实现“气井一键关井、压缩机远程停车、发电机自动启停、集气站远程关站、集气站远程防空点火”作业。

（5）报表自动生成：单井数据以及集气站生产参数通过平台建设实现生产数据自动采集、自动录入。

（二）数字化集气站管理模式

1．作业区劳动组织架构调整

将苏14井区原有的7个集气站整合为2个集气站巡检班。集气站由驻站式管理向例行巡检转变，成立巡检班，如图1、图2所示。

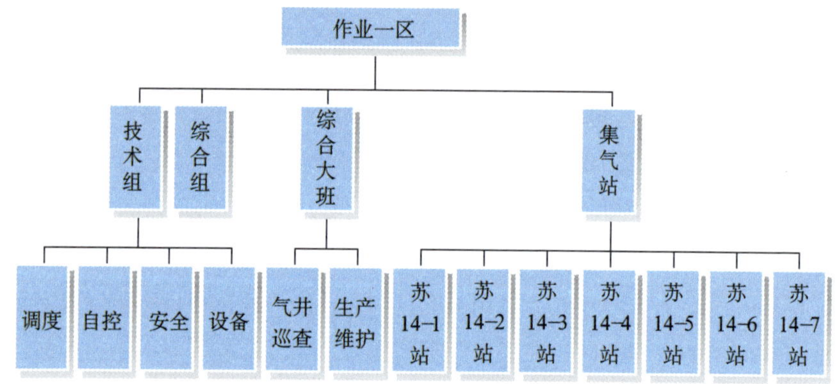

图1　苏14井区数字化集气站实现前组织结构图

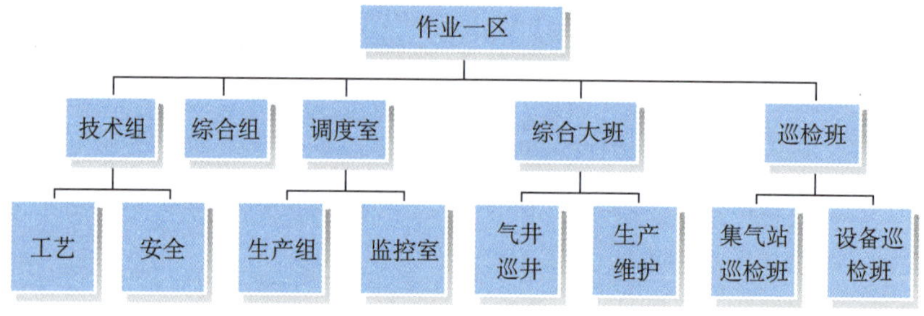

图2　苏14井区数字化集气站实现后组织结构图

2．建立数字化作业区相关管理制度

针对数字化集气站的现场生产运行实际，编制相应数字化设备操作手册，修订完善《作业区数字化管理平台操作手册》、《数字化集气站巡检班操作手册》、《数字化作业区应急处置方案》等与数字化集气站管理相配套的制度，规范现场操作人员作业。

3．完善作业区数字化管理平台调控职能

7座集气站、480口单井的生产运行、应急处置全部实行平台远程监控，作业区数字化管理平台是现场安全、平稳运行的关键。通过监控平台操作人员、调度值班人员以及数字化巡检班的有机结合，实现应急事件的紧急处置，如图3所示。

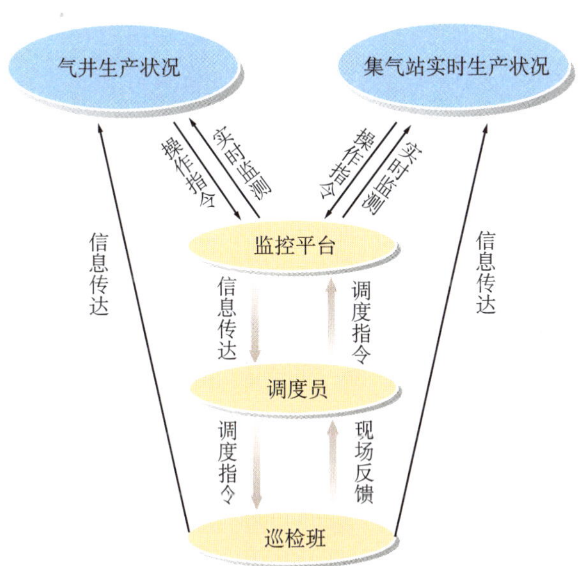

图3　苏14井区数字化集气站管理运行模式下应急事件处置流程

4．加强数字化管理培训力度

现场数字化升级改造后，大大降低了现场工作强度，大部分操作实现自动控制，与此相应的是对操作员工的素质提出了更高要求。通过理论培训、现场操作、应急演练等培训方式，将数字化管理理念灌输到员工意识中，使员工感受到数字化管理的优势和好处。

同时有效地结合矩阵培训，针对每名员工开展每一台设备、每一个软件的操作培训，切实提高员工素质，保障现场安全、平稳运行。

5．发挥自控优势、精简现场资料

实行数字化管理后，原有的人工资料录取倍显滞后，报表填写、设备运行记录实现了自动采集；劳动组织架构由7个集气班站精简为2个巡检班组。因此，合并、删减原有需要的资料，以适应目前的生产运行实际。

6．配套运行维护管理

选择技术好、服务意识强的维保队伍，及时检查维护作业区内所辖气井、集气站的硬件、软件运行是数字化管理的一项重要保障。同时开展维保队伍运行维护管理，建立考核机制，以保障数字化管理平台的正常运转。

三、苏14井区数字化管理模式运行效果评价

（1）生产运行效率大幅提升。数字化管理平台搭建后，气井由原来的每三天人工巡井转变为每一分钟电子巡井1次，效率提高4320倍；集气站的人工两小时巡检一次转变为异常数据自动报警功能，实现由人工巡查向智能诊断转变，提高了现场运行效率。

（2）气田开发管理水平不断提高。现场采集的生产数据通过管理平台软件实现分类储存，通过调阅历史数据、趋势导向等功能，可更准确地分析判断生产情况，进一步强化了技术分析的科学性、准确率和及时性。

（3）安全风险明显降低。数字化管理技术的广泛应用，降低了人工现场操作强度及次数，削减了现场操作风险。同时，大大降低了交通安全风险。

（4）员工劳动强度大幅降低。实行数字化管理后，一线操作员工从简单、重复的现场操作中解脱出来，从事数字化操作和管理，切实降低了劳动强度，实现员工由技能型向技术型的转变。

（5）用工总量得到有效控制。苏14井区打造数字作业区后，建立了新型的劳动组织架构，集气站驻站管理模式转变为例行巡检作业，由原来的7座集气站配备42人精简到目前的28人。以点带面，全作业区用工总数由2009年的104人精简到目前的73人，进一步降低了运行成本，管理效率显著提高。

数字化应用提高油田管理水平

郑明科　张　营　陈振平　韩晓龙　苏宁宁　赵勇东
（第三采油厂）

五里湾第二采油作业区按照油田公司和采油三厂数字化建设总体规划，先后完成17个站点、239口油井、90口注水井的数字化硬件安装、软件调试等基础建设。按照新型劳动组织架构设置，对机关三组一室和基层井区优化组合，建成以调控中心辐射全区的数字化生产运行管理系统。作业区致力于数字化拓展应用，与生产预警管理法、油藏动态监控管理法等7项成熟的管理方法深度结合，充分发挥数字化精确制导、远程控制、智能管理、系统指挥的优势，使作业区步入了智能化精细管理模式。

一、坚持“四个同步”，奠定数字化应用基础

在做好数字化软、硬件建设的同时，五里湾二区坚持“四个同步”（数字化改造和转变观念同步进行、数字化改造和数字化培训同步进行、数字化改造和数字化管理探索同步进行、数字化改造和劳动组织架构变革同步进行）的原则，深入推进数字化管理，提高了干部员工对数字化的认知，为数字化管理的快速推进创造了有利条件。

二、强化现场应用，提升生产管理信息化水平

（一）生产运行系统的实时监控

1．长输管线状态实时监控

以站控系统为基础，通过站点外输排量、压力曲线变化，分析、判断管线是否正常，实现对管线运行和环保状况的实时监控，可及时掌握管线的运行状态，确保敏感区的18条管线受控运行，杜绝管线泄漏污染事故的发生。

2．站点运行情况实时监控

数字化的实时采集传输功能，通过站内巡检岗随时监控站内运行参数及功图、视频监控、电子报表核实等工作，监测、采集、汇总所管理单元所有油水井、站内生产系统的生产参数，及时掌握站内及所管辖井场生产运行状况。

3．井场动态实时监控

利用视频监控及抽油机电机参数监测，实现井组设备运转及生产运行现状实时监测，电子监控、闯入报警、视频抓拍等功能对不法分子形成威慑；对外来非工作人员远程喊话，阻止异常现象发生。

（二）产量运行的实时监控

1．井组动态参数连续监控

井组（单井）产量监控是生产监控的“第一道监控线”。数字化的应用使技术人员能够通过功图数据了解油井生产参数，在第一时间分析、判断油井生产状态，实现油井工况、产液量、动态的连续性监控，管理更为精准到位，实现油井动态实时掌握，降低了隐性躺井发生的概率。

2．站点产量直观掌控

站点产量监控由传统的班产记录分析转变为对管线压力、产量实时监控、智能报警。将站内“数据采集、异常参数报警、数据曲线分析”等十大功能集成在中控平台，进行视频监控、工况分析、油井运行状态、系统直观掌握油井的生产动态，对比分析本站产进液量，判断进液量是否正常，确保每天三班平稳输油。

3．作业区产量全面查控

数字化产量监控管理实现了采油作业区对生产单元生产运行情况的全天候实时监控、预警管理。一旦发现产量运行中出现油井工作不正常或产液量下降、产量波动等问题，生产预警管理系统会自动发出报警提示，调控中心能第一时间作出分析诊断，提高了产量监控的反应速度和效率，实现了作业区产量监控管理体系智能化。

（三）注水系统动态调控

利用稳流配水系统，实现注水量自动调控、参数自动采集及传输，提高数据采集的及时性和准确性。根据管网压力变化，自动分析、自动调整，通过配水间、站点、调控中心“三级监控”，对注水井进行精确配注、严密监控、精准消欠，实现注好水、注够水、精细注水、平稳注水，注水完成率达到100%。

（四）安全环保实时监督

通过将标准作业流程、作业情况等管理元素同数字化有效结合，有效提高井站员工巡检效率；强化特殊作业监督力度，由以前的井区干部和作业区安全员监督变为应急班班长、生产单元站长、作业全安全管理人员及作业区调控中心视频监控岗工作人员“四方”对作业现场全方位监控，确保作业过程各项安全措施落实到位，标准作业程序执行到位，实现安全运行。

（五）油区治安动态管控

充分利用数字化先进的视频监控、电子路卡、闯入报警等科技手段，加大人防、物防、技防的有效结合。使综合治理“四级联防”再升华，形成“生产单元自防、油区巡护班巡防、当地派出所协防、作业区控防”的联动体系，改变了以往经警队员蹲点守候、人工设卡等盲目出击的被动行为，由过去的“守株待兔”变为“精确制导”。

（六）油藏管理精细化

1．资料录取自动化

数字化模式运行后，利用系统生产参数自动采集、报表自动生成的优势，作业区大胆尝试，将传统管理模式下的部分资料进行整合消减，能建立电子报表的，一律采用电子报表。在系统自动生成报表的基础上，由站长签字确认系统生成的生产日报和注水日报，并在电脑中备份。

2．油藏动态预警

数字化改造升级，实现油水井生产参数的实时监控，通过稳流配水和功图量油，进一步完善了注水监控体系和产量监控体系，为油藏的动态监控与管理提供了科学、准确的依据。通过“单井监控—产量动态管理—数据曲线分析—措施治理—跟踪评价—总结”等6个环节，实现对油藏的动态监控。

（七）员工培训“五字法”

建立“以77-50增、南三接转站为实训中心，以管理单元为岗位练兵角，以岗位作为模拟实训点”的“三级”培训模式，形成“专业化、一体化、规范化”的培训体系。

(1) 强化“教”——普及数字化技能操作。坚持“在其岗、传其责、授其理”的原则，采取多媒体课堂、模拟操作、岗位实训、现场培训等方式，提升员工数字化基本操作、设备维护、诊断故障理论知识。

(2) 强化“说”——增强数字化操作意识。以生产单元为重点、以岗位员工为对象，开展知操作，讲标准；知步骤，讲流程；知性能，讲原理；知故障，讲维护的“四知四讲”活动，从思想上、行为上不断增强岗位员工学习数字化的意识，达到人人会讲数字化。

(3) 强化“练”——固化数字化操作行为。以77-50增、南三接转站为实训基地，坚持岗位实践与理论学习相结合，让员工在实战中练兵、在岗位上成长。以数字化标准作业，重新建立员工操作习惯，达到数字化标准操作需求，最终固化操作行为。

(4) 强化“考”——考评数字化学习成果。将数字化岗位职责、理论知识、标准操作，实现技能同绩效相挂钩。采用考核—再培训—再验收的重复性培训方法，不断强化员工对数字化标准作业的认知。

(5) 强化“纠”——纠正保守、传统操作观念。将传统操作和数字化操作有效结合起来，使员工能够真正会利用数字化、使用数字化，将数字化发挥最大的效力，实现让数字说话、听数字指挥。

（八）成本核算精细化

作业区将数字化运行模式与标准成本管理信息系统的推广应用相结合，建立健全成本对标体系，强化成本对标分析；建立以生产单元为预算单元、以实物工作量为核心的定额及标准管理体系，实现各生产单元、各作业过程实际成本与标准成本的适时对比；及时发现低效、无效作业，促进生产组织的进一步优化，实现数字化成本核算精细化。

（九）党群工作信息化

以信息化建设为依托，以数字化党支部阵地建设为切入点，紧紧围绕“双工程”和党支部“六个一”创建，在数字化组织架构模式下，党政工团同步组建，设立7个党支部（工会委员会、团支部），以党群工作“六个在网上”（信息共享在网上、会议召开在网上、爱心传递在网上、心得交流在网上、党课学习在网上、思想沟通在网上）的党建平台，为数字化党务工作开辟了新路子，丰富了党支部工作内涵，有效发挥党群服务保障作用，为原油生产积极奉献。

（十）设备维护维修专业化

作业区成立数字化管理维护小组，建立数字化设备运行监控表，对于数字化设备运行中出现的问题，依托数字化维修服务大队维修。制定不同维护维修制度和维护维修流程，缩短维修时间、稳定维护周期。

数字化系统的建立，使生产数据采集及时、准确，实现生产动态连续、实时监控，为制定合理、有效的措施提供了保证；参数自动采集上传、报表自动生成，减少员工资料填写工作量，减轻了劳动强度；通过视频监控、数据自动采集等功能的应用，减少了员工操作频次，员工进入危险区域的频次减少，大大降低了安全风险；劳动组织方式变革缩短了管理链条，信息传递、指令下达、问题处理更加顺畅、快捷，为油田管理提供可靠依据，提高了油田管理效率。

采油厂中端数字化管理系统的建设应用

陈永平　陈堂锁　李　元　曾献军
（第一采油厂）

目前，数字化管理已渗透到长庆油田生产建设的各个环节，已成为油田转变发展方式，提升生产运行效率的重要保障。因此全面加强和推进数字化建设，应用好数字化管理系统，对安塞油田实现可持续发展、全面建设现代化采油厂有着十分重要的意义。

一、中端数字化管理系统的建设背景

安塞油田属于典型的“三低”油气藏，勘探开发难度大，加之地处黄土高原，生产环境差，安全环保风险高，管辖区域面广、点多、线长，生产设施分散，工艺流程复杂，管理层级多，管理难度大。为了提高生产效率，降低安全风险，控制投资成本，降低劳动强度，安塞油田建立了数字化管理系统，加强数字化管理系统的研究，进一步加快现代化采油厂的建设步伐。

二、中端数字化管理系统的建设

数字化建设按照管理层级分为前端、中端和后端建设，安塞油田数字化管理系统主要指中端建设。

中端建设指从油田公司—采油厂—作业区的一套生产运行指挥系统，利用前端采集的实时数据，以输油泵为中心，辐射延伸到联合站和外输管线的集输单元，构建以油气集输、安全环保、重点作业现场监控、应急抢险一体化为核心的运行指挥系统，实现“让数字说话，听数字指挥”。

数字化中端平台建成了四大系统、35个功能模块，具有4部分主体功能，通过生产管理信息高度共享和预警信息集中管理，实现对生产运行、安全管理、应急抢险、开发动态的分级、分类管理，确保生产高效有序受控运行。

三、中端数字化管理系统的思路

采油厂数字化管理系统的模式主要以中端平台(2.0版本）为基础，建立以“采油厂—作业区—井站”为管理对象的三个指挥中心，通过三个中心的职能定位、监控内容，建立一套预警处置流程，形成以“三个中心”为核心的相互联动机制，实现生产管理一体化运行，提升生产运行效率，如图1所示。

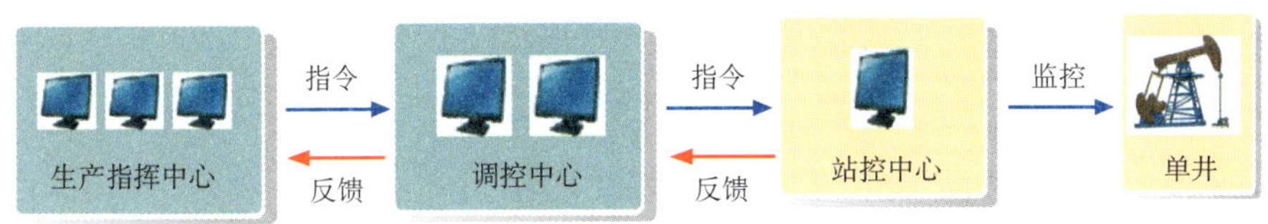

图1　三个中心流程图

四、中端数字化管理系统的应用

随着前端硬件设施的完善，数字化中端平台2.0版本的上线运行，标志着数字化管理系统已应用到生产运行管理中。

（一）建立“三个中心”，明确岗位职责

以数字化中端平台为基础，在采油厂—作业区—井站的管理模式上建立“三个中心”，并明确其职能定位及监控内容。

生产指挥中心——监控重要生产环节、大站大库环境敏感区，集中管理和处置预警信息。

调控中心——监控所辖区域内安全生产、施工现场等，对预警信息落实、处理和上报。

站控中心——重点监控所辖井站生产状况、场站视频等，对预警信息落实、处理和上报。

厂部成立生产指挥中心，根据生产指挥系统2.0版本四大模块的功能和界

面，按照集中监控、分类管理和分级预警，设置10个岗位，24小时实时监控全厂生产系统的运行，对各作业区调控中心和相关单位、部门或人员下达作业指令。

作业区依托调控中心，将经警、公安等保卫力量纳入作业区统一管理、调度，实现前端利用数字化对各种生产资源的统一、快速调度，提高生产组织效率。

（二）数字化管理系统的应用

1．建立预警处置流程，实现生产管理一体化

根据数字化生产运行管理需要，通过对管理系统设置预警参数，实现预警信息的集中显示、统一管理。当出现预警信息时，“三个中心”按各自职责分级处理，共同监控处理情况，实现 “三个中心” 相互联动，形成集中监控、统一调度、问题预警、分路处理、中心监督的生产运行管理模式。图2为预警信息处理流程。

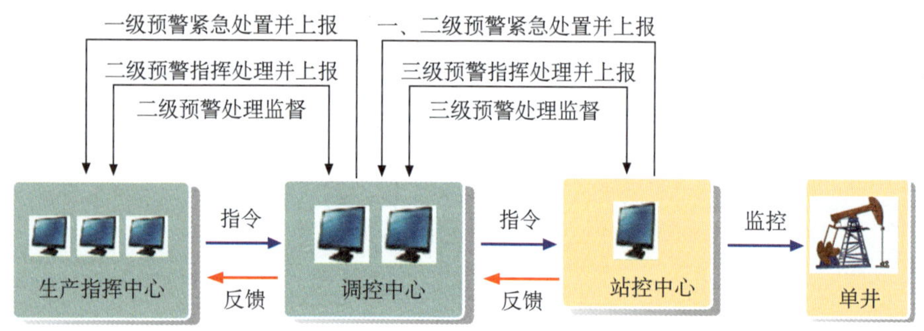

图2 预警信息处理流程图

2．数字化管理系统运行模式

生产指挥中心运行模式：生产指挥中心实时监控全厂重点生产环节，根据监控内容产生预警信息，所有预警信息在中端平台上集中显示，中端平台分级管理预警信息，对需要协调处理的存在问题，分散指令到各机关部门，由各部门分散监控、分路解决。同时，生产指挥中心对中端平台显示所有问题的落实情况进行跟踪、督促，从而形成一套对存在问题进行解决—落实—跟踪完整的循环模式，如图3所示。

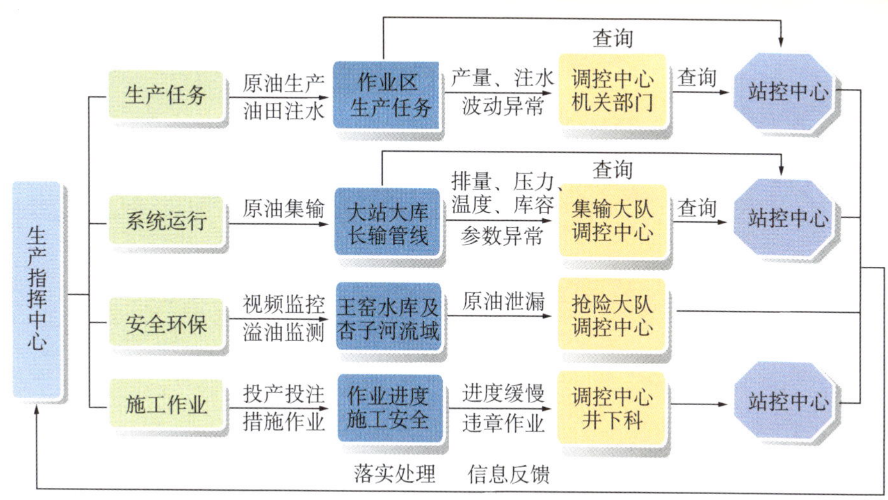

图3　生产指挥中心运行模式流程图

调控中心运行模式：调控中心通过监控所辖区域重点生产环节，根据监控内容产生预警信息，调控中心对预警信息分发协调处理。同时组织相关组室对存在问题查找原因、制定措施，对处理结果跟踪落实，如图4所示。

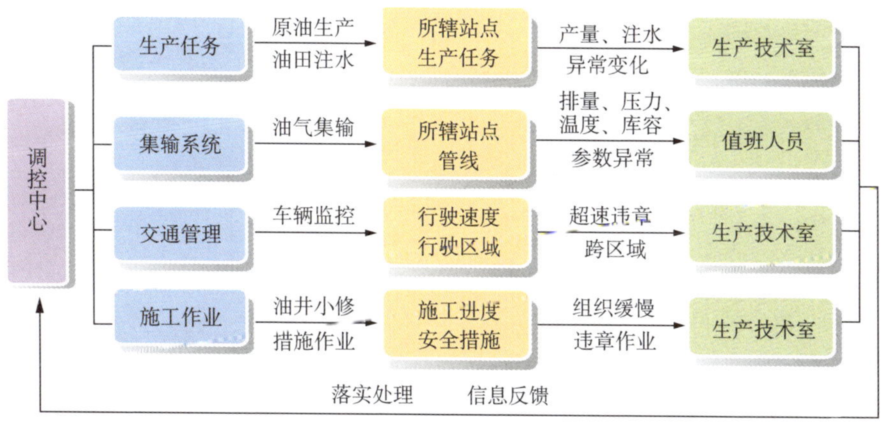

图4　调控中心运行模式流程图

站控中心运行模式：站控中心通过监控界面实时监控设备运行参数、油水井生产动态、井场安全环保、偷盗破坏等，出现问题及时上报并协调处理，如图5所示。

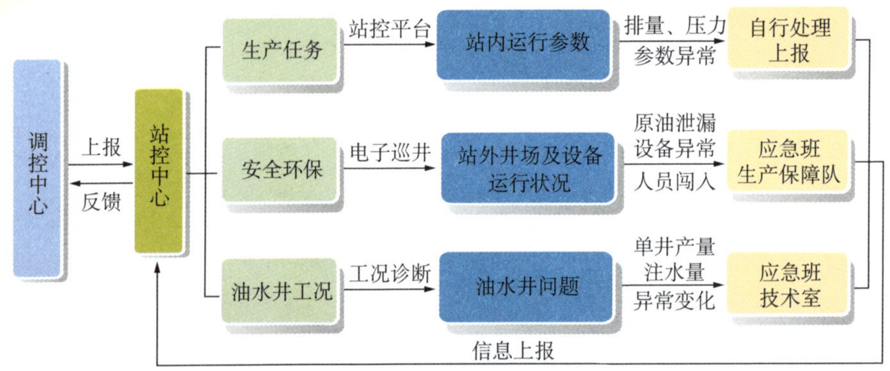

图5　站控中心运行模式流程图

通过三个中心的相互运作，相互联动，建立整体的生产运行模式，实现基本单元—作业区—厂生产运行一体化管理，大大提升了运行效率。

3．数字化管理系统的业务流程

根据三个中心相互联动的生产运行模式，建立完善原油产量运行、集输系统运行、施工作业监控、开发动态监控等8项生产业务流程。业务流程代表数字化管理系统的运行模式，通过业务流程又进一步明确三个中心具体的业务范围和每个岗位的具体职责。

案例：如图6所示，在原油产量运行中，当全厂原油产量出现异常波动时，生产指挥中心的产量监控岗一方面向主管领导汇报，另一方面通过中端平台把指令分发到技术、生产部门及调控中心，由技术、生产部门及调控中心核实原因，制定相关措施，再把措施反馈到生产指挥中心。同时，产量监控岗可以直接监督和跟踪措施的落实情况。

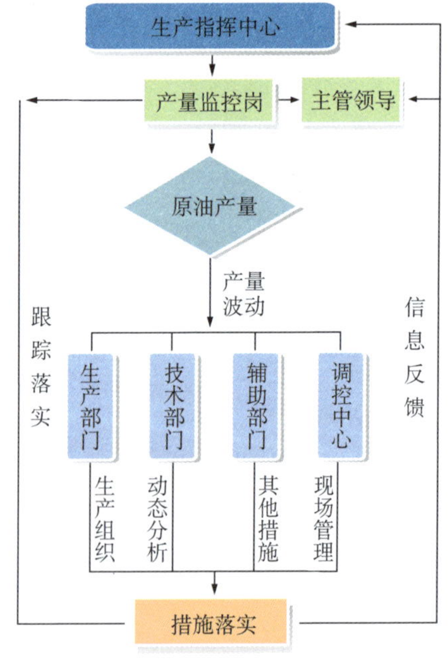

图6　原油产量运行流程图

五、取得的成效

利用数字化管理系统，全方位监控生产环节，快速掌握生产动态，分级、分类设置预警参数，实现超限预警、及时处理，出现问题、超前预控，提升了生产运行效率。

（一）生产信息高度共享

案例1：预警信息——传统的生产运行中，出现问题时要逐个排查各项工作，犹如大海捞针。而数字化系统中通过预警参数的设置，可实现超限预警、精确定位，很大程度上缩短了查找问题的时间。

案例2：调度日志——传统生产运行生产信息需要通过电话层层传达、人工记录。现在通过调度日志，调控中心可以上传生产信息，厂指挥中心直接处理、下达、落实生产指令，集中在调度日志显示，同时自动保留上传及处理痕迹，用户登录后，可以网上在线查询，实现生产管理方式简单、实用化。

（二）生产时效极大增强

案例3：三道防线——传统的生产运行中，外输管线的监控只能单一的通过外输泵压是否异常和大面积的管线巡查来完成，工作量大，而且监控不到位。数字化中端系统中，当外输管线出现异常时，预警信息会自动提示，监控人员可直接实施自动停泵；当河道出现原油泄漏时，河道内的溢油监测装置可以实时监控到河道浮油，视频直接显示原油泄漏情况，抢险人员可及时到达现场实时抢险救援，进一步的减少事态扩大化，提高救援时效。

案例4：工况分析——传统的油井工况依靠每月两次的测井资料进行监控，当油井生产异常时，由小班员工根据单量下降情况上报井区，再上报到技术人员，由技术人员安排测井工测井后分析资料，采取措施，方式相对繁琐，油井恢复生产时间较长。现在通过功图计量装置，每十分钟测井一次，随时分析生产情况，及时发现问题，及时采取措施，大大增强了油井恢复生产的时效性。

（三）管理效率大幅提高

案例5：视频监控——以前了解现场生产，需要人走车跑几个小时。现在通过查看视频，几分钟就可以实现，极大地提高了工作效率，减小了劳动强度。

案例6：应急物资——以前事故发生后，通过电话联系抢险队伍和物资，物资、车辆到位时间较长，影响救援。现在通过中端平台在应急物资系统中输入故障点名称、定位抢险地点，厂和作业区指挥中心都可以查询到故障点一定半径范围内的车辆、应急库、抢险、消防、医疗队伍和物资的情况，可以及时调用，实现管理效率的大幅提高。

用数字化技术革新集气站生产管理方式

呼 军 解海龙
（第五采气厂）

集气站作为气田地面集输系统的重要节点，是采气单位生产控制和管理的关键部位。采气五厂通过创新升级多级远程控制技术、智能安防监控技术、多系统集成技术和过程网络监测技术等4大类数字化技术，创新集气站生产运行和管理，建成苏里格气田首座无人值守数字化集气站，具备“生产实时监测、远程自动控制、周界智能安防、异常预警提示、报表数据管理”5大功能，为实现气田“电子巡井、人工巡站、集中职守、区域监控、应急联动”新型生产管理方式的一次成功跨越式实践。

一、形成背景

按照《苏里格气田230亿开发规划》，未来将在气区建成上万口气井、上百座集气站，但是用工总量要控制在2000人以内。面对大规模开发、大气田建设，管理与人力资源严重的矛盾，必须通过创新管理模式、提高管理水平、降低安全风险、减少操作人员、降低运行成本才能解决。为此，在不断深化认识苏里格气田成熟工艺的基础上，以数字化管理为抓手，大胆创新，提出建设“无人值守”数字化集气站的构思，合理降低气田生产的用工总量，大幅提高集气站运行效率和安全生产等级。

目前，采气五厂数字化集气站覆盖率为100%，苏里格气田主要生产单位经过近两年的时间，也实现全数字化集气站，集气站生产运行和管理的方式都发生了巨大的变革。

二、基本内涵

数字化集气站是利用迅速发展的Internet和以太网技术、计算机软硬件技术、现代通信技术、自动控制技术等科技手段，优化改进传统集气站生产工艺，增加进站、站内和集输等多项数据监测与控制点位，建立紧急放空的自动执行机构和远程控制回路，新建以站内视频监控和自动报警为主的智能安防系统，并上传集输全过程的生产数据、运行状态、报警预警和视频图像，实现异地远程监测和控制集气站及井场的生产运行管理。

数字化集气站的实现，可以直接促进集气站一级的生产劳动组织形式的转变，通过将人员集中到数字化调控中心（中心站）远程监控管辖范围内的集气站，形成“站场定期巡查、运行远程监控、事故紧急关断、故障人工排除”的生产组织方式，降低集气站操作员工配置数量，改善员工操作技能重于技术素养的知识结构，强化作业区应急大班的维护职能。

三、主要做法

（一）生产组织方式的“五项变革”

1．数字化生产实时监测

通过在SCADA（集散控制）系统中新增集气站运行参数监测，可对气井、压缩机、分离器和闪蒸分液罐等设施的压力、温度、液位等运行参数全部实现远程实时监控，彻底改变人工定时巡回检查的传统管理方式。操作员工能够全面快速读取生产数据，从数据中掌握现场生产工况，了解生产运行状态，以数字技术提升监控工作效率，促进“蓝领”员工从“深蓝”到“锐蓝”的转型。生产运行监测示例如图1所示。

2．智能远程自动控制

建立进站、外输截断、放空、报警提示等系统联动，紧急情况下远程放空点火、进站、外输气的远程截断、外电/内电供电的自动切换、安全附件的自动管理等所有工作的远程自动控制，是集气站生产现场“无人值守”的基础，现场操作员工从集气站后撤到更为安全的作业区级生产调控中心，不仅可以提高员工本质安全，还可以改善工作环境，丰富员工思想文化生活。生产运行远程控制示例如图2所示。

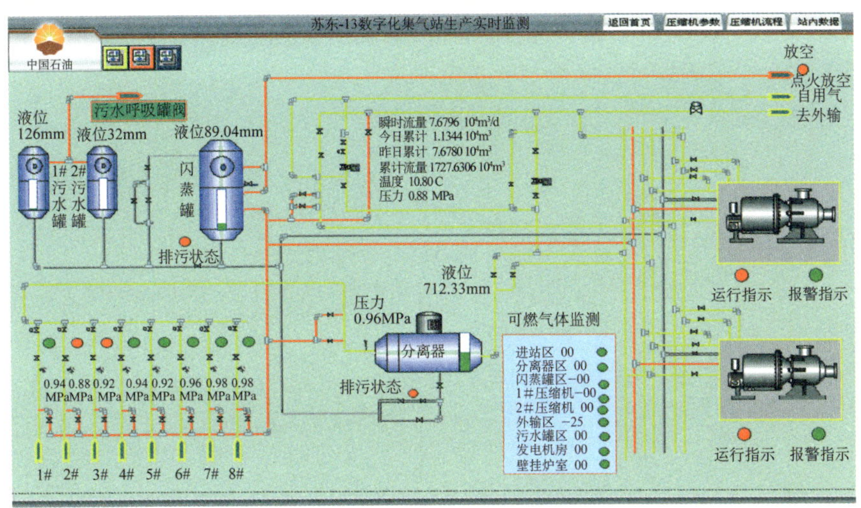

图1　集气站站内生产运行监测

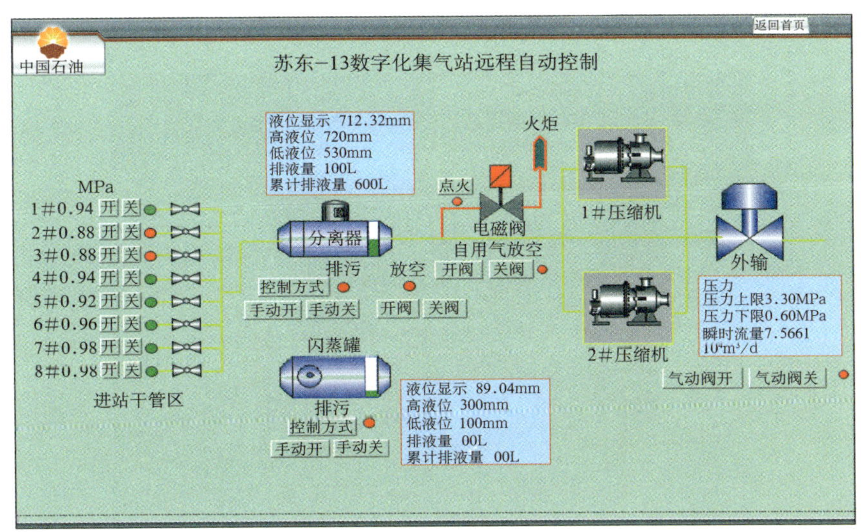

图2　集气站站内生产运行远程控制

3．周界智能立体安防

实现气区关键路段电子执勤、集气站门禁监控、周界红外线报警，构建集气站进入逐级审核的环形层进方式，人员和车辆进入集气站需要通过电子路卡、道闸和门禁“三级认证”，并对外来人员违章行为进行远程语音告警，大幅度地提高集气站运行的外部环境安全等级。图3为集气站智能安防系统控制层级图。

图4为集气站站内外来人员闯入报警示例。

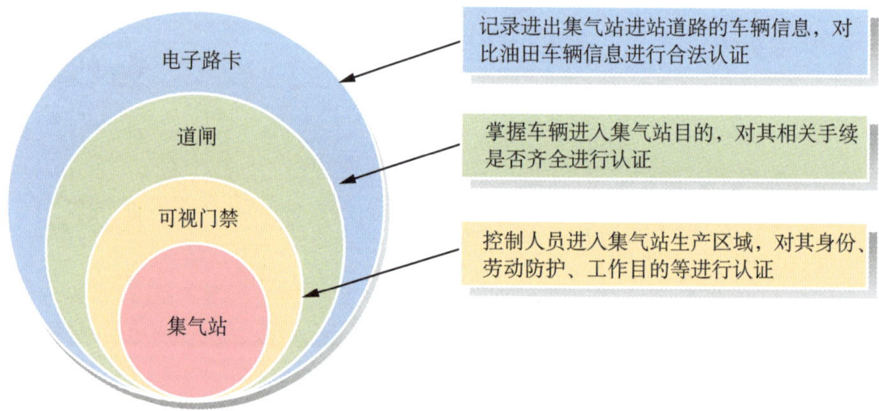

图3　集气站智能安防系统控制层级图

图4　集气站站内外来人员闯入报警

4．异常预警超前提示

通过新建集气站生产数据报警系统，增加监控界面报警实时滚动、报警订阅、实时报警汇总、历史报警查询、报警历史趋势、设备保养自动提示等功能，从生产数据的变化趋势，可以提前智能判识可能产生的危害，并自动预警，将生产隐患消除在萌芽状态，提高集气站的安全等级，实现人员、设备、环境安全。实例如图5、图6所示。

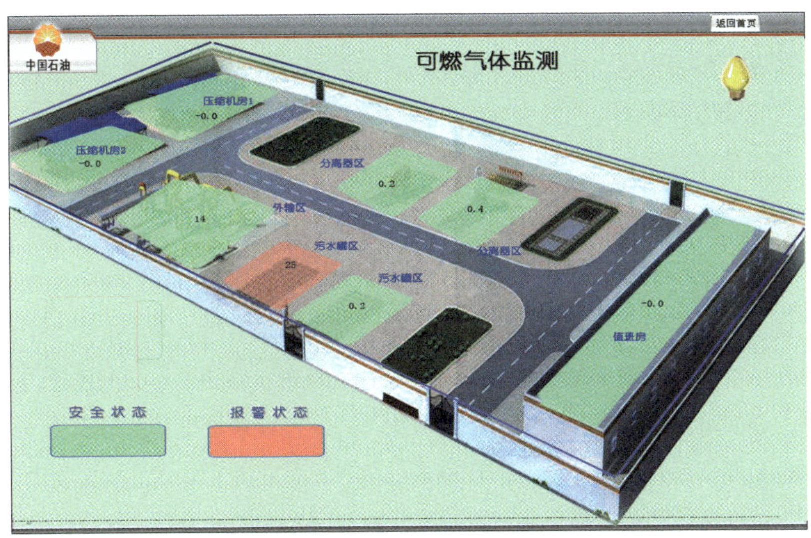

图5　集气站站内可燃气体超限报警

返回上页　报警设定

中国石油

苏东-13数字化集气站单井数据报警

井号 \ 参数	日期	时间	套压(MPa)	油压(MPa)	标况瞬时流量(Nm3/h)	外输压力(MPa)	外输温度(℃)	截断阀工作状况
苏东20-45	2010-4-18	9:03:34	7.97MPa 正常	1.78MPa 正常	M3/d 正常	MPa 正常	0℃ 正常	正常
苏东17-39	2010-4-18	9:01:40	0MPa 不正常	1.65MPa 正常	M3/d 正常	MPa 正常	0℃ 正常	正常
苏东18-39	2010-4-18	9:02:51	6.47MPa 正常	1.78MPa 正常	M3/d 正常	MPa 正常	0℃ 正常	正常
苏东18-40	2010-4-17	14:01:55	0MPa 不正常	0MPa 不正常	M3/d 正常	MPa 正常	0℃ 正常	正常
苏东13-51	2010-4-18	9:03:40	5.58MPa 正常	1.36MPa 正常	M3/d 正常	MPa 正常	0℃ 正常	正常
苏东16-50	2010-4-18	9:03:07	0MPa 不正常	0MPa 不正常	M3/d 正常	MPa 正常	0℃ 正常	正常
苏东21-31	2010-4-18	9:03:12	14.8MPa 正常	1.41MPa 正常	M3/d 正常	MPa 正常	0℃ 正常	正常
苏东15-51	2010-4-18	9:03:18	8.86MPa 正常	1.24MPa 正常	M3/d 正常	MPa 正常	0℃ 正常	正常
苏东16-49	2010-4-18	9:03:23	12.68MPa 正常	1MPa 正常	M3/d 正常	MPa 正常	0℃ 正常	正常
苏东[illegible]	2010-4-18	9:03:29	19.6[illegible]MPa 正常	.3MPa 正常	M3/d 正常	MPa 正常	0℃ 正常	正常
苏东15-39	2010-4-17	13:34:55	0MPa 不正常	1.65MPa 正常	M3/d 正常	MPa 正常	0℃ 正常	正常
苏东15-50	2010-4-18	9:03:01	15.49MPa 正常	1.13MPa 正常	M3/d 正常	MPa 正常	0℃ 正常	正常

上一页　下一页

图6　集气站所辖单井实时数据异常报警

5．报表数据自动管理

报表数据管理逐步改变传统的人工录入方式，向自动生成、人工审核的方向转变，报表系统会定时从实时生产数据库提取数据，自动填入标准设计的表格，完成当日各类生产报表数据的制作和比对异常值的标红提示，由员工审核，从而提高数据处理效率和准确性。

（二）区域联防、集中值守配套系统

（1）数字化生产调控中心。数字化生产调控中心是作业区对所辖集气站视频监视、数据采集、报表生成的生产管理场所，值班人员只需用鼠标点击就可以看到所有气井、集气站的实时录像，所有生产数据自动采集，无线远传至集气站，随时可以查看气井实时生成的数据。在生产现场发生紧急情况下，可通过紧急截断实现远程截断功能。使原有的高频率往复人工站内巡检转变为现今的生产数据实时监控，使原有的单站值守转变为现今的区域集中值守。

（2）工业生产网络系统改造。升级改造原有的办公、生产数据混合的局域网络，从物理上使办公网络和生产网络相互隔离，确保生产数据的传输速率和安全。

（3）数字化NGN（语音通信）系统。通过引入数字化NGN（语音通信）技术建设语音通信系统，解决长期以来接管区块光缆链路资源不足和自营区块号码资源匮乏的问题，同时比程控通信系统的建设成本大大降低，终端设备能够快速架设，远程维护和管理实现数据、视频、语音传输“三网合一”。

目前，单井远传与井口截断有效率由不足90%分别提高到98%和95%，集气站内数据上传准确率、自控阀门设备完好率均达到100%。

四、取得效果

（1）构建安全生产运行“三级管理”体系，由以往生产运行横向节制、周期汇报转变为现今的多级控制、实时监测立体管理。

一级监控（站级监控）负责对所辖数字化集气站进行区域监控、集中值守，重点实现数据监控、远程控制、智能安防、数据管理、异常预警等功能，确保生产安全、稳定运行。

二级监控（作业区级监控）负责对作业区内所有生产数据以及生产运行的监视和控制，对所辖站的各种运行参数进行预警和报警，对中心站运行以及各站生产进行统筹规划和调度，实现作业区的数字化管理，保证生产的安全、有序、有效。

三级监控（厂级监控）负责根据生产现场状况决策指挥生产，科学分析全厂的生产运行，优化管理。

通过构建“三级监控”体系，各级监控人员和管理人员均可以实时掌握气田生产运行动态，强化集气站员工分析及处理生产运行参数报警的能力，提升数字化管理水平，提高生产指挥系统“厂—区—站”三级监控体系的“精确制导”能力，优化“预警”管理模式，做到“生产信息监控到位、生产指挥有条不紊、生产指令落实到位、生产资料详细准确”，达到“运筹帷幄，决胜千里”。

(2) 创新数字化集气站劳动组织形式，由过去一人一岗、现场值守转变为现今的一专多能、远程调控新型理念。

通过1#、3#区域监控中心（中心站）的建立，确立以“电子巡井、人工巡站、集中职守、区域监控、应急联动”为主体框架的管理模式，建立“4岗4责”管理内容（图7），现场操作员工进入数字化监控岗监控辖区内单井、集气站生产数据和关键部位运行状态。同时，作业区大班员工数量得到扩充，保障现场应急、维护和维修工作准确到位，劳动力资源进一步得到优化，实现劳

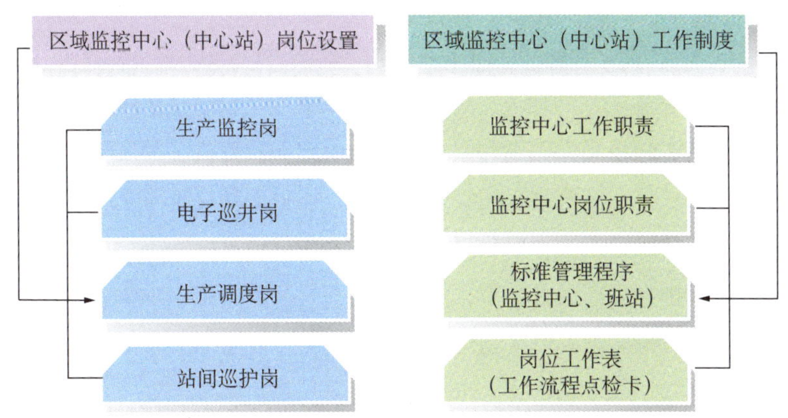

图7　数字化生产调控中心（中心站）岗位设置

动组织形式的新革命。

（3）统一多系统集成的数字化集气站管理平台，由以往各自为政、独立运行转型为现今的标准设计、一致通用管理系统。

将“数据监控、远程控制、可燃气体报警、智能安防、动力环境监测”等7个子系统集成到同一个平台下进行管理（图8），统一区域监控中心管理系统的标准，为各区域监控管理搭建重要平台，首创苏里格气田的多系统集成技术。

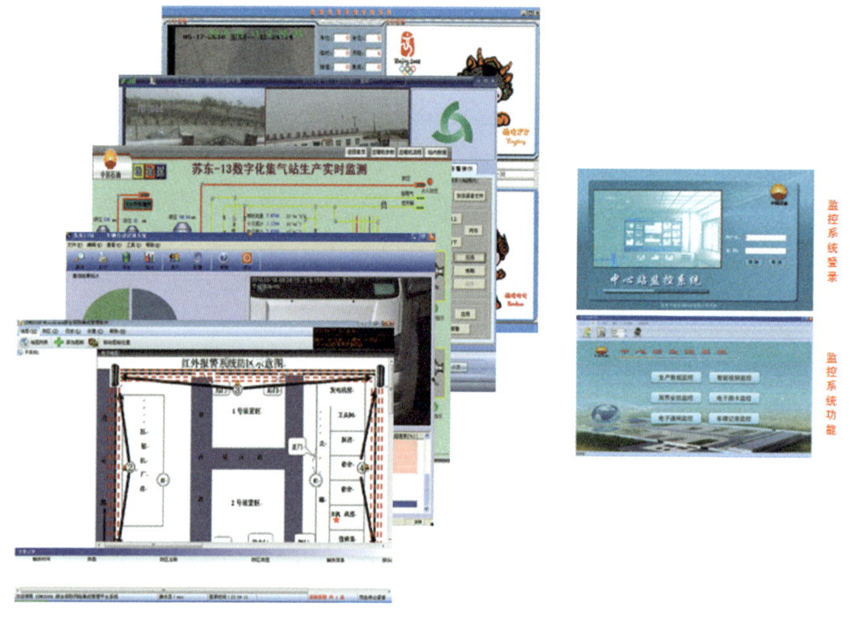

图8　监控中心管理监控软件功能整合

随着数字化集气站的建成、运行和推广，集气站管理逐步从驻站值守转变为监控中心值守和现场人工巡井巡站，劳动组织形式发生了翻天覆地的变化。采气五厂依托“厂—区—站”三级管理网络，还将不断完善与之相适应的配套管理系统，继续探索适应数字化采气厂的员工岗位设置，和持续优化人力资源配置，进一步提高生产运行效率，降低现场安全风险，强化以数字化技术为知识背景的人才队伍建设，用智能化数字技术，提升精细化水平和生产效益。

以数字化推进企业内部管理水平

杨志伦　康　辉

（第四采气厂）

一、数字化气田开发的背景

面对苏里格气田不到10mD的低渗透率，不到0.96MPa的地层压力、每平方千米不到$2\times10^8m^3$储量的低丰度的“三低”岩性气藏，伴随着上产规模的快速增加，苏里格气田井数越来越多。如何有效管理好数千平方千米内的上千口井，就显得尤为重要。如果采用传统管理方式，不仅工作量大、人力资源消耗多，而且难以适应有效的监控，加之地方政府对环境保护的要求日益严厉，如何实现低效气田的高效开发成为困扰苏里格气田开发的难题。

采气四厂按照油田公司“两高、一低、三优化、两提升”的建设思路，走出一条依靠数字化管理、全面降低操作成本、精简机构、大力提高工作效率、保障安全生产、保护草原环境、建设和谐气田的高效管理之路。

依靠稳定、有效的数字化管理平台，采气四厂435人管理着$5960km^2$的生产建设区域，负责苏6、苏36–11等6个区块的日常生产，管理气井达1200余口，经营业绩全面超额完成公司下达指标，初步实现低效气田的高效开发。

二、数字化在采气四厂的应用

按照油田公司数字化建设坚持“三结合”的实施原则，采气四厂从2006年起，就开展数字化建设工作。几年来，通过不断优化完善数字化各项配套技术，形成以“数字化单井、数字化集气站、数字化管理平台”为主的三级技术体系。

2006年8月16日，油田公司总经理冉新权和中国石油天然气集团公司专家团一行莅临第一项目部苏6–4站检查地面标准化建设，提出开展苏里格气田单井数据远传试验，从此拉开了苏里格气田数字化管理建设的大幕。

2008年，采气四厂启动信息平台建设，开发完成生产管理、办公管理、产建项目管理、查询统计分析、设备管理及安全管理六大模块33项功能，同时与RTX有效对接，使各类业务信息自动提示，初步实现日常业务信息化、电子化，为“无纸办公”模式奠定了基础。

2010年，依据油田公司《苏里格气田标准化无人值守站方案》，采气四厂对自营区13座集气站进行数字化改造，完善站内系统构架，优化部署环境监测、可燃气体监测、远程门禁实现场站全方位覆盖，接管区初步实现“三级监测、区级管理、分散控制”的管理模式。

2011年7月底，采气四厂累计安装电子巡井系统1200套，系统覆盖率达100%；安装监控摄像头111台，路口视频监控23套，远程门禁系统14套，远程红外围墙14套，可燃气体监测接入236路、动力环境监测14套，实现重点区域全程监控。

通过近四年的努力，数字化采气厂的管理架构在采气四厂已搭建形成，主要形成了以数字化单井、数字化集气站、厂区两级数字化管理平台为系统的管理模式。

（1）数字化单井是在单井数据远传技术的基础上，结合单井生产管理需求建设的。采气四厂完善井口数据监测、视频定时拍照巡检、井口远程智能控制、远程语音告警、井口生产异常诊断、风光互补发电、井站数据整合监控等8项井口数字化应用技术，基本实现单井管理的智能化。

（2）数字化集气站。目前自营区块所辖的所有集气站都形成“电子巡井、人工巡站、远程控制、紧急关断、人工恢复”的职能管理，初步实现了集气站全天候无人值守运行。

（3）厂、区两级数字化管理平台，为适应数字化建设需求，健全中端管理平台建设，采气四厂建成厂、区数字化生产管理平台3个，形成以6项系统功能为基础、两级平台为支撑的数字化生产管理架构，实现集中监控、指挥调度、统筹决策。

三、数字化在采气四厂管理工作中的效果

按照“设计有效、执行有力”的思路，采气四厂在数字化管理中初步实现

决策的系统化、管理的前端化、控制的精细化、监控的智能化、管理与劳动组织持续优化，内部管理水平持续提升，数字化管理应用取得了“三性四化”的管理效能。

（一）达到企业运行的安全性要求

采气四厂在原有安全管理的基础上，将数字化建设成功应用到安全管理领域，建立科学高效的数字化安全管理平台，充分发挥数字化管理的功能，将集气站、单井工艺、设备运行参数和场站、井场监视视频实时传递到集气站、作业区及生产控制中心，大大提高了效率和准确性，各种异常能及时得到处理，有效地提升了气田安全生产水平；利用数字化管理，工况反映更准确、更实时、更快捷，很大程度缩短了应急处置反应时间，消除了信息传递的时滞性，使气田安全管理到达一个新高度。

(1) 安全控制方式的转变。数字化建设以来，采气四厂的安全控制手段发生了显著的变化，由员工经验判断、分散单独操作转为危害预警报警、远程实时监控、团队合作工作；由人防变技防，降低了安全生产风险。

电子巡井系统的普及，消除了气井安全生产管理中存在的管理盲区，值班工作人员随时掌握每口气井的实时生产情况，对气井发生的各类异常情况做到及时发现、及时组织处理。改变了“每天一小巡、三天一大巡”的传统巡井方式，降低了因巡井工作量大、生产信息传递时效性低、数据收集完整性差等缺点而出现的气井处于被动管理的状态。通过在气井上安装数据采集终端、智能仪表、数传电台进行单井数据实时采集（每个数据更新时间为1秒，一座管辖气井50口的集气站，所有单井数据更新一次所用的时间不超过3分钟），实现气井生产信息的全天候监控，生产信息传递时效性提高，气井处于动态受控状态，气井的安全监管力度大大加强。

(2) 数字化安全防御体系的应用。数字化生产监控平台的应用，使集气站安全生产管理体系更加完善，根据集气站各数据监测点风险程度不同，将集气站所有检测数据采取三级报警设置，利用各类报警措施，使生产事故真正做到“预防为主”。

(3) 重点设备运行状态控制程度显著提高。通过集气站设备的运行状态、运行参数等指标的自动采集，并设定相应报警参数，提高了设备运行的管理能力与安全性，为是场站生产运行安全提供了坚实保障。

(4) 智能安防监控系统的应用。集气站视频职能侦测、进入场站人员信息管理、重要路口车辆职能识别等技术视频安防系统的不断完善与应用，使气区安防保卫工作有效开展，重点区域、重点路口全天候的视频监控、智能分析判断，为安防保卫人员装上了“千里眼”，使在恶劣环境下的安防保卫工作更具针对性和有效性。

（二）达到企业经营的高效性要求

效益开发，始终是苏里格气田开发的主要目标之一。采气四厂充分利用数字化管理为手段，工作效率不断提升，管理效果显著提高。

(1) 单井职能监控技术的应用。通过对单井实现实施远程控制，对异常单井进行职能诊断及时的运用，减少了人工操作，节约了工作时间，降低了人工诊断风险，大大提升了生产效率。

(2) 电子巡井技术的应用。通过职能电子巡井技术，改变了以往人工传统巡井的方式，改变了传统盲目、繁重的巡护作业。仅单井巡护作业，电子巡井较人工巡井工作效率就提高了64倍，大大降低了人力、物力、财力支撑，有效地降低了生产运行成本，提升了管理。

(3) 控制用工总量。数字化管理全面推行以来，通过电子巡井报警系统、远程开关井系统等的运用，为大幅度减少一线人员提供了可能。生产前端减少用工30%，大幅降低了人员成本，提高了企业的经济效益。

(4) 实现网上办公，提高工作效率。以数字化管理平台为载体，采气四厂业务流转速度大大提升，从网上审批、报表管理、公文流转等业务，基本实现无纸化办公，工作效率显著提高。

（三）达到企业管理的协同性要求

数字化管理的持续深入，为采气四厂在部门之间、业务之间、人员之间建起一条有效的信息沟通渠道，工作的协同性、系统性显著加强。

通过数字化管理平台，采气四厂建立以生产指挥中心为统领，以计划和预案管理指导生产运行，以大生产、大安全格局为牵引，强化生产运行管理，保证天然气生产的运行环节衔接紧密，环环相扣的大生产运行机制。通过建立“年目标、季任务、月计划、周监控、日监督”的管理模式和“月检查、季考核、年评价”的考核机制，强化了重点工作的监控和考核，确保阶段任务和全年目标顺利实现；通过坚持“三会”模式，坚持组织召开日晨会、周例会、月工作会，全面掌握各项工作进度、及时处理解决生产中存在的各类问题、检查考核各单位和部门任务完成情况、安排部署下步工作，形成以专项会议为任务发布中心、组织中心、协调中心的大管理协调格局，打破了部门界限，确保了数字化各项实践管理的高速、高效运行。

（四）实现组织机构的扁平化

数字化管理的建立与应用，使采气四厂管理模式发生了重大变革，基层生产单位组织机构发生了根本性的变化，实现“扁平化”管理。采气四厂所辖作业区原有区部组室8个、基层站队14个，每日大量的工作信息由基层站队在区部组室之间自行沟通，导致生产信息分散、沟通滞后、工作效率较低，影响日常生产运行工作。通过采用数字化管理模式，精简组织机构，取消原有的8个区部组室，建设以“两室一中心”的管理机构，即生产运行室、综合管理室和信息调度中心，如图1所示。所有生产工艺参数及相关作业活动，以数字化监测平台为中心组织开展，充分发挥信息调度中心生产监测和组织协调两大功能，使生产数据、车辆动态、人员协调等各路信息集中收集、整理、落实，简化了工作流程、保证了信息传递的及时性和准确性，提高了工作效率，建立起一套科学、合理、高效的生产组织模式。

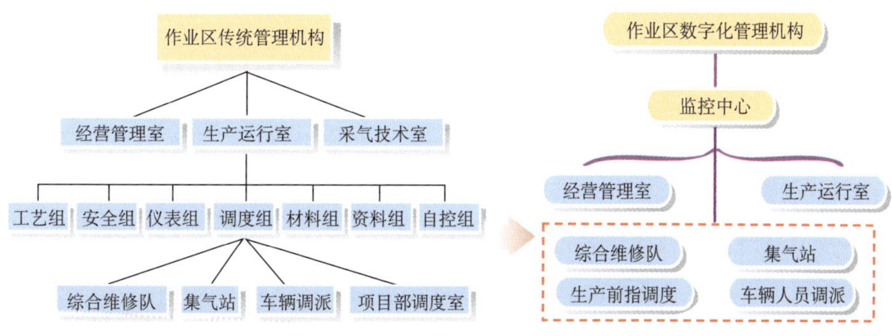

图1　采气四厂作业区组织机构变革图

（五）实现企业管理的精细化

随着气田规模的不断扩大和市场要求的日益提高，对气田安全性、生产流程管理要求也越来越高，加之气田规模扩大对企业的运营管理能力提出了严峻挑战。因此，管理的精细化程度将在很大程度上决定气田的开发效果。

（1）实现气井管理精细化。在生产管理过程中，采气四厂始终贯彻执行“控制气井压降速率，延长气井自然稳产期”的开发思路，形成“正常生产井和间歇井分期分类、一类一法，重点井和积液井一井一法”的管理模式，切实做到精细分类、精细管理。针对连续生产井进行压力产量复合分类，划分不同压力产量阶段，制定不同生产措施和生产制度；针对间歇生产井不同的生产动态，制定“短关短开”、“长关短开”、“短关长开”，并辅以泡排的管理措施，全面覆盖，做好精细分类管理工作。

（2）实现区块管理精细化。针对接管区块和自营区块管理方式的差异，不断摸索，共同探讨，加强分析，取长补短，强化接管区块管理力度。交接双方加强沟通交流，明确管理思路，总结成功经验，优化管理措施，指导气田管理。同时，派专人积极开展动态分析，掌握气井生产规律，跟踪分析，精细管理，定期与对方对接，相互学习，提升气井管理水平。在此基础上，加大新工艺新技术在接管区块的推广应用力度，全面开展泡沫排水、氮气气举等一系列排水采气工艺，降低井筒积液对气井生产的制约，确保低产低效气井产能的有效发挥。

（3）实现经营管理精细化。采气四厂经营工作始终遵循“三个坚持、三个树立”管理思想，注重细节、注重过程，强化措施落实，确保经济运行安全。

财务管理以预算管理为龙头，按照“确保刚性支出、控制变动性支”的思路，抓源头、控实施、强分析，寻找生产成本的控制点，降低成本费用支出确保指标受控运行。

项目管理严格按照“36911”工程结算时点要求，努力提高完工结算率，确保各转资项目资金渠道清、费用归集准、费用项目构成全；

内控管理以“月检查、季测试、年评价”为方式，强化监督、强化执行，确保各项业务受控运行。

标准化体系以推广应用为手段，以提升规范为目的，采取培训、执行、测试、整改等方式，全力提升岗位人员的基础操作技能。

（六）实现管理决策的科学化

数字化管理平台的应用，使采气四厂管理职能的划分更为清晰、明确，重点更加突出。使“让数字说话、听数字指挥”变成现实。

(1) 职能划分清晰、明确。作业区监控中心监测平台集中检测作业区所辖集气站、单井生成数据，集中控制作业区安防系统，集中收集资料编写报表，集中处理作业区生成调度信息及各项基础资料填写工作，是作业区日常生产工作顺利开展的核心；西安调度中心监测平台对采气厂所辖生产区域生产数据、视频图像、人员动态等各类综合信息实现远程监测，具有远程监控、统计分析、统筹协调、指挥决策等职能。

(2) 决策更为及时、科学。通过收集整合各类现场数据，应用数字化管理自诊断功能，使管理决策的基础更为客观、准确和全面。有效地排除了人为因素的影响，定性与定量分析更为可靠，使管理决策效率大大提高。在低产低效井管理上，采气四厂充分利用单井资料，提出有针对性的增产措施，并不断调整修订，取得了很好的效果，仅上半年就增产近$3000\times10^4m^3$。

（七）实现员工管理的人性化

数字化管理的应用，不仅提升了采气四厂的管理实力，也为一线生产员工带来了福音，生产操作员工由“蓝领阶段”转变为“白领阶层”。

(1) 工作环境的改善。目前，采气四厂场站无人值守站的实施，使员工远离恶劣的工作环境，全部集中到作业区。从根本上减轻了员工劳动强度，改变了驻站员工枯燥乏味的生活。

(2) 工作方式的改变。数字化建设使员工的工作方式发生了明显的转变，这不仅表现在由传统的人工纸质办公转变为自动化数字办公上，也表现在部分工作人员职责的转变上。由于数字化智能设备的应用，不少工作人员从传统繁杂的基础数据处理工作中解脱出来，从而能够进行更多的技术性更强的脑力工作，不仅减轻了员工的工作强度，也使员工的自我价值得以实现，满足了其精神上的成就感。

(3）业余生活的丰富。数字化建设消除了过去繁琐的劳动，减轻了工作强度，改变了员工寂寞的工作环境，在提高工作效率的同时也丰富了员工们的业余生活。学习上，极大地满足了一线员工对技术的渴求，也使越来越多的一线员工受益，通过网络自主学习掌握采气工艺技术，并在日常工作中加以实践，使所学知识得到融会贯通；娱乐上，作业区通过组织开展各种文化活动，大大活跃了一线员工的文化生活。

强化风险矩阵培训　夯实安全管理基础

马国华　牛振群　文开丰　赵建国　王　升
（第二采气厂）

第二采气厂作业二区于2003年成立，负责榆林气田南区所辖范围内天然气生产井的采气、集输管理和维护巡查工作。作业区共管辖集气站6座、天然气生产井93口，集气支、干线8条，年生产天然气$9.35\times10^8m^3$。截至目前，作业二区累计生产天然气$71.9\times10^8m^3$，折合油气当量572.95×10^4t，先后荣获油田公司HSE管理先进单位、先进班组、HSE先进集体、绿色基层队站、青春建功3000万——青年突击队劳动竞赛立功集体，为油田公司大发展做出了应有的贡献。

一、强化风险矩阵培训的背景

为积极践行油田公司“四化”管理模式，努力推进“四个转变”，持续提高精细化管理水平，作业二区在立足数字化建场、标准化强基的前提下，面对地处山大沟深、低产低效井多、设备逐年老化等诸多问题，认真分析安全生产管理现状，发现事故的发生虽然表现在操作规程的不规范和管理制度不健全，但关键是员工的责任心不强、安全意识淡薄、风险辨识不到位造成的。风险辨识和操作维护脱钩，联系不紧，形成定期的风险辨识不够扎实，操作时又置若罔闻的局面。

因此，紧紧抓住“人”这个主要因素，努力提高全体员工的安全素质，是做好安全生产的关键，也是实现安全发展的前提。创新基层HSE培训方法、组织形式和考核标准成为提升作业区安全管理的绝好契机。

二、HSE岗位培训需求矩阵的内涵

（一）风险辨识是安全管理的核心

安全管理的实质是风险管理。结合目前管理现状，提高软实力，既有现实意义，又有战略意义。立足员工，以安全生产风险辨识为重点，强化安全预防意识和基础管理，提高风险辨识的针对性、可操作性和实用性，是实现气田又好又快、安全发展的重要基础。

（二）培训是提高员工安全意识的途径

目前，员工素质处于“要我安全”向“我要安全”的转型期，安全意识和操作能力与“我会安全、我能安全”的差距依然很大。安全管理仍要靠严管重罚、死看死守，要实现安全环保管理水平上台阶的难度很大。只能通过寻求一条与安全发展相适应的安全教育和培训的新途径，解决目前HSE培训问题，反复加强和改进基层HSE培训工作，努力提高员工HSE意识和能力。

（三）风险辨识和岗位需求培训融合

如图1、图2所示，以HSE岗位培训需求矩阵为基础的安全管理，是根据现代安全管理理论，受海因希里提冰山理论启发，从员工入手，重新梳理岗位基本操作内容和需求，深化定义岗位员工的岗位应知、应会及其程度，建立立体培训体系的模式，按照分级管理、分类分层次实施的原则，明确各级组织的培训任务、各级各类人员的培训内容和培训需求，形成横向到边（覆盖全部专业岗位）、纵向到底（覆盖全体员工）的全方位、分层次、多角度的安全培训管理体系，包括职业生涯规划，确立“培训即管理、管理即培训”、将HSE培训与安全管理一体化运行的思想，进而从全方位、高层次的视角实现长期有效的综合安全管理。

三、具体做法

（一）建立需求型培训矩阵，有效提升员工综合素质

（1）理顺思路，从细节入手，收集整理各方面材料，初步建立矩阵，如图3所示。

（2）矩阵内容的搭建。

横向：按照标准化操作程序对集气站的岗位定位，设立集气站操作岗和维护岗；按照“有感领导、直线责任、属地管理”的原则，设立集气站站长岗；

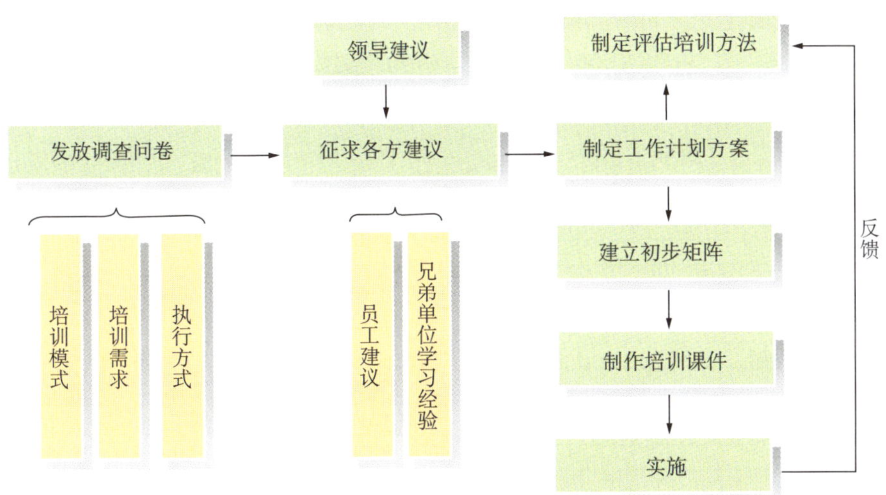

图1　HSE培训需求矩阵工作开展思路示意图

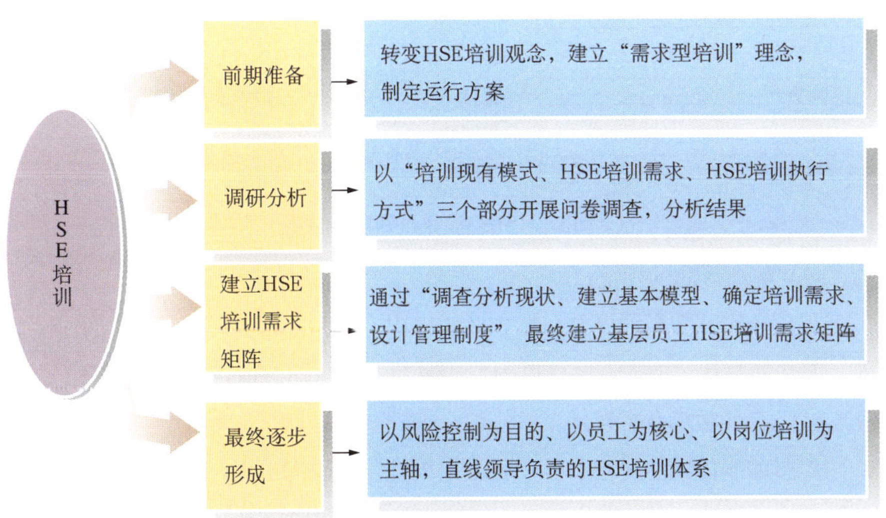

图2　HSE培训需求矩阵建立导图示意图

按照运行组织模式，设立运行队岗。

同时明确培训课时、培训周期、培训方式、培训师资、培训效果。

纵向：按照人的常理思维，从最初入职的感性基本认识—基本操作—管理制度—理念提升。

采气基层员工HSE培训矩阵（简表）

编号	培训内容 \ 班站、岗位（工种）	集气站 1 集气站站长岗	集气站 2 操作岗	集气站 3 维护岗	运行队 5 运行队队长岗	运行队 6 操作岗	运行队 7 维护岗	备注
2.7	气井水样采集标准操作卡	√	√					
2.8	低压变送器导压管吹扫标准操作卡	√	√					
2.9	低压变送器启停标准操作	√	√					
2.10	5719系列孔板更换标准操作	√	√					
2.11	银河系列孔板更换标准操作	√	√					
2.12	隔膜注醇泵启停标准操作	√	√					
2.13	隔膜注醇泵启停标准操作（改进型）	√	√					
2.14	甲醇卸车标准操作	√	√					
2.15	污水装车标准操作	√	√					
2.16	采暖炉启停标准操作	√	√					
2.17	发电机启停标准操作	√	√					
2.18	燃天发电机启停标准操作	√	√					
2.19	内外电切换标准操作	√	√					
2.20	气井巡护标准操作	√		√	√	√		
2.21	除霜阀密封脂加注标准操作	√		√	√	√		
2.22	集气站高压区放空标准操作	√		√	√	√		
2.23	集气站中压区放空标准操作	√		√	√	√		
2.24	分离器液位变送器导压管吹扫标准操作	√		√	√	√		
2.25	缓积式分离器启停标准操作	√		√	√	√		
2.26	精细分离器启停标准操作	√		√	√	√		
2.27	精细过滤器启停标准操作	√		√	√	√		
2.28	注醇泵柱塞油封更换标准操作	√		√	√	√		

采气基层员工HSE培训矩阵（汇总表）

编号	培训内容	培训课时	培训周期	培训方式	培训效果	培训师资	1 集气站站长岗	2 集气站操作岗	3 集气站维护岗
1	HSE基本知识								
1.1	HSE职责、权力、义务、责任	0.5	一年	课堂或会议	掌握	直线领导或安全员、技术员	√	√	√
1.2	安全用电常识	0.5	三年	课堂+现场	掌握	直线领导或安全员、技术员	√	√	√
1.3	采气安全常识	0.5	三年	课堂+现场	掌握	直线领导或安全员、技术员	√	√	√
1.4	天然气安全常识	0.5	三年	课堂+现场	掌握	直线领导或安全员、技术员	√	√	√
1.5	危害因素识别知识	0.5	三年	课堂+现场	掌握	直线领导或安全员、技术员	√	√	√
1.6	反违章禁令	0.5	一年	课堂+现场	掌握	直线领导或安全员、技术员	√	√	√
1.7	安全标志标识	0.5	一年	课堂+现场	掌握	直线领导或安全员、技术员	√	√	√
1.8	劳动防护用品使用	0.5	一年	课堂或会议	掌握	直线领导或安全员、技术员	√	√	√
1.9	硫化氢防护	0.5	一年	课堂+现场	掌握	直线领导或安全员、技术员	√	√	√
1.10	乘车安全常识	0.5	三年	课堂+现场	掌握	直线领导或安全员、技术员	√	√	√
1.11	饮食卫生常识	1	三年	课堂+会议	掌握	直线领导或安全员、技术员	√	√	√
1.12	环境保护基本常识	0.5	一年	课堂+现场	了解	直线领导或安全员、技术员	√	√	√
1.13	工作外安全	0.5	一年	课堂或会议	了解	直线领导或安全员、技术员	√	√	√
1.14	灭火器材使用	0.5	三年	课堂+现场	掌握	直线领导或安全员、技术员	√	√	√
1.15	气体检测仪使用	0.5	一年	课堂或现场	掌握	直线领导或安全员、技术员	√	√	√
1.16	应急逃生	0.5	一年	课堂+现场	掌握	直线领导或安全员、技术员	√	√	√
1.17	常见伤害、疾病急救	0.5	一年	课堂+现场	掌握	直线领导或安全员、技术员	√	√	√
1.18	事故事件报告	0.5	三年	课堂+现场	了解	直线领导或安全员、技术员	√	√	√
1.19	事故案例	不限	随时	不限	了解	直线领导或安全员、技术员	√	√	√
2	本岗位基本操作技能								
2.1	低温集气站内开井标准操作	0.5	一年	课堂+现场	掌握	技术员、培训师、副站长	√	√	
2.2	低温集气站内关井标准操作	0.5	一年	课堂+现场	掌握	技术员、培训师、副站长	√	√	

采气（集气站站长）HSE培训矩阵

编号	培训内容	培训课时	培训周期	培训方式	培训效果	培训师资	备注
1	HSE基本知识						
1.1	HSE职责、权力、义务、责任	0.5	一年	课堂或会议	掌握	直线领导或安全员	
1.2	安全用电常识	0.5	三年	课堂+现场	掌握	直线领导或安全员	
1.3	采气安全常识	0.5	三年	课堂+现场	掌握	直线领导或安全员	
1.4	天然气安全常识	0.5	三年	课堂+现场	掌握	直线领导或安全员	
1.5	危害因素识别知识	0.5	三年	课堂+现场	掌握	直线领导或安全员	
1.6	反违章禁令	0.5	一年	课堂+现场	掌握	直线领导或安全员	
1.7	安全标志标识	0.5	一年	课堂+现场	掌握	直线领导或安全员	
1.8	劳动防护用品使用	0.5	一年	课堂或会议	掌握	直线领导或安全员	
1.9	硫化氢防护	0.5	一年	课堂+现场	掌握	直线领导或安全员	
1.10	乘车安全常识	0.5	三年	课堂+现场	掌握	直线领导或安全员	
1.11	饮食卫生常识	1	三年	课堂+会议	掌握	直线领导或安全员	
1.12	环境保护基本常识	0.5	一年	课堂+现场	了解	直线领导或安全员	
1.13	工作外安全	0.5	一年	课堂或会议	了解	直线领导或安全员	
1.14	灭火器材使用	0.5	三年	课堂+现场	掌握	直线领导或安全员	
1.15	气体检测仪使用	0.5	一年	课堂或现场	掌握	直线领导或安全员	
1.16	应急逃生	0.5	一年	课堂+现场	掌握	直线领导或安全员	
1.17	常见伤害、疾病急救	0.5	一年	课堂+现场	掌握	直线领导或安全员	
1.18	事故事件报告	0.5	三年	课堂+现场	了解	直线领导或安全员	
1.19	事故案例	不限	随时	不限	了解	直线领导或安全员	
2	本岗位基本操作技能						
2.1	低温集气站内开井标准操作	0.5	一年	课堂+现场	掌握	培训师	
2.2	低温集气站内关井标准操作	0.5	一年	课堂+现场	掌握	培训师	
2.3	橇装型紧急截断阀开关标准操作	0.5	一年	课堂+现场	掌握	培训师	

图3　HSE培训需求矩阵示意图

（3）培训形式的规范。

单项操作，多媒体课件控制在30张以内；单堂授课时间，控制在30分钟以内。课堂采取互动形式。课件以图片、照片为主，均采取现场设备实照。

（4）培训内容的规范。

参照标准化操作程序，以步骤为主线，以风险为重点，着重讲授每一操作步骤中的风险是怎么来的、怎么才能够使其受控管理。

（5）培训的开展及评估。

逐人建立培训档案，利用10+4培训契机，集中或逐班站开展培训，可采取小课堂、人人都是培训师等方式开展，师资、课件统一管理和规范。培训不合格的，当场再培训；培训合格后，由培训师填写培训档案；单项操作培训合格后，在规定周期内不再培训。员工累计培训时间参照学分制培训模式，每年学够学分后，不再强制集中学习。图4为员工培训考核记录内容示例。

采气员工HSE培训考核记录

编号	培训内容	培训课时	培训周期	培训方式	第　次考核		第　次考核		第　次考核	
					时间	考核人	时间	考核人	时间	考核人
1	HSE基本知识									
1.1	HSE职责、权力、义务、责任	0.5	一年							
1.2	安全用电常识	0.5	三年							
1.3	采气安全常识	0.5	三年							
1.4	天然气安全常识	0.5	三年							
1.5	危害因素识别知识	0.5	三年							
1.6	反违章禁令	0.5	一年							
1.7	安全标志标识	0.5	一年							
1.8	劳动防护用品使用	0.5	一年							
1.9	硫化氢防护	0.5	一年							
1.10	乘车安全常识	0.5	三年							
1.11	饮食卫生常识	1	三年							
1.12	环境保护基本常识	0.5	一年							
1.13	工作外安全	0.5	一年							
1.14	灭火器材使用	0.5	三年							
1.15	气体检测仪使用	0.5	一年							

图4　采气员工HSE培训考核记录样表图

(6) HSE培训矩阵工作的延伸。

以培训档案为依据，收集建立员工行为模型，让员工在有标准的情况下，知道怎么做是优秀的、知道自己每年应该干的哪几件HSE工作，才有利于HSE绩效评价。

(7) HSE培训矩阵工作的相关激励。

优先者评优选先，优先推荐梯次晋级。

(8) HSE培训矩阵工作的宣贯和说明。

作用一：将口头风险融入操作风险，是规避风险、消减风险的手段。

作用二：有力推进了岗位标准化操作程序在现场的有效落实。

作用三：使员工能够看清自己的职业生涯规划。

作用四：每个人真正清楚了解自己所需掌握内容。

(二) 优化组织机构，建立高效的生产指挥系统

结合培训体系的转变，员工对操作层面的需求也发生了变化，改革传统的

生产运行管理模式也迫在眉睫。

通过调研、改革后，作业区缩短班站管理纵向管理链条，横向整合管理岗位，形成以生产指挥调控组为核心，生产运行维护组、综合组为保障的扁平化管理新模式，节约生产管理成本，提高管理水平，构建了高效的管理运行体系，如图5、图6所示。

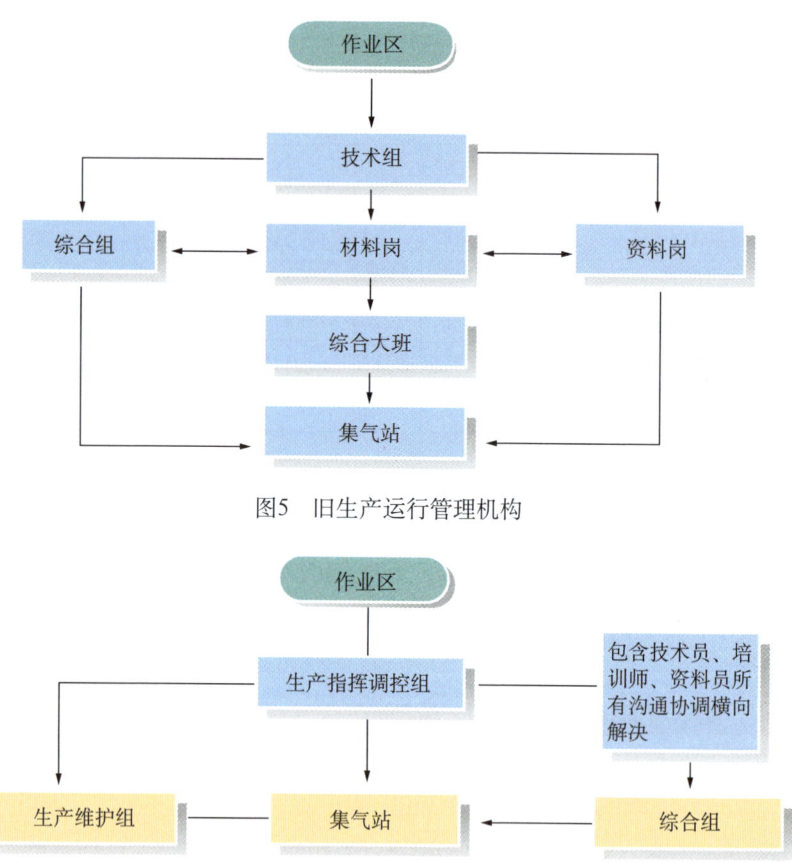

图5　旧生产运行管理机构

图6　新生产运行管理机构

（三）实施“三位一体”的安全隐患问题排查机制

在强化风险意识培训的基础上，作业区对班站管理实行主管领导和技术员承包制，要求每个班站每周设立值周安全员一名，每日对班站现场进行日检查，由承包班站技术员每周不定期深入承包点核实和协助整改查出的问题；作业区承包领导负责查出问题的整改复核，确保所有隐患问题的闭环管理，并在每月5日前，由分管领导汇总分析上月问题，完成班站考核报告。逐步形成“班站—承包技术员—区部领导”三级检查的“日检查—周分析—月总结”隐患问题排查整改“三位一体”的机制，为集气站安全生产提供有效的保障。

（四）修订完善指标考核体系，规范绩效考评工作

在建立HSE培训矩阵过程中，通过划分岗位职责和优化组织结构，及时从“HSE管理、过程、控制、责任、综合”五个指标细化分层级建立《作业二区指标考核体系》。根据生产实际分岗位、分层级设置量化考核标准，建立标准考核样表。

对班站的考核，由月度集中考核改为每轮班次实时考核；员工的个人考核，由班站长以员工工作记录凭据实时考核，并由考核人和被考核人当面沟通、签字确认。每月评选三个优秀班组，并重奖，对考核排名末尾的两个班组轻惩。

对承包人考核分为日常工作考核、承包班站考核、主管业务考核和特殊贡献，实行奖惩结合的考核激励制度，使作业区HSE绩效考核的更具有实用性、操作性和有效性。

（五）深入开展安全管理“1311”活动，HSE基础管理稳步推进

“1311”活动内涵：

“1”——行为安全观察与沟通：即观察和讨论员工在工作地点的行为及可能产生的后果。

“3”——HSE活动：即案例分析讨论、HSE调研审核、HSE专题会议。

“1”——安全授课：区部领导以及其他管理人员对直接下级安全授课。从区领导到班站员工实施逐级培训。

“1”——安全述职报告：班站长每轮班次述职1次，技术员每季度述职1次述职。述职内容是自我评估为对个人HSE工作、HSE绩效。

为了切实加强班站安全管理水平，作业区从经理到技术员各级管理人员积极开展“1311”活动。对各班组实行承包制管理，明确直线责任制，隐患问

题的检查和整改效率显著提高。作业区各级管理人员率先垂范，通过生产会、倒班会、网络腾讯、集中培训等有利时机，开展安全经验分享，形成人人分享安全、人人参与安全的良好氛围。同时，依照“HSE培训需求矩阵”内容制作安全管理方法和技能的标准课件，对班站长及广大员工授课，提升员工安全素质；深入现场调查分析存在问题，结合各方面先进经验提出可行性建议及措施，形成报告，稳步推进安全管理。

四、取得的效果

自从实施以HSE岗位培训需求矩阵为基础的安全管理以来，员工整体素质明显提高，作业区安全管理水平逐步提升。

（一）员工综合素质明显提升，作业安全管理稳步推进

以“HSE培训需求矩阵”为基础，以标准课件为指导，实施“4个一”（一级评估一级、一级培训一级、一级考核一级、一级对一级负责）培训管理机制以来，员工标准化操作技能、安全综合素质明显提升。在组织标准操作程序测试过程中，98%以上员工获得优秀。为作业区安全管理工作打下坚实的基础，使作业安全管理水平稳步提升。

（二）组织机构优化，生产过程实现精细管理

作业区通过优化组织机构，建立指标考核新体系，对管理和技术业务流程进行整合和职能调整，做到减少管理层次，扩大管理幅度，精干高效，责权对应，最大限度地调动员工的积极性和主动性，提高工作效率。

（三）促进作业区安全文化全过程建设

通过全方位标准化培训，让每一名员工努力使自己的一言一行、一举一动符合企业的安全价值观。通过完善的安全制度约束全体员工的安全行为，使每一名员工自觉增强安全意识，明确安全生产责任以及应具有的安全道德，从而自觉遵章守纪，自觉帮助他人规范安全行为，最终形成全体员工同心协力、奋勇拼搏的安全文化氛围。

“四化”安全管理法在榆林天然气处理厂的应用

解永刚　李富生　刘　昂　张荣耀　毛先荣
（第二采气厂）

榆林天然气处理厂是第二采气厂的主要生产单位之一，肩负着榆林气田南区天然气净化和污水处理任务，承担着榆林、子洲–米脂、苏里格和靖边四大气田的部分天然气计量和转输任务，日外输气量约占长庆气区向北京及华北地区日供气量的75%，是长庆天然气输往华北地区的咽喉和枢纽。为进一步提高安全管理水平，榆林天然气处理厂结合自身实际，丰富安全管理内涵，探索形成“安全责任岗位化、安全检查全员化、现场管理标准化、安全教育多元化”的“四化”安全管理法，促进了该处理厂安全管理水平的提升。

一、“四化”安全管理法提出的背景

（一）适应油田和谐发展的需要

榆林天然气处理厂作为向北京及华北地区天然气供应的咽喉和枢纽，供气任务艰巨，面临的安全风险大，对安全生产的要求高。近年来，该处理厂生产规模不断扩大，各类改扩建、大型动火作业越来越多，要实现安全生产“零事故”的目标，就必须建立一套科学的、规范的、系统的安全管理模式。

（二）提高员工安全技能和安全意识的需要

高素质员工的日益缺乏、员工安全能力明显滞后与“建设大油田，发展大气田”形成巨大反差。该处理厂人员流动快、技术水平参差不齐，部分员工安全意识不强、安全行为不规范，迫切需要加强安全意识和技能方面的培训。

（三）企业自身安全的管理需要

安全工作在各层级上的传递一旦存在脱节，安全制度的落实就会大打折扣。在安全工作中，个别员工自主管理、自主防范能力和意识相对薄弱等问题，都迫切需要一种能够增强全员安全意识、提高安全技能的科学管理方法来解决。

二、“四化”安全管理法的内涵

（1）指导思想：安全管理的核心是风险控制。

（2）软件支持：以中国石油天然气集团公司HSE管理九项原则和长庆油田公司《反违章六条禁令》为基础，以岗位标准作业程序推进工作为主线，积极发挥党支部的战斗堡垒作用，努力营造安全生产氛围，形成安全生产的“三大支撑”：打造一支团结奋进的团队、形成注重实效的培训模式、建设别具一格的文化氛围，为实现该处理厂安全生产提供了坚强的软件保障。

（3）具体内容：“四化”安全管理法，即安全责任岗位化、安全检查全员化、现场管理标准化、安全教育多元化。

三、“四化”安全管理法的主要做法

（一）安全岗位责任化

按照属地管理的要求，划分岗位属地范围、明确属地责任人，制定岗位职责，并通过制度推动、考核驱动、愿景拉动等三种动力实现安全责任岗位化。

（1）制度推动：每年年初分解第二采气厂颁发的安全责任指标，区部与班组、操作岗位员工层层签订安全责任合同，确保全年安全业绩指标达标。按照属地管理的要求，制定业务区域管理24项职责和以作业现场控制、“三查一清”、HSE考核、属地管理和目视化管理等为主要内容的安全管理10项制度，把落实制度作为管理的基础，形成坚实的制度推动力。

（2）考核驱动：一是与各班组签订HSE绩效考核合同，每季度评估和考核班组HSE绩效；二是以岗位职责为纲，量化制定HSE管理指标考核细则，每月度量化考核员工岗位职责履行情况；区部对班（队）主要进行绩效考核，班（队）之间根据生产协调关系进行食物链式考核，班（队）内部对员工主要进行过程指标考核；三是完善考核制度，加大对班组和员工HSE考核的权重，对班组的HSE考核权重由30%提高到50%，对员工的HSE考核权重由50%提高到80%，强化HSE管理地位和作用，形成强效的制度推动力。

（3）愿景拉动：切实履行“任何决策必须优先考虑健康安全环境”和“安全是聘用的必要条件”的HSE管理原则。将员工的HSE业绩表现与员工的评优、晋级、聘用、发展相结合，每月对表现优秀的员工评为“每月一星”，给予相应的奖励。年度先进评选、班组长聘用时，优先考虑HSE业绩表现突出的员工，给予HSE表现优秀的员工更多培训、晋级的机会，让员工充分认识到“安全第一”的管理理念，有力地拉动了员工参与安全管理的积极性。

（二）安全检查全员化

安全检查采取全面检查与自查自改相结合的方式，从基础资料、岗位技能、员工培训、现场作业监护、作业许可管理、承包商管理等方面，查找安全隐患和薄弱环节，对检查出的问题逐一汇总，并提出整改措施，能现场解决的，协调相关组室及时整改；不能整改的，制定相应的管理措施和及时上报。检查结果以通报形式下发各职能组室，并在次日安全生产碰头会上汇报整改落实情况。

通过多年实践，摸索出以“三查一清”（岗位自查、干部抽查、每周例检，工作日清）、“双复式交接班”（岗位员工现场交接，班组长问题现场复核）、“交叉点巡检”（岗位员工按点巡检，运行队长穿插巡查）等为主要内容的安全检查方法，形成“定期排查、分类整改、分层消减、逐级考核”的监督—整改—反馈机制，自上而下调动全体员工参与安全管理的积极性和主动性，有效地促进了直线责任在岗位的有效落实。

（三）现场管理标准化

以落实HSE管理原则为切入点，以推进标准作业程序为着力点，以工作标准的归置建立、流程体系的梳理完善和人员素质的稳步提升为核心，建立以岗位责任制和标准作业程序为依据的精细化管理体系，着重对人和物两方面进行标准化管理，如图1所示，所有不按标准作业程序的作业都将会被“叫停”，使榆林天然气处理厂的现场管理水平向着制度化、规范化、标准化不断迈进。

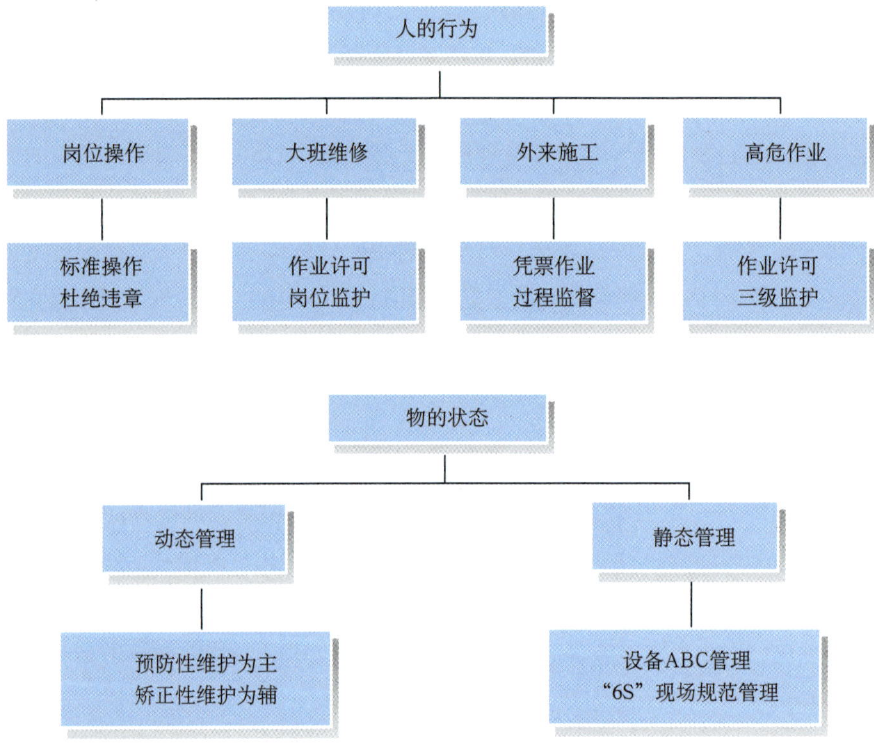

图1　现场管理标准化示意图

（1）加强对人的管理：从作业性质，把现场工作人员分为四类，进行不同侧重点的管理。

（2）加强对物的管理：分为动态管理和静态管理。

（3）完善和规范作业程序：编制工艺操作程序、维修作业程序、外来施工作业组织程序、作业分级管理程序等作业管理程序，明确各级属地负责人管理的工作目标、任务、程序，细化各级安全管理的职责，规范现场作业秩序，让班组、岗位员工充分参与安全管理，进一步强化了生产现场作业监督管理，形成作业分工明确、相互配合、齐抓共管的良好局面。

（四）安全教育多元化

结合HSE体系建设和“有感领导、属地管理、直线责任”安全管理理念，按需将人员分为管理人员、操作员工、施工人员三类，将培训与提升安全基础管理水平、提升工作文化、提高队伍素质三方面相结合，通过建立个人学习档案，制订学习计划，实施以“订单”式培训为主、集中培训为辅的培训模式及“一天一练、一班一考”的考核制度、入厂前集中安全教育、案例分享等形式，分别进行HSE管理原则、《反违章六条禁令》、标准作业程序、天然气生产基础知识和现场生产纪律的培训，形成“多层次、多形式、多内容”的安全教育新局面，营造了安全生产的良好氛围。

四、“四化”安全管理法取得的效果

（1）建立科学的安全管理体系，现场管理向精细化迈进。

以精细化管理促进本质安全管理，把精细化管理渗透到员工的安全行为规范和作业过程中，形成全员、全过程、全方位的安全管理体系，实现由经验管理向科学管理、由被动管理向自主管理的转变，进一步夯实了安全基础。

（2）树立正确的安全观，员工安全意识和安全技能显著提升。

统一员工思想，规范员工安全行为，提高员工安全素养和全员安全意识、安全水平、安全技能、事故预测能力、防范能力及遵章守纪、爱岗敬业意识，实现了“我要安全、我会安全、我能安全”的转变。

（3）安全管理从刚性管理向柔性管理转变。

创造安全和谐的工作环境，安全生产条件有效提高，安全隐患得到有效控制，为员工提供了文明、安全的生产环境，构建了安全生产的长效机制。

（4）取得良好的安全业绩。

建厂至今，榆林天然气处理厂无伤亡、无爆炸、无中毒、无重大污染事故，先后荣获榆林市“青年安全生产示范岗”、陕西省“青年安全生产示范岗”、全国“青年安全生产示范岗”等称号。

采油厂硫化氢治理安全技改

王守军　倪　军　郑博文
（第一采油厂）

硫化氢是原油开采企业生产过程中常见的有毒有害气体，是一种神经毒剂，具有较高的致死率。做好硫化氢防治工作是采油企业生产管理中一项重要工作内容。针对该问题，采油一厂以张渠采油作业区为试点，进行了一系列的安全技改和现场实践，取得了较好成效。

一、作业现场硫化氢治理安全技改产生的背景

（一）切实履行HSE管理的需要

张渠作业区所管辖油藏属于特殊的三叠系延安组长2段油层，富含硫化氢，岗位安全风险很大。作为采油企业必须遵守国家法律法规，推行HSE方针及管理，杜绝安全环保事故，实现业绩目标指标。因此，开展硫化氢治理安全技改，是切实符合HSE管理的需要。

（二）切实保障员工岗位安全的需要

《中华人民共和国劳动法》对劳动安全卫生有明确要求，用人单位必须为劳动者提供符合国家规定的劳动安全卫生条件和必要的劳动工作环境。依照我国国标（GBZ2—2002）《工业场所有害因素职业接触限值》规定，生产现场硫化氢容许浓度的最高上线为10mg/m^3。同时，医学研究表明，长期吸入硫化氢气体，将造成呼吸、心肌、中枢系统损害。为全面保障岗位员工生命安全，必须为员工建设一个无毒无害的生产、生活现场。

二、主要做法

（一）正确分析现场硫化氢危害程度

1．分析硫化氢分布重点区域

以张渠作业区为例。该区管辖油井200多口、转油站5座、计量站11座。通过对生产现场残存的伴生气进行有毒有害测定，得出以下结果（表1）：

5个转油站、7个计量站、253口油井含硫化氢，而硫化氢浓度在300mg/m^{3}以上的高危井组有46个，10～300mg/m^{3}的低危井组有158个，低于10mg/m^{3}的安全井组仅为41个。

表1　硫化氢浓度分布及对人体症状

分类	油井	计量站	转油站	停留时间	症状
0～10 mg/m^3	41	0	0	长时间停留	无影响
10～300mg/m^3	158	0	0	30～60min	眼睛和呼吸道受刺激 重者嗅觉失灵
300mg/m^{3}以上	30	11	5	1～4h	致命

为进一步掌握硫化氢气体浓度与油井产量之间的定量关系，以张渠作业区张04井区的油井为例，进行数据采集和对比分析：

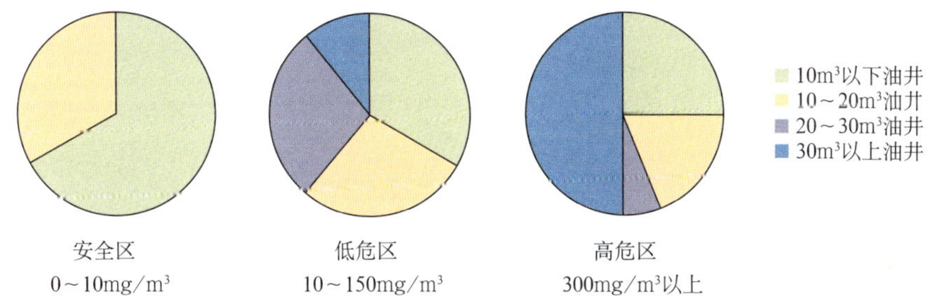

图1　张04井区不同硫化氢分布下油井所占比例

从表1、图1对比分析中，可以得出这样的结论：

（1）油井正常生产时，硫化氢浓度与油井产量成正比，即产量越高，所含硫化氢的浓度也就随之增高。

（2）站点的硫化氢浓度最高。

2．确定现场接触硫化氢作业的重要环节

员工在生产作业时，与硫化氢接触的各个环节：

（1）采油：①油井取样；②套管气放空；③火炬点火；④井筒加药；⑤井场实施修井过程。

（2）油气处理：①污油箱倾倒污油；②泄油器放空作业；③设备设施检维修；④大罐量油；⑤管线投加化学药剂；⑥火炬点火作业。

（3）注水系统：采出水回注液中残存有少量硫化氢气体，易在洗井作业过程中发生溢出。

3．查找工艺流程的适应性

通过对张渠作业区5座转油站的工艺流程分析，发现由于早期设计缺陷，未考虑安全因素，5座转油站的污油箱都存在重大安全隐患。当转油站泄油器放空作业时，放空出的伴生气从不密闭的污油箱中溢出，其硫化氢峰值达到复合式气体检测仪QRAEⅡ检测数值上限。

（二）强化生产过程管理

针对生产现场硫化氢的分布特征以及操作过程中岗位员工接触硫化氢的作业环节，张渠作业区开展以“提高自身素养，软件操作保证；科学技改助力，硬件技术升级”的硫化氢防治策略。

1．做好前端治理，提高安全等级

（1）在进入硫化氢危害区域悬挂安全提示牌，并严格要求岗位员工劳保上岗；在硫化氢高浓度区域配备正压式空气呼吸器、硫化氢检测仪。防护用具必须有专人负责管理，并定期检查，确保完好有效。

（2）加强对岗位员工培训防治硫化氢知识，主要包括安全防护用品、安全防范措施及事故应急预案演练等内容，确保员工在全面掌握硫化氢危害性的同时，提高防范意识，并要求员工做到能识别危害程度、能安全操作、能应急处置。

（3）现场培训进入的第三方施工队人员，使其掌握硫化氢的特性，明确所施工部位的安全注意事项，提前做好安全防护措施及应急预案。

（4）由专业组室组织人员编写《采油作业区硫化氢防治管理办法》，详细讲解井口取样、大罐量油、井站凝析油排放、岗位巡检等安全防范措施，并研究查明硫化氢排放浓度聚集与工艺过程和气象参数的定量关系，制定阴天、雨天等特殊环境下各类硫化氢区域作业的补充说明，各项操作有据可依。

2．积极采取安全技改，提升现场安全能力

针对生产现场硫化氢的分布以及操作过程中岗位员工接触硫化氢的作业环节，从狠抓安全技术管理入手，成立技改小组，对全区5座转油站不完整的工艺流程进行安全技改。

1） 对污油箱进行安全改造

针对污油箱在使用过程中暴露出的密封效果差，现场操作时散发有毒有害气体的浓度高等弊端，采取以下安全技改措施：

(1) 在倒油漏斗（图2）下加装一段U形管与阀门，利用U形管的油封与阀门的开关实现切断出口通道，有效阻止污油箱内硫化氢气体的挥发。

(2) 加装大口径的污油箱发散管，更好地将箱体内的有毒有害气体导输到安全工作区域外处理。

(3) 为改造后密闭的污油箱安装液位计，通过液位计实现对污油箱液位的适时监控。

图2 倒油漏斗图

如图3所示，较之以前相比，经科学改造的污油箱密封效果更好，现场检测硫化氢气体浓度大幅度下降，有效地提高了岗位员工在倾倒污油操作时的安全系数。

说明：1．图中设计非实物比例，可根据实际情况进行调整
2．图中管线标高及走向根据实际情况可进行调整

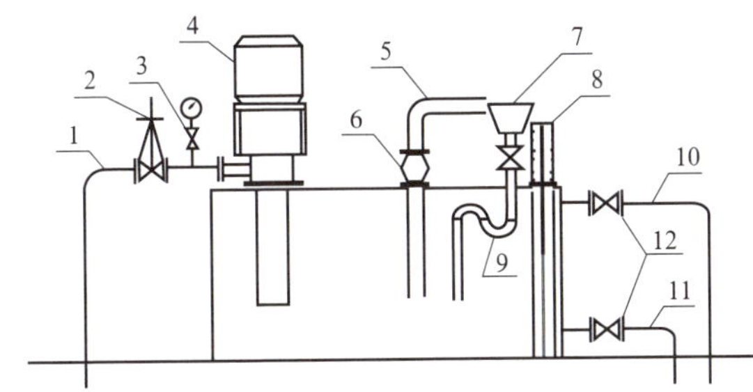

1—污油箱出口管线 $\phi 60\times 3.5$；
2—钢法兰闸阀 DN 50；
3—内螺纹闸阀 DN15；
4—液下泵 DWLA6−10×5；
5—发散管 DN89；
6—阻火器；
7—倒液漏斗；
8—液位计；
9—U形封堵设备；
10—污油箱回水管线 $\phi 50\times 3.5$；
11—污油箱热水管线 $\phi 50\times 3.5$；
12—钢法兰止回阀 DN40

图3 污油箱改造示意图

2）安装泄油器电动排空阀

为减少员工暴露在放空作业区域的风险，在数字化改造中，借鉴相关做法，为井站安装泄油器电动排空阀。

基本原理：如图4所示，泄油器分离出的凝析油，通过在数字化电脑监控上设置排放时间、下达排放指令。指令传送至可编程逻辑控制器（PLC），可编程逻辑控制器（PLC）在接收到指令后，实现对电动阀电源的离合。通过电动阀的开、关，凝析油自动排放至污油箱。其整个操作过程都是远程电脑控制，操作界面简单易学，有效消减操作员工进入高含硫区域进行人工开关阀门的危险作业，提升了岗位员工的安全。

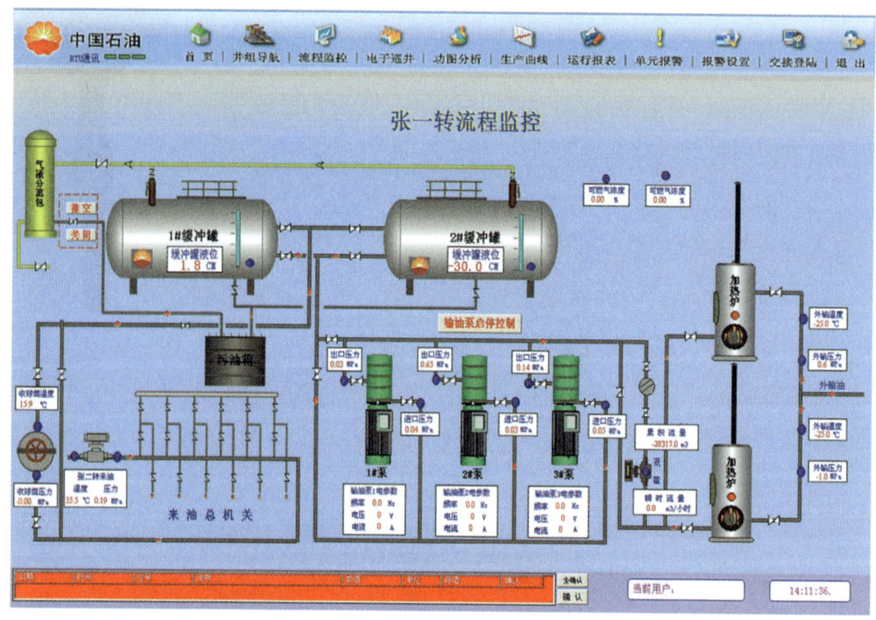

图4 泄油器排空装置示意图

红线框区域为电动阀

三、取得的效果

通过对污油箱工艺流程的安全技改和泄油器自动排空装置的投用，使现场生产达到安全要求，既防范了安全事故，又保障了员工安全，实现岗位的本质安全，并取得可观的安全效益。

（一）岗位操作实现了本质安全

通过污油箱改造工程的实施，使整个放空作业过程中的有毒有害气体达到安全值，保障了岗位员工的安全（表2）。

表2　污油箱治理前后气体浓度对比表

序号	站点	位置	整改前			整改后			备注
			LEL（%）	H_2S（$\times10^{-3}$mL/L）	CO（$\times10^{-3}$mL/L）	LEL（%）	H_2S（$\times10^{-3}$mL/L）	CO（$\times10^{-3}$mL/L）	
1	张一转	污油箱	100	500	119	20	0	0	
2	张二转	污油箱	100	500	256	17	0	3	
3	张三转	污油箱	100	394	30	16	0	0	
4	张四转	污油箱	100	483	57	10	0	0	
5	张五转	污油箱	100	500	60	7	0	0	

（二）员工劳动强度得到切实降低

泄油器自动排空装置与井站数字化改造相结合，实现全程排空自动化，既降低了员工的劳动强度，又减少了员工暴露在危险区域的频次，受到员工的欢迎。

（三）员工安全素养得到有效提升

通过现场硫化氢治理的过程控制，向岗位员工普及硫化氢危害及防范措施的相关知识。同时，在开展各类安全小技改和小发明的征集活动中，员工积极参与，且成果丰富。不仅有效地提高了员工的安全素养，更充实了企业安全文化的内涵。

站库“安全隐患复式闭合管理”

高智强　芮军红
（第二采油厂）

安全隐患复式闭合管理法是采油二厂集输大队在站库安全管理上探索新方法、新思路的经验结晶。它将“PDCA”循环与站库的隐患削减结合起来，提升了站库安全管理水平和员工隐患识别的能力。

一、安全隐患复式闭合管理的形成背景

(1) 解决管理单元共性问题刻不容缓。通过分析近几年来厂部、监督站以及大队安全检查中存在的问题，发现站库区域单元相近，但共性问题一直没有得到有效根除，同样的隐患在不同站库反复出现。因此，探索控制和削减共性问题的有效方法刻不容缓。

(2) 各级管理人员辨识削减隐患重视程度有待提升。在传统的安全管理模式中，采取的是大队集中检查、小队落实整改、区域管理单元，只是“头痛医头、脚痛治脚”，没有把别人的问题当做自己的问题来对照，举一反三。因此，对照检查本管理单元同类或类似问题，按照标准制定整改措施，削减安全风险，从而逐渐减少或消除人的不安全行为、管理缺陷和静态的物态问题。

(3) 缺乏信息共享平台。集输站库生产单元性质基本相同或相近，在某一个生产单元辨识、削减一个具体隐患时，其他站库也可能存在类似的隐患。如何使其他站库的生产单元主动去辨识、削减本单元内存在的类似隐患，提高站库安全管理水平，就需要建立一个能够有效沟通和交流信息的平台。

(4) 提升全员安全意识的需要。自2000年实施HSE体系以来，每年都在站库持续开展危害、环境因素识别活动，员工具备了辨识一般风险的基本能力。因此，需要一种有效载体充分发挥全员辨识与削减隐患的主动性和积极性，从而形成全员不断提升安全意识，参与安全管理，实现“要我安全”向“我要安全”的转变。

二、安全隐患复式闭合管理的基本原理

（1）如图1所示，从“安全三角形”法则得到的启示：人的不安全行为或物的不安全状态是导致事故发生的直接原因，企业安全工作的重心就是防止人的不安全行为、消除物的不安全状态，从而避免事故的发生。

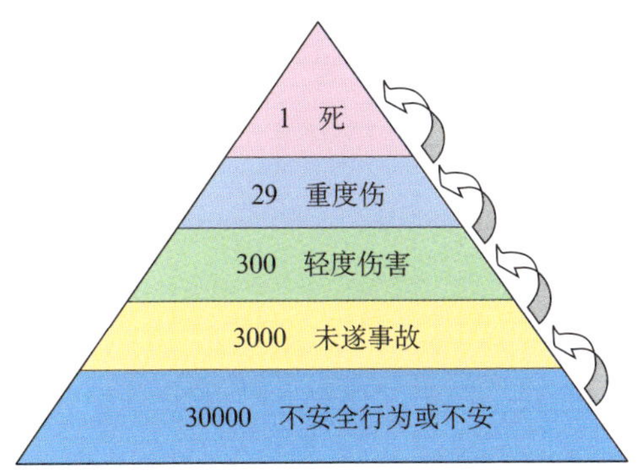

图1　“安全三角形”法则

（2）应用“PDCA”工具。如图2所示，“PDCA”循环又叫戴明环，是美国质量管理专家戴明博士首先提出的，它是全面质量管理所应遵循的科学程序。全面质量管理活动的全部过程，就是质量计划的制订和组织实现的过程，这个过程就是按照PDCA循环不停顿的、周而复始的运转、改进和提高。

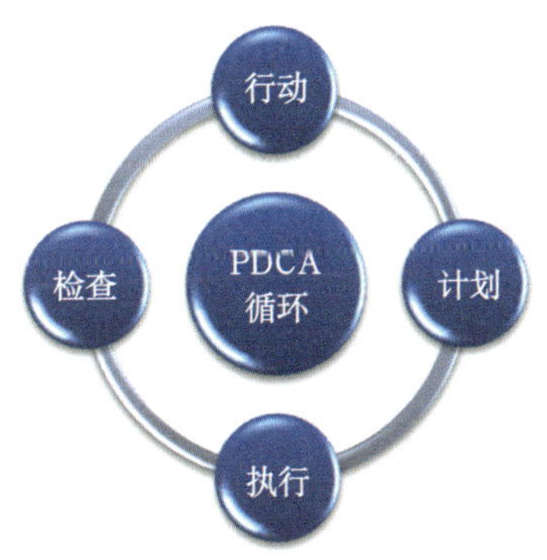

图2　“PDCA”循环

单项工作的“PDCA”循环模式已经得到管理界的广泛认可。在石油企业，将“PDCA”循环模式应用到隐患管理工作中后，极大地提高隐患削减的效率。采油二厂集输大队站库生产单元性质基本相同或相近，当在某一个生产

单元辨识、削减一个具体隐患时，其他站库也可能存在类似的隐患。如何使其他站库的生产单元主动去辨识、削减本站内存在的类似隐患，提高站库安全管理水平，也就是要做好举一反三。由于各站库相对独立，彼此之间缺乏有效地沟通和信息交流，所以单项“PDCA”循环模式不能很好的解决这个问题。因此，应用复式“PDCA”循环模式，可以解决隐患管理中举一反三的问题。

三、安全隐患复式闭合管理基本做法

（一）建立管理流程（图3）

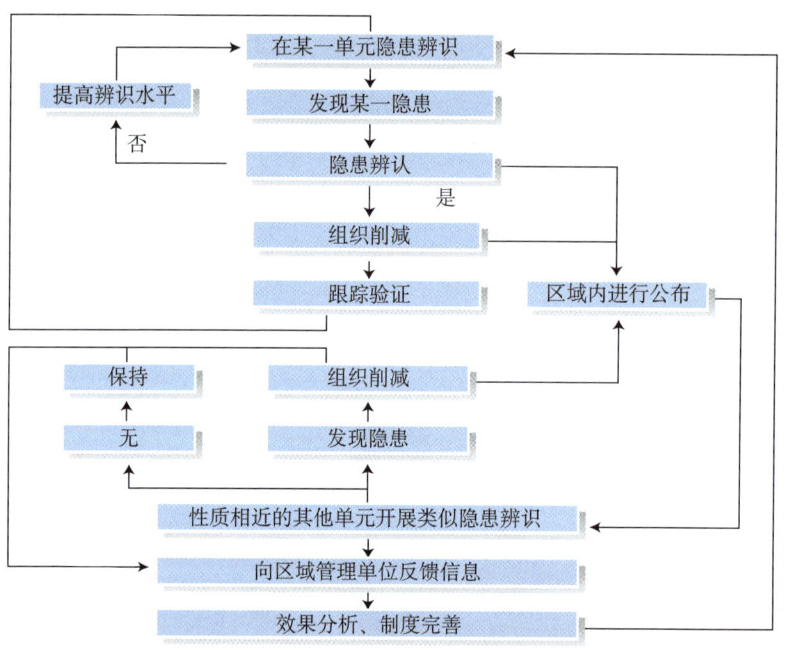

______单元自查自改隐患记录表							
序号	自检单位	检查时间	问题描述	依据标准	未整改控制措施	隐患类别	备注
1	华输队采出水班	2011222	污水站清水罐观察井里有油污	企业内部管理规定检查并要定期检查，如有积水、油污等要分析，查找原因，采取措施。		C类	

图3　安全隐患复式闭合管理流程

（1）隐患辨识：由岗位人员按照规范、标准进行现场辨识，记录在案（班组），报小队。

（2）隐患辨认：由专业人员或岗位人员查证或由专家评审，确认发现的隐患的真实性。

（3）组织削减：有隐患存在的生产单元或管理单位，配置资源进行隐患削减并上报。

（4）公布信息：由HSE办公室筛选来自基层、大队检查、上级检查的各类问题，将典型问题公示在大队的“安全隐患复式闭合网络平台”进行，以便各单元对照，开展举一反三，见表1。

表1　信息表

集输大队自查自改隐患典型问题汇总表(2011年第7期)											
序号	检查区域	检查时间	问题描述	依据标准	整改方案	整改时间	整改结果	未整改问题控制措施	整改负责人	隐患类别	备注
1	悦联站	20100303	水处理岗1#生水泵电机护罩固定部位缺螺丝	设备实施完整性	电工对电机进行检查并加固定螺丝	20100303	完成		刘阳虎	C	
2	华输队	20100303	1#罐液压安全阀缺封油	液压安全阀使用要求	组织人员添加封液，要求定期进行检查维护	20100304	完成		王志强	C	

（5）信息共享：基层队在接到隐患公告信息后，在相近或相似的区域或操作方面进行隐患辨识。如果确认无隐患，继续保持状态；如果确认隐患，配置资源进行整改。如果在隐患辨识过程中发现其他方面的隐患，亦可公告，在其他单元进行相同的活动（图4）。

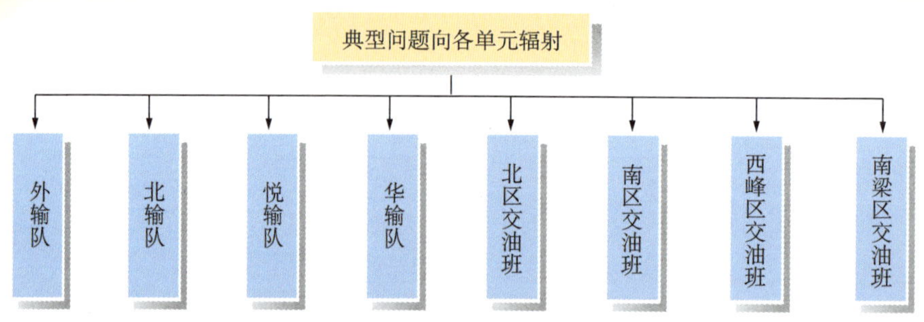

图4　信息共享

（6）持续开展自查自改：基层队组织人员通过日检、巡检，又启动新一轮的自查自改，并针对存在隐患，落实控制、防范措施。

（7）隐患治理周通报：HSE办公室跟踪验证两级检查出的各类隐患，网络通报整改结果，实现新的闭合（表2）。

表2　自查自改落实进度通报表

<table>
<tr><th colspan="11">集输大队安全隐患复式管理自查自改落实进度通报表(2011年第6期)</th></tr>
<tr><th>检查时间</th><th>问题描述</th><th>依据标准</th><th>整改方案</th><th>限定整改时间</th><th>响应单位</th><th>类似问题描述</th><th>整改负责人</th><th>未整改控制措施</th><th>隐患类别</th><th>备注</th></tr>
<tr><td rowspan="4">2010222</td><td rowspan="4">污水站清水罐观察井里有油污</td><td rowspan="4">企业内部管理规定检查井要定期检查，如有积水、油污等要分析，查找原因，采取措施</td><td rowspan="4"></td><td rowspan="4"></td><td>悦输队</td><td>无类似问题</td><td>刘阳虎</td><td></td><td></td><td></td></tr>
<tr><td>北输队</td><td>无类似问题</td><td>邱自万</td><td></td><td></td><td></td></tr>
<tr><td>华输队</td><td>此问题已解决，无类似问题</td><td>刘阳虎</td><td></td><td></td><td></td></tr>
<tr><td>外输队</td><td>无类似问题</td><td>乔灿庆</td><td></td><td></td><td></td></tr>
</table>

（二）培训引导，提高安全管理水平

（1）基层周度培训：以安全知识、安全技能为重点。

（2）大队综合培训 ：以隐患辨识与削减、控制，应用载体为重点。

通过培训，达到提高全员危害与环境因素识别能力、提升隐患削减与控制能力、提升生产现场管理水平的目的。

（三）正向激励，激发全员参与热情

（1）特别奖励：对于发现重大隐患，积极组织削减或上报评估确认后的人员给予一次性500元奖励。

(2) 安全形象大使评选：每季评选出一名积极参与风险识别，勇于制止违章的人员给予300元奖励。

(3) 面对班组：以班组为单元，每季综合排名各基层队所属班组、大队直属班组，对排名第一的班组，每名成员奖励50元。

(四) 定期分析，改进提高

1. 建立日检、周检、月检分析制度

(1) 日检：岗位员工自检个人的安全行为，消除人的不安全行为；通过岗位巡回检查，对属地管理区域进行隐患辨识、削减、上报。

(2) 周检：基层干部、班组长每周开展综合性检查，大队专职监督员不定期进行督查与隐患整改跟踪，确保及时消除和控制物的不安全状态。

(3) 月检：问题初步分类后（图5），依据问题的不同类型，分析出现此类问题的原因，并制定相应的整改及防范措施。

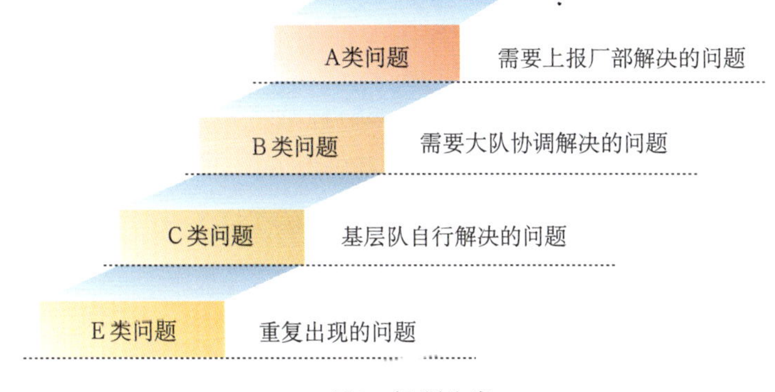

图5 问题分类

2. 分析时注重多角度、多方式分析

从技术操作、安全管理、班组管理等多个方面剖析原因，并将一个问题辐射到一类问题（图6），分别从客观物的不安全状态、主观人的不安全行为寻找出根本原因，进一步加深对问题的了解。在分析的形式上，用文字分析的同时，将存在问题拍摄成照片，同一类问题的图片放在一起对比分析，比较直观地表述问题，便于查找问题的根源。

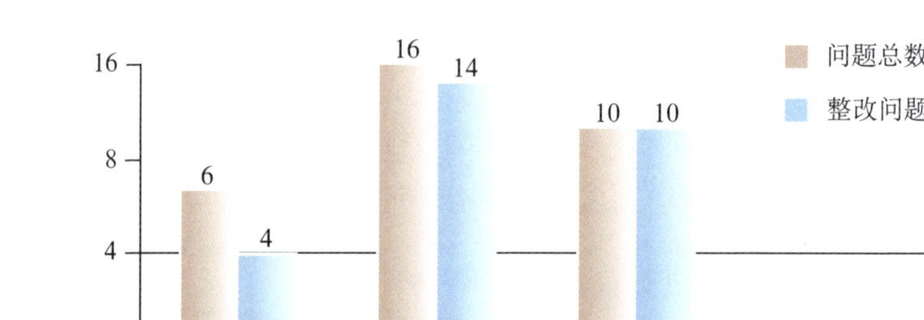

图6　各基层队问题整改情况

3．有针对性地制定改进措施

根据问题的分类，分析产生原因。根据分析结果，结合生产实际，制定同类问题的整改与控制措施，防范同类问题的重复出现（暂时无力整改的要定人、定责、定出相应控制措施）。

4．通过分析，有计划地安排下步工作

根据对月度检查存在问题的分析结果，针对生产过程中的隐患与薄弱环节，从生产运行、HSE现场管理等方面合理安排下步工作，确保隐患治理层层落实。

5．考核、处罚出现的重复性问题

在复检过程，对检查出的重复性问题，参照HSE业绩考核细则，加大业绩分值考核力度，单个重复性问题与奖金直接挂钩，加大对重复性问题的管理力度，达到“整改一个问题消除一类问题”的目的，进一步提升基层安全管理水平。

6．总结改进，持续深化

通过系统的风险分析，采取有效的削减和控制措施，从思想上树立一切事故都是可以预防的理念。

7．完善管理办法（图7），提升制度约束力

集输大队安全隐患复式闭合管理、考核办法

为了确保大队每个生产环节全面受控，树立预防为主管理思想，落实全员安全职责，引导全员从被动参与向主动参与转变，加大隐患治理力度，向创建“清洁文明无隐患站库”目标迈进，结合大队生产实际，制订《安全隐患复式闭合管理、考核办法》。

第一条 本办法适用于集输大队。

第二条 应用范围为大队所属站库、直属班组。

第三条 HSE办公室、大队培训岗负责定期组织基层管理干部、生产骨干开展专题培训，基层队技术员、监督员负责对员工开展培训，培训方式可采用现场培训、单兵教练等方式。

图7 管理、考核办法部分内容图

四、取得的效果

采油二厂集输大队始终坚持“预防管理、全员管理、网络管理、细节管理”的思想，通过推广站库“安全隐患复式闭合管理”，激发了全员辨识与削减隐患的主动性和积极性，从而形成全员参与安全管理的良好格局，实现岗位员工“要我安全”向“我要安全”的转变，提升了全员安全管理意识，推进了站库安全工作的规范化管理。

(1) 从2008年元月至2011年10月，共开展网络公示178期、公示典型问题486个，排查类似隐患261个。人的不安全行为得到了有效消除，物的不安全状态得到了有效控制，实现隐患治理从单一站库的“孤军奋战”向全部站库“联合防御”的转变。

(2) 解决了大部分一般隐患（问题）的整改和控制，对于站库因设计等原因造成的暂时无法整改的隐患，制定有效的防范措施，对保障站库的安全运行起到了一定推动作用。

(3) 监督员监督职能有所提升，能够及时按照网络平台中公示的整改方案积极开展隐患削减。

（4）员工参与隐患辨识与削减积极性明显提升。事故控制ACT卡数量明显增长。

PDCA管理方法在设备管理中的应用

刘 毅 何小平 曹彩云 杨 欣 刘 迅 郑 伟
（第三采气厂）

一、PDCA管理方法实施的背景

苏里格第三天然气处理厂自2009年投产后，较长一段时间内设备管理存在着管理基础薄弱、管理水平相对较低等问题，影响该处理厂年终业绩指标的顺利完成，设备管理水平的提高成为苏里格第三天然气处理厂亟待解决的问题。

为提高设备管理水平，苏里格第三天然气处理厂在2011年初引入PDCA循环管理理念，建立PDCA循环管理组织机构，开展PDCA方法在设备管理的应用与可行性研究，以此来解决在设备管理中存在的问题，构建更加优化、高效的设备管理体系，提高设备使用效率，不断提高该处理厂核心竞争力和企业管理水平。

二、PDCA管理方法的内涵

如图1所示，PDCA即P计划－D实施－C检查－A处理（改进），它是一个按照P－D－C－A顺序进行质量管理过程。并且循环不止地进行下去的科学程序。这四个阶段形成一个闭环，且缺一不可。

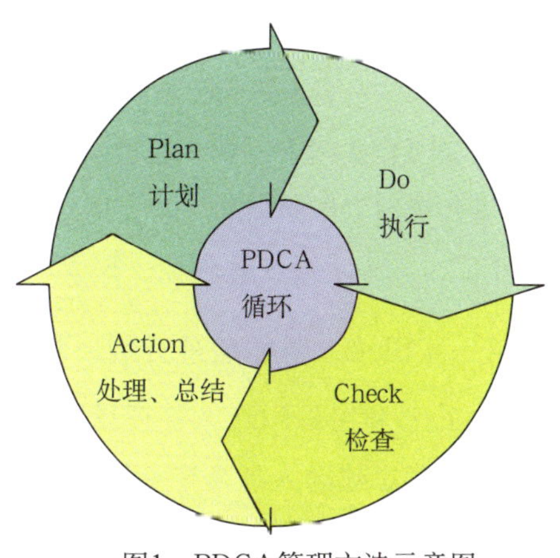

图1 PDCA管理方法示意图

在PDCA循环的四个阶段中，每个阶段都有小的PDCA循环，层层嵌套、由小到大推动。例如：如图2所示，苏里格第三天然气处理厂

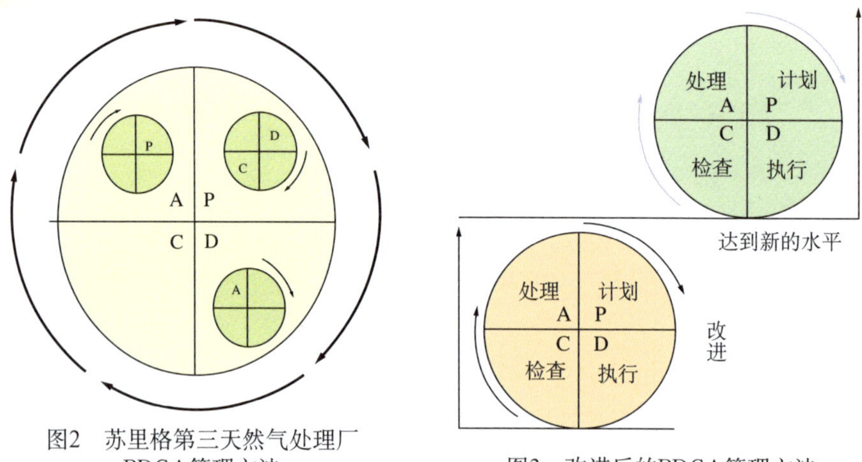

图2 苏里格第三天然气处理厂PDCA管理方法

图3 改进后的PDCA管理方法

在投产前所做的各项检查和准备工作中，实现HSE各项指标与管理要求是P，严格落实各类投产置换和特种作业票是D，检查现场存在的各项影响员工健康、影响投产准备工作的危险因素是C，针对各类问题制定制度和措施是D，而“投产前所做的各项检查和准备工作”又是实现第三天然气处理厂安全、正点投产工作目标中的C。每次循环均需总结并提出新目标，从而实现大环套小环、一环扣一环、小环保大环、推动大循环。如此按照PDCA循环前进，就能达到一个新的水平；在新的水平上再进行PDCA循环，便能达到一个更高的水平（图3）。

三、具体做法

设备工作头绪多、技术要求高、管理基础相对薄弱是苏里格第三天然气处理厂设备管理工作面临的一个突出问题。因此，将重点设备的巡检和故障防范作为PDCA循环管理工作对象，形成逐步完善、不断提高的管理模式。

（一）PDCA循环渐进开展，抓好前期过程控制

为扎实利用好PDCA管理思想，建立持续改进的工作机制，更好地将PDCA管理思想融入现场实际设备管理中。本着在实践中学习PDCA管理思想、在实践中检验PDCA管理思想的思路，苏里格第三天然气处理厂制订了严

密的实施方案，具体按照8个步骤实施，如图4所示。

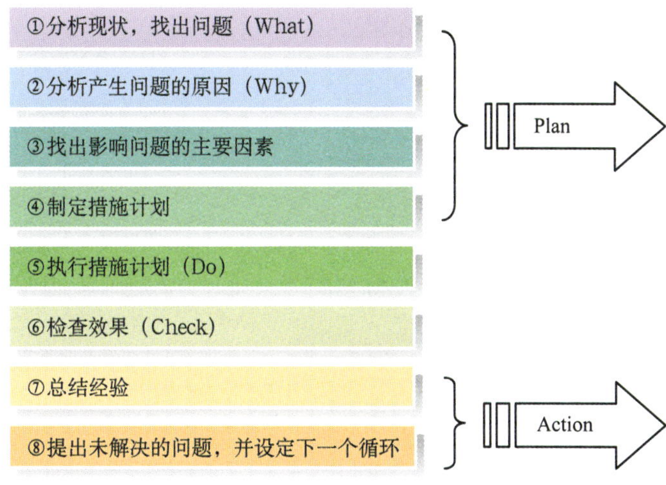

图4　苏里格第三天然气处理厂PDCA管理实施步骤

（二）利用PDCA思想分析和评价现状，识别应改进的项目

如图5所示，通过分析，结合现场设备管理的现状，在设备管理方面共确定出七项重点工作：完善设备运行参数监控体系、完善设备运行管理制度、完善设备性能考核制度、完善设备维护保养制度、加强设备人员培训、完善设备保运队伍管理制度、强化各项制度落实力度。同时制定解决方法，如图6所示。

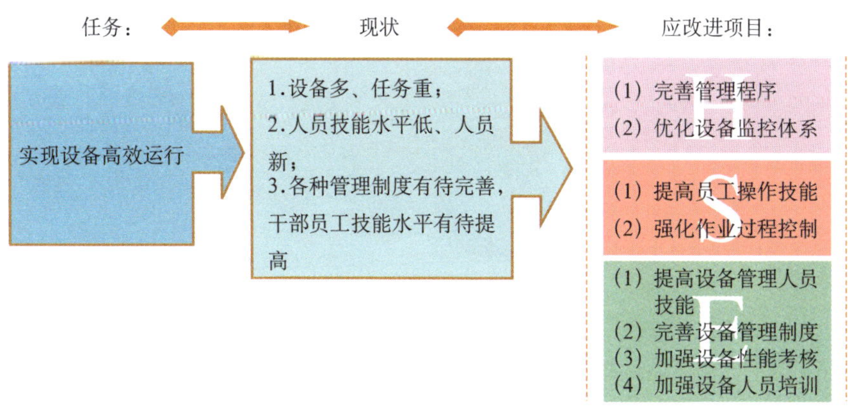

图5　识别应改进项目

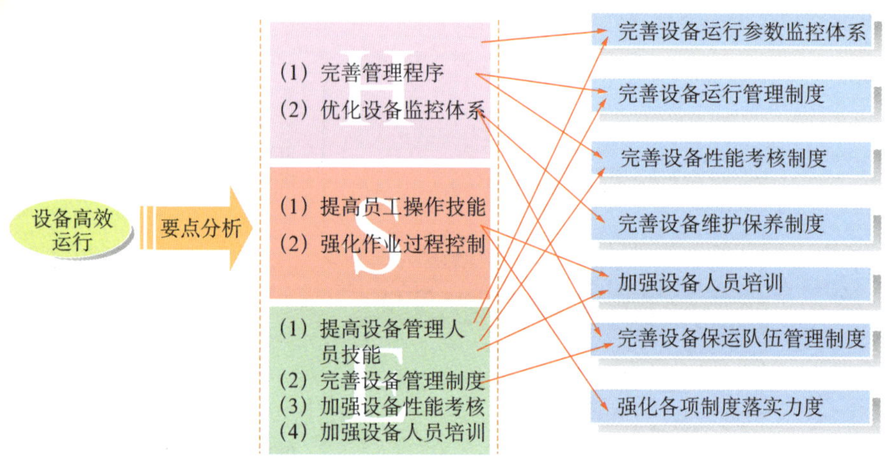

图6　重点工作解决方法

为了保证这七项重点工作的顺利完成，苏里格第三天然气处理厂在各PDAC大循环中又坚持采用PDAC小循环管理方法，一环扣一环、以小环保大环、推动大循环，使各项工作逐步、滚动式地达到新的水平和台阶，如图7所示。

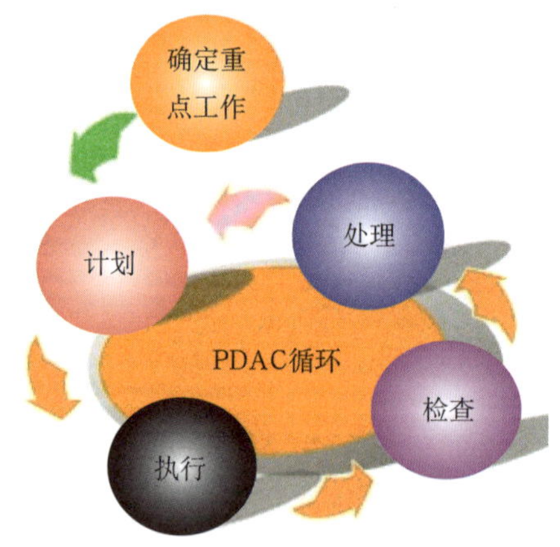

图7　PDAC循环

（三）加强PDAC循环管理，逐步改进工作

1．完善设备运行参数监控体系

如图8所示，通过第一次循环发现：

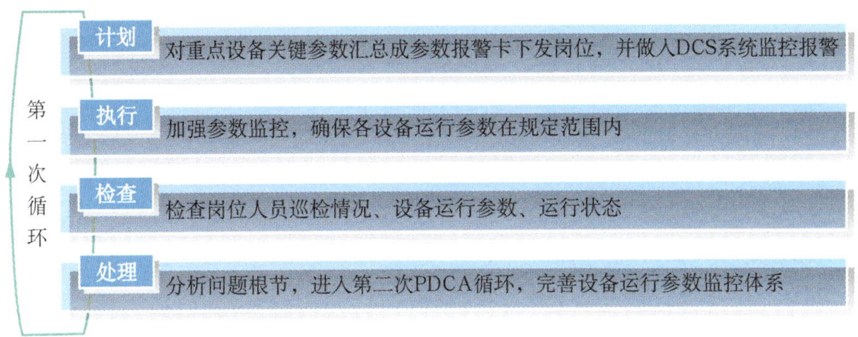

图8 完善设备运行参数监控体系的第一次PDAC循环

(1) 部分规定运行参数不符合现场设备实际运行情况。

(2) 部分设备重点运行参数未做入DCS监控系统，被遗漏。

(3) 重点参数无报警。

解决措施：

(1) 重新修改部分不符合现场设备实际情况的参数进行。

(2) 召开设备座谈会，经讨论，将部分遗漏参数做入DCS系统。

(3) 对部分无报警或报警不明显参数增加声音报警，有效提高了报警级别，确保当班人员能及时发现设备隐患和运行故障。

依次进入第二次、第三次……第*N*次PDCA循环。

2. 完善设备运行管理制度

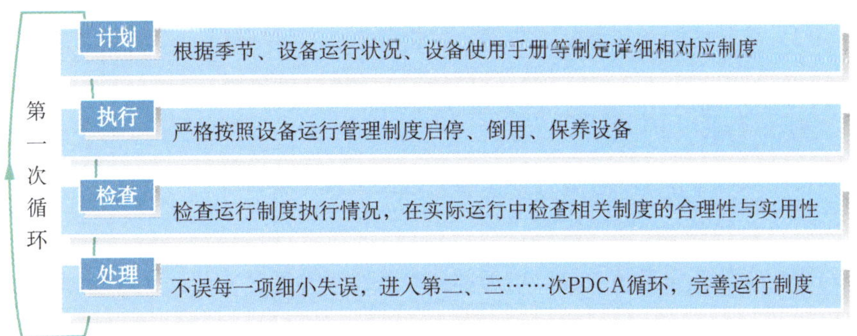

图9 完善设备运行管理制度的第一次PDAC循环

如图9所示，通过第一次循环发现：

（1）设备运行制度制定不详细，可操作性差。

（2）制度不全面，存在较大漏洞。

（3）部分制度制定不合理，与设备运行工况不相符。

解决措施：

（1）按类别区分设备，针对每一类设备详细制定相对制度。

（2）集思广益，按照季节、设备性能等各个方面增加设备运行制度。

（3） 修改部分与设备运行工况及现场实际不相符制度。

依次进入第二次、第三次……第*N*次PDCA循环。

3．完善设备性能考核制度

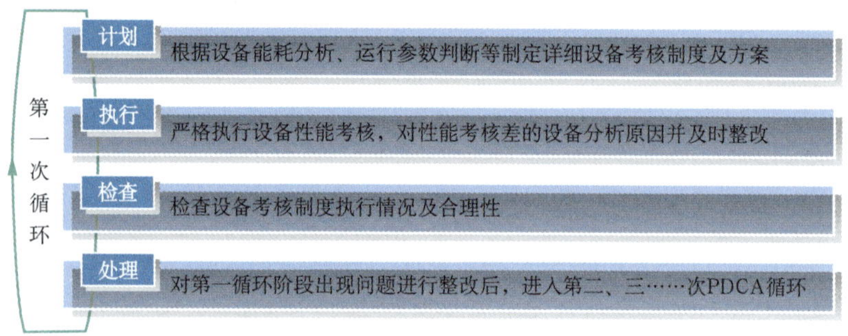

图10　完善设备性能考核制度的第一次PDCA循环

如图10所示，通过第一次循环发现：

（1）性能考核考虑项目单一，忽略了其他影响设备性能考核因素。

（2）部分性能考核制度不合理，忽略了重点考核项目。

（3）员工对性能考核不理解，现场操作存在较大困难。

解决措施：

（1）综合考虑单台设备性能考核，修改考核方案，综合分析影响考核效果的因素，做到考核全面、客观。

（2）废除部分考核项目，增加部分设备运行关键考核项目，共增加考核项目16项。

（3）设备性能考核前组织员工学习考核方案，确保操作人员理解性能考核内容，做到安全高效操作。

依次进入第二次、第三次……第N次PDCA循环

4．完善设备维护保养制度

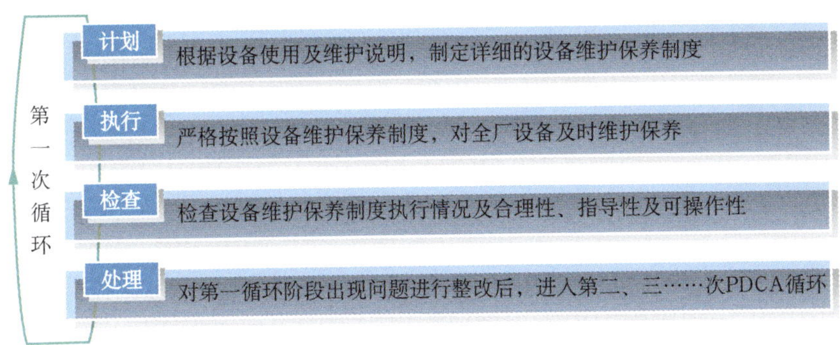

图11　完善设备维护保养制度的第一次PDCA循环

如图11所示，通过第一次循环发现：

(1) 维护保养制度分的不够细，粗略。

(2) 制度指导性差，只侧重于保养周期，缺乏保养具体操作指导。

(3) 员工不熟悉设备保养知识，现场维护全凭技术人员指导。

解决措施：

(1) 按照设备型号详细制定不同型号的设备维护保养制度。

(2) 详细修改制度进行，除明确每台设备保养周期外，增加详细的保养内容及操作步骤。

(3) 设备保养前组织员工认真学习保养制度及手册，确保高效作业同时，增强员工对设备内部结构、性能的熟悉程度。

(4) 采用督查票机制，深挖设备隐患，尽力做到隐患早发现、早整改，确保将设备隐患消除在萌芽状态。进入第二次、第三次……第N次PDCA循环。

5．加强设备人员培训

如图12所示，通过第一次循环发现：

(1) 培训计划不合理，计划侧重于理论培训，忽略了现场培训。

(2) 培训效果不理想，员工重视程度不够。

解决措施：

(1) 修订完善培训方案，采取理论结合实践的培训方式，在提高员工理论

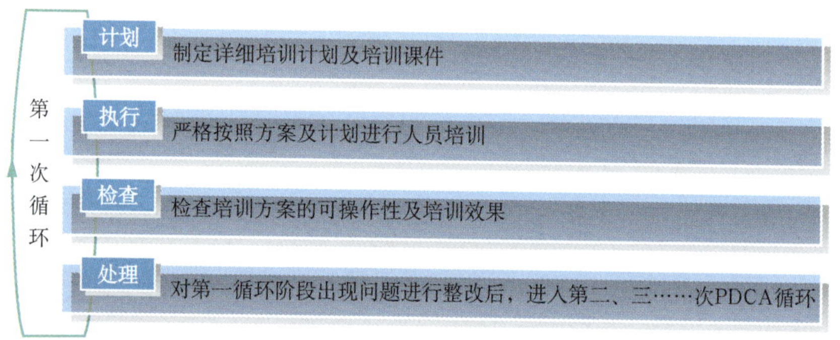

图12　加强设备人员培训的第一次PDCA循环

水平同时，不断提高其实际操作能力。

(2) 培训后，加强培训效果的考核及奖励力度，不断提高广大干部员工对培训工作的高度重视及培训热情。

依次进入第二次、第三次……第*N*次PDCA循环。

6. 完善设备保运队伍管理制度

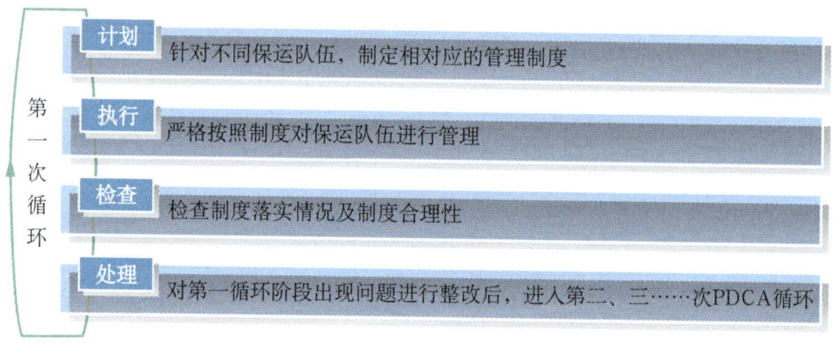

图13　完善设备保运队伍管理制度的第一次PDCA循环

如图13所示，通过第一次循环发现：

(1) 对保运队伍的考核监管力度不够。

(2) 制度较空洞，存在较多矛盾，制度中保运队伍具体工作不够详细，侧重于劳动纪律管理。

(3) 在执行中，管理人员将保运队伍和我厂员工混为一谈，按照同一标准管理，导致保运队伍劳动纪律涣散，责任心差。

解决措施：

(1) 对所有制度进行详细修改，按照合同规定，在制度中加入具体工作，确保制度使用、直观。

(2) 加强管理针对性，对我厂员工及保运队伍区分管理，加强考核力度，确保所有保运人员能严格执行我厂管理标准，更好地服务于我厂生产。

依次进入第二次、第三次……第N次PDCA循环。

7．强化各项制度落实力度

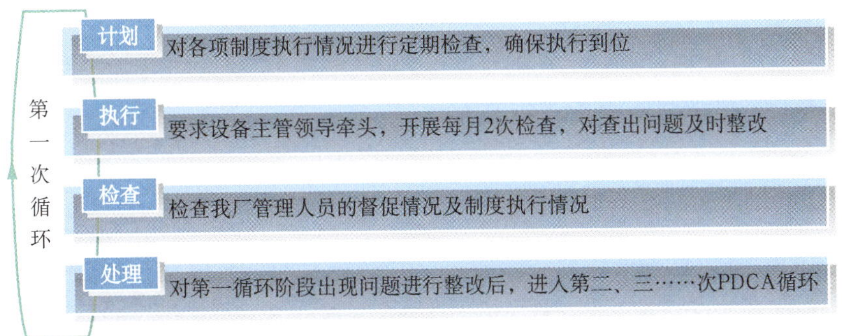

图14　强化各项制度落实力度的第一次PDCA循环

如图14所示，通过第一次循环发现：

(1) 制度执行不够彻底。

(2) 部分管理人员检查不详细，易出现责任推诿现象。

(3) 部分人员自觉性差，仅靠批评教育，难以使各项制度落到实处。

解决措施：

(1) 加强管理力度，采用签字确认方式，确保每项制度落到实处。

(2) 加强对相关管理人员的管理教育，确保管理人员责任心强。同时采用签字确认方式，彻底杜绝工作中的推诿扯皮现象。

(3) 针对工作中出现的问题，逐步修改考核制度，确保处罚、奖励有据可循。处罚部分顽固人员，奖励工作中表现突出的人员，做到奖罚分明，逐步提高员工的积极性与工作热情。

依次进入第二次、第三次……第N次PDCA循环。

通过以上七个方面的PDCA循环管理，苏里格第三天然气处理厂设备管理工作得到明显改进：

(1) 在现场巡检方面，通过PDCA循环管理思想贯穿于整个处理厂的日常管理工作后，现场巡检率达到100%。

(2) 通过PDCA在设备维护保养中的运用，苏里格第三天然气处理厂设备保养及时率达100%，比使用PDCA循环管理方法前提高了10个百分点。

(3) 通过不断完善设备参数监控及报警系统，加强日常巡检，及时发现设备运行不良状态及设备隐患能，对发现问题以督查票形式下发督促整改，设备隐患发现率达到90%，提高了20个百分点。

(4) 通过PDCA循环管理思想在各项制度落实工作中的应用，使该处理厂制度执行率达到95%，提高了10个百分点。

四、PDCA循环应用效果

PDCA循环是一个科学管理方法的形象化，使设备管理的工作思路和工作步骤更加条理化、系统化、科学化。通过在管理过程中的应用，苏里格第三天然气处理厂的管理者逐步对该管理方法有了深入的认识，并较为熟练掌握，逐步将尊崇标准形成一种习惯，将持续改进形成一种机制。

以PDCA循环管理思想为指导，苏里格第三天然气处理厂为确保设备平稳运行，建立PDCA巡检表、空氮站巡检表、丙烷压缩机巡检表、导热油炉巡检表、增压站巡检表、大型设备维保计划、大型设备检修计划等资料，通过不断改进设备管理，实现设备管理无盲点、无漏点，确保了设备高效运行。同时，取得了以下成果。

(1) 实现设备运行的动态化管理。通过各巡检点的巡检数据将设备的运行状态适时反映出来，实现当班、当天、当月、当年与历史同期数据的比对，提高了设备劣化趋势的可控性管理，也为科学地、准确地进行设备故障分析与诊断提供了有效依据。

(2) 加快设备信息的收集、整理和反馈速度。同时，也大大减少了操作员工的工作量。在传统的巡检中，为确保巡检制的执行力度和巡检工作质量，需要填写许多与巡检有关的记录与报表，往往出现为巡检而巡检，员工只记录了巡检数据，却忽略了设备是否在正常范围内运行。在运用PDCA设备循环巡检表后，通过上、下限值的设定，便于员工在巡检过程中了解设备的运行状态，减少了工作量，也全面掌握了设备的运行状态。

(3) 提高了设备使用人员和设备维护人员管理设备的积极性。通过应用PDCA循环管理方法，设备使用和维护人员能主动维护保养设备、主动提出问题、主动探讨协商解决问题，减少了推诿扯皮的现象，提高了工作效率。

“TPM”设备管理

门世泰　马文瑞
（第二采油厂）

第二采油厂消防大队组建于1970年4月，现有人员339名，各类车辆50台。大队下设7个执勤中队，主要承担着陇东油区消防重点单（部）位和各生产生活基地的“防、消、救”工作任务，以及甘肃省庆阳市七县一区的灭火抢险和长庆油田陕甘宁蒙地区灭火抢险的增援救助等工作任务。自2000年引入和推行“TPM”设备管理以来，经过10年的不断探索与实践，先后开发和形成了抢险救援车、泡沫（水罐）消防车等6大类18种车型的32份点检手册和维护保养与常见故障排除作业手册，实现消防装备维护保养工作的点滴化、规范化和标准化，消防设备综合利用率逐年上升，有力地保障了执勤备战、戒备灭火和抢险救援等消防业务工作任务的圆满完成。

一、“TPM”设备管理产生的背景

随着油田勘探开发区域的不断扩大，新建井站数量、重点工程投运和工业动火作业等任务的快速增加，消防保卫任务急剧增多。但由于消防车驾驶员在实际工作中出车少，驾驶技能相对较弱，一旦发生险情，消防队往往在排除险情的同时，也面临着因道路复杂、设备维护不到位、驾驶技能水平不高带来的重大安全风险。

（1）保障油田生产建设过程中消防安全工作的需要。消防安全工作是油田生产建设的生命线，也是油田安全生产的最后一道防线，更是保障职工家属生命安全和企业财产免遭损失的坚固屏障。如何管好、用好消防装备，履行好灭火救援主力军的职责，是消防队始终研究的课题。

(2) 提高和挖潜消防车辆设备综合利用效率的需要。随着消防车辆设备的不断更新和加强，新增配的消防车辆设备普遍具有科技含量高、操作难度大、车辆大型化等特点。如何尽快将新设备转化为战斗力，需要从事消防设备管理和操作人员尽快掌握先进设备的管理、使用和维护等知识。

(3) 强化设备操作人员自主管理和动手能力的需要。消防车辆在操作使用过程中，由于受摩擦、振动、冲击以及各类自然条件的影响，导致各零（部）件会产生不同程度的松动、变形、磨损、腐蚀和损坏。加之，消防车辆驾驶员队伍技术素质参差不齐、驾龄短、实际操作少、对车辆机械常识掌握少和重驾驶轻保养等实际情况。

二、“TPM”设备管理基本内涵

“TPM”是全员生产维护的英文缩写，即全体人员，包括企业领导、生产现场工作人员以及机关业务职能部门人员参加的生产维修、维护体制（图1）。“TPM”以小组活动为基础，涉及设备全系统，目的是提高设备的综合效率。“TPM”设备管理是以改善设备状况，改进人的观念和精神面貌及改良现场工作环境的方式来革新企业的管理体制，建立起轻松、活泼、自主的工作氛围，使企业不断发展进步。这种先进的管理模式，先后被青岛海尔、上海宝钢等众多知名企业广泛应用和推广。

图1 “TPM”设备管理的雏形

三、“TPM”设备管理基本做法

“TPM”设备管理的指导思想是“三全”，即全员、全系统、全效率（图2）。其中：全员是基础、全系统是载体、全效率是目标。

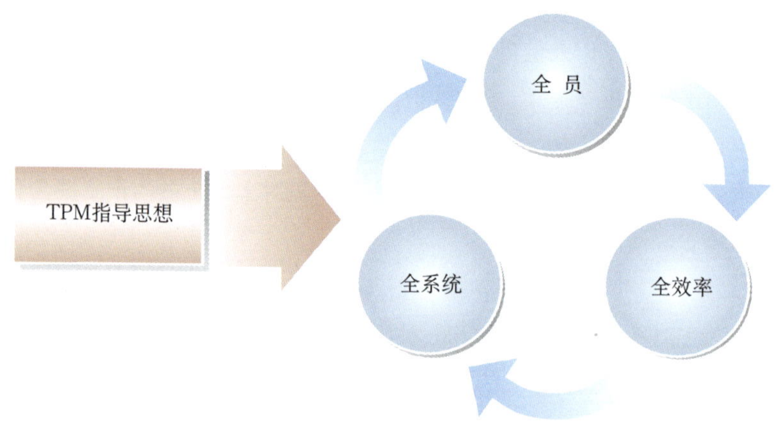

图2 “TPM”设备管理的指导思想

为了确保“TPM”设备管理模式的推广应用，消防大队设立“TPM”设备管理专岗，建立四级管理网络，形成以大队领导为督察、设备主管干部为监督、班组长为联络员、驾驶员和其他员工为操作员的“管、护、修、检、操”五位一体的全员管理模式。

（一）建立制度，夯实消防设备维护管理基础

点检是利用人的感官和简单的仪表工具，按照标准定点和点检周期检查设备，发现异常，找出隐患，了解设备缺陷初期信息，以便及时采取对策，将故障消灭在萌芽状态的一种管理方法。如图3所示，消防车辆实际点检作业，就是把所有消防车辆按点检路线分为10个部位，采用静止中点检和运动中点检两种手段。统一制定点检点、点检路线、点检标准、点检方法和点检周期，并将日查、周试、月保养的内容加以补充和完善。

为了使消防设备点检规范化、流程化，该大队制订 “左前、前部、发动机左右及前后驾驶室”等10个部位156个点的消防车日查点检卡（表1），并按照制度考核执行。

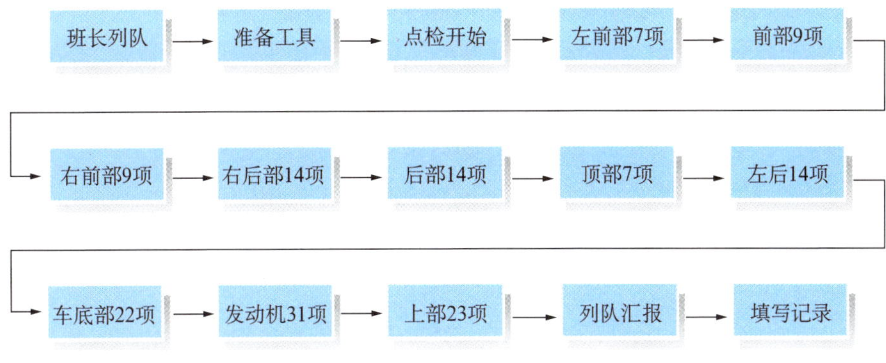

图3　消防车辆“TPM”点检路线示意图

表1　斯太尔王系列消防车“TPM”日查点检卡（局部样表）

点检人												点检日期：　月　日－　月　日											
总点号	项点号	部位	点检点	星期							异常记录	总点号	项点号	部位	点检点	星期							异常记录
				1	2	3	4	5	6	7						1	2	3	4	5	6	7	
1	1	左前10	发动机加水口	0	0	0	0	0	0	0		31	13	发动机右左25	进气管	|	|	|	|	0	|	|	
2	2		水箱、水箱固定螺丝	0	0	0	0	0	0	0		32	14		启动机	|	|	|	|	0	|	|	
3	3		驾驶室支撑架、后视镜	|	|	|	|	|	|	|		33	15		左减震器	|	|	|	|	0	|	|	
4	4		门锁、车门、拉手	|	|	|	|	|	|	|		34	16		粗细机油虑子	|	|	|	|	0	|	|	
5	5		玻璃摇机	|	|	|	|	|	|	|		35	17		涡轮增压器	|	|	|	|	0	|	|	
6	6		前后脚踏板	|	|	|	|	|	|	|		36	18		排气支管	|	|	|	|	0	|	|	

针对“发动机、转向系、传动轴和消防泵”等8个部位的36个点，制定周试作业卡（表2），形成设备集中保养的设备周检机制。

针对“清洗各空气滤清器、加注润滑油、检查储气筒有无油水、检查调整紧固转向摇臂和横直拉杆”等19项月保养项目，制定消防设备月度检查卡（表3），全面检查和考核设备完好情况和运行状况。

表2 斯太尔王系列消防车"TPM"周试作业卡（局部样表）

序号	部位	项数	周试内容	周试日期					异常记录	备注
				月/日	月/日	月/日	月/日	月/日		
				/	/	/	/	/		
1	发动机	1	在行驶中试发动机高中低速工作是否良好	0	0	0	0	0		
2		2	试功率是否能达到	0	0	0	0	0		
3		3	试冷却效果是否良好	0	0	0	0	0		
4		4	试机油压力、充电、充气是否准确可靠	0	0	0	0	0		
5		5	试操纵机构（油门联动、手油门、阻风门）是否灵活有效	0	0	0	0	0		
备注		1	每周试车试水	0	0	0	0	0		
		2	每周试泡沫	0	0	0	0	0		
周试人签字				复查人签字						

表3 斯太尔王系列消防车"TPM"月保养作业卡（局部样表）

序号	保养内容	月/日	异常记录	月/日	异常记录	月/日	异常记录	备注
		/		/		/		
1	清洗各空气滤清器，并按规定加注润滑油，清洗机油粗细滤清器和汽（柴）油滤清器	0		0		0		
2	清洁、检查白金、火花塞间隙及点火正时（汽油车）	0		0		0		
3	检查贮气筒有无油水，保养干燥器	0		0		0		
4	检查调整化油器、汽油泵，根据需要进行清洗（汽油车）；检查调整柴油泵，根据需要进行清洗（柴油车）	0		0		0		
5	检查泵浦、各管路、泡沫管路、消防炮接头紧固情况，并检查各开关旋塞的活动情况并加注润滑脂	0		0		0		
6	整改、排除遗留故障	0		0		0		
保养人签字		复查人签字						

（二）集成创新，增强消防设备实战保障能力

由于消防车辆在生产过程中，未对器材箱柜做科学的、针对性的设置，特别是部分特种器材不能上车，致使泡沫炮和空气呼吸器等特种器材不能随时随车出警，往往贻误战机。消防大队在调研和论证各车型的基础上，改造消防车顶、工具箱、驾驶室等部位，使器材放置更趋合理。针对部分消防车没有专门放置空气呼吸器的专门位置，利用胶皮护垫将空呼器固定在后排驾驶座上方，既方便取用，又易于保养（表4）。

表4　康明斯泡沫消防车随车器材检查保养表（样表）

执勤代号	器材数量	检查保养器材	车辆卫生区域
一号员	7项10件	开花水枪2支、喷雾水枪1支、PQ4泡沫管枪1支、PQ8泡沫管枪2支、直流/开关水枪2支、泡沫钩枪1支、移动泡沫炮1架	左侧前端
二号员	4项12件	吸水管4节、吸水管扳手2把、混合吸液管4套、吸液管扳手2把	左侧后端
三号员	2项12件	65mm水带9盘、80mm水带3盘	右侧前端
四号员	4项14件	水带包布4个、水带挂钩4个、水带护桥2个、异径接口4个	右侧后端
五号员	6项6件	地上、地下消火栓扳手各1把、消防斧1把、铁锹1把、铁铤1把、 隔热服1套	器材箱、后驾驶室
六号员	2项2件	水5t、泡沫1m^3、滤水器1具、集水器1具	车尾、车顶
班　长	1项1件	分水器1个	全面检查
驾驶员	1项1件	干粉灭火器1件	车头
备注	交接班是消防中队落实执勤备战的一项具体措施，当班代号必须做到所管的器材卫生清洁、完整好用。必须坚持“日查、周试、月保养”制度，每周进行一次“车场日”活动，每周进行一次试水、试泡沫，确保车辆、器材时刻处于良好状态		

（三）分级负责，提升消防设备管理水平

为了全面实施《消防车辆点检手册》，制定并落实“八定”点检制度。

（1）定人：驾驶员、战斗员和班长分别点检自己所管装备。

（2）定点：明确设备故障点，点检部位、项目和内容（北方奔驰高喷车156个点、依维柯抢险救援车106个点、斯太尔王泡沫（水罐）车139个点、斯

太尔泡沫（水罐）车139个点、东风140泡沫（水罐）车125个点、东风153泡沫（水罐）车146个点）。

（3）定量：按质量标准进行质检。

（4）定周期：按“日查、周试、月保养”制度点检。

（5）定标准：依据技术参数标准实施点检。

（6）定计划：点检员沿规定的路线开展点检作业。

（7）定记录：制作“TPM”点检综合记录。

（8）定流程：对查出的问题按点检流程进行整改。

（四）自主管理，形成消防设备维护保养新机制

针对驾驶员对车辆装备只用不管，维护保养不落实，导致车辆失修、失保、车辆技术状况下降、安全风险增加，甚至过早退役的情况。一方面把提高驾驶员对消防车维护保养和常见故障排除能力，作为一项重要内容纳入驾驶员日常管理序列，作为“红旗设备”和“优秀驾驶员”的考核评定标准。另一方面编写包括斯太尔王系列、东风153系列等六大类18种车型的《消防车辆维护保养与常见故障排除作业手册》。截至目前，消防大队共开发北方奔驰高喷车、依维柯抢险救援车、斯太尔王泡沫（水罐）车、斯太尔泡沫（水罐）车、东风140泡沫（水罐）车、东风153泡沫（水罐）车共6大类车型32份点检手册，涵盖目前在用的所有车型和车辆。

四、取得效果

通过“TPM”设备管理的长期推广和应用，对大队消防装备和驾驶员动态管理起到了积极的助推作用。

（1）形成“有什么样的设备，就制订什么样的点检表；设备到哪里，点检表带到哪里，点检作业开展到哪里”的动态设备管理模式。

（2）使消防车驾驶员达到 “三熟悉”（熟悉基本性能、熟悉质量情况、熟悉日常管理）和“四会”（会操作使用、会检查、会维护保养、会排除一般故障）的设备操作要求，切实保障了安全职责的履行。

（3）设备综合利用率逐年上升，仅2010年消防车辆设备完好率和利用率分

别达96.3%和92.2%，超计划1.3%和2.2%，年审合格率达100%，有效地提高了车辆使用率，削减了设备安全风险。

(4) 提高了消防车驾驶员的主观能动性和工作责任心。

设备“五字”管理法

李新明 陈兴宏 贾 微 李 涛 贺锦旗 张明申
(第五采油厂)

姬六计量接转站(以下简称姬六转)位于陕西省定边县冯坑乡境内，投产于2005年9月，隶属于采油五厂麻黄山北作业区沙106井区，占地面积8700m^2，现有员工8名，其中男员工2名，女员工6名，承担着沙106井区44口油井的原油进站计量、加热、外输，及11口水井污水回注、注水等。日注污水155m^3，日处理污水240m^3，日产液量410m^3。

为了夯实沙106井区快速平稳发展的基础，姬六转全体员工充分发扬“永不言败，勇争第一”的姬塬精神，以原油生产为中心，以创建“五型”班组为契机，通过精细化管理，形成具有自身特色的设备管理方法，努力把姬六转打造成示范班组。

一、设备“五字”管理法形成背景

设备管理是设备寿命周期的全过程管理，也就是对设备一生的管理，包括设备的规划、设计、制造、安装、使用、维修、报废的全过程。针对油田计量接转设备管理的特点，通过加强设备的日常管理，从而改善对维修预防的信息反馈，提高设备的可靠性和维修性。

由于姬六转设备要24小时运行，管理中预防设备出故障，降低设备故障率非常重要。同时考虑到在设备维修阶段，要求在设备停机损失和维修费用之间实现最佳平衡，以达到设备维修最佳经济效果。

姬六转以设备的维护、保养、日常使用、成本控制管理作为工作重点，针对姬六转设备管理人员的欠缺、设备老化、故障频发等诸多问题，直接影响设备运行，不能更好地确保井区原油生产稳步运行，建立了自主管理体制，形成了设备“五字”管理法，扎实有效地推动了班组设备管理水平的提高。

二、设备“五字”管理法内涵

“管”：建立健全管理规章制度，通过对员工的专业培训，引发兴趣，锻炼员工对设备认知程度，最终提高对设备的管理水平。

“用”：通过亲情感化，严肃设备巡回检查及交接班制度，最终实现设备安全“三零”的管理目标。

“养”：通过设备承包，提高员工设备清洁意识，采取“三清二查一回头”的办法，最终使员工养成清洁的良好行为。

“学”：通过现场设备拆、装学习，提高员工实际操作能力，从以往粗放管理实现精细管理、人性化管理，提高员工积极性，增强团队意识。

“改”：通过从意识、习惯、技术三个方面的相应改变，使大家树立良好的节约意识，做种实现成本的降低。

三、设备“五字”管理法具体做法

（一）“管”——让石墨炼成金刚石

姬六转投运时间较长，与新投运的站点相比较设备陈旧，平日的维修在所难免，为了进一步让员工能增强岗位责任心，提高岗位技能水平，班组长将设备划分到每个人的头上，并强化对大家学习兴趣、学习能力的培养，实现了员工们由石墨成为金刚石的转变。

(1) 通过制度提高管理力度。一是严格执行厂部和作业区的相关设备管理制度、标准、体系，强化设备管理人员的责任意识，明确管理职责与分工；二是按照设备管理规定，在以往工作的基础上分级建立健全各类管理制度、资料台账、制度体系，并分类装订归档。

(2) 通过兴趣培养提高员工工作能动性。“没有金刚钻怎敢揽瓷器活。”面对班组长“强迫”的设备划分管理，员工们可是愁上心头，但是班组长也没有一来就让大家全部管理，而是让员工耳闻目染技能有问题的设备在技能过硬的骨干面前重新焕发青春的神奇，进一步激发员工的学习激情、培养员工的学习兴趣。

（3）自行加压，强化学习。为了让每位员工尽快成为设备真正的管理者，班组全体员工通过讨论，决定给自己加压，定下了三个月不能胜任的，自行申请调离岗位的“军令状”。在“军令状”面前，没有人退缩，大家主动向书本学习、向身边的骨干学习、向领导干部学习，不断提升自己“四懂三会”的设备管理能力和各种岗位技能素质，结果全班人员无一人自行调离，全部在两个月内就胜任了岗位。

（4）一岗多能，人人是能手。员工们能掌握自己负责的设备后，班组又进行了一次调整，将大家负责的设备进行了有针对性的调换，并制作了练兵小卡片和问答小手册，督促大家不断掌握新的知识；同时，班组坚持开展“每周一课、每旬一练、每月一考”的培训，致力于提高员工的理论与实践能力。现在姬六转已经有3名员工能胜任全部岗位，其余的都具备了胜任2个岗位的能力，在作业区月度技能对抗中，还取得了1个第一名、1个第二名、3个第三名的好成绩。

（二）“用”——安全出自细微之处

姬六转管道输送高压、高风险的生产特征，注定了设备流程管理将成为左右安全生产的重点。为了保障员工的生命安全和企业财产不受损失，姬六转从设备的日常使用管理入手，将安全因素融入了每个细节中，为“三零”管理目标的实现夯实了基础。

（1）亲情对话。班组在积极组织员工开展各种安全学习、演练的同时，充分利用安全警示语这一文化载体，在操作的流程、设备上旁张贴着“我怕热、需要喝油”、“请检查我脚部，我需要接地”等拟人化的警示语，让员工在使用设备的时候，能提高警惕性，主动检查设备、流程各部位。目前，员工自编的36条安全警句，坚守在自己的岗位上，充当生产的保护神。

（2）巡回检查。为了保障全站设备、流程等重点部位的安全运行，班组在严格小班员工在落实巡回检查制度的同时，给每位设备管理者发放了涉及自管和他管设备的巡回检查表，让每位管理者按照检查表中的内容，定点对自己管理的设备进行检查、整改，对同事的整改情况进行监督帮促，让设备、流程的运行一直处于受控状态。

(3) 明白交接。严格执行以“314到5报号”和“八交八不交”为主要内容的交接班管理制度，严格落实巡回检查制度，明确责任，确保安全生产。过去员工在交接班的时候，只是按照设备、流程、现场的即时情况进行交接，并没有超前意识和预见性的意见，这样的交接可能导致在接班员工上岗后，面对问题会因手忙脚乱导致安全事件。为了让交接班工作成为又一保障生产的舞台，班组将小班员工和设备管理人员对设备、流程等部位的安全意见和建议引入其中，让彼此能更细心、细致地进行交接，进而减少突发事件对安全生产的影响。

(三) “养”——实现物境人的清洁

设备的跑、冒、滴、漏的治理及与之相关的整理、整顿、清洁、清扫与班组清洁型建设息息相关，姬六转结合班组实际情况，从对员工在设备保养方面的工作入手，致力于培养员工与事物、环境相融入的良好习惯，让清洁之花在姬六转争先绽放。

(1) 养为主、修为辅。从班组开展清洁型创建工作以来，班组首先从员工的思想教育入手，让员工充分认识到清洁不单单保证岗位的卫生、设备的整洁，更重要的是要实现资源利用与生态环境的相互和谐。为了打造全新的绿色班组，姬六转实行了“保养为主、修复为辅”、“谁主管、谁负责”的工作原则，严格按照设备的“十字”作业法对设备进行维护保养，延长零部件及耗材的使用寿命，让“清洁型”创建从源头开始。

(2) 三清二查一回头。过去不少员工干完活随手将脏工具放在现场、将布满油污的棉纱乱扔在地上，不但影响了整洁美观，而且还容易造成工具丢失、人员滑倒等情况发生。为了杜绝这种“虎头蛇尾”的破坏清洁事件的发生，班组以设备保养为起点，严格要求班组成员按照“三清二查一回头”的办法对保养后的设备进行妥善处理。三清：实现设备擦拭清洁、现场整理清洁、工具收整清洁；二查：重新启用前进行流程检查、设备检查；一回头：工作完后回头看看自己的操作及善后工作是否有破坏环境的不足。

(3) 行为清洁。为了督促员工养成爱清洁的习惯，班组从完成保养后的个人清洁管理抓起，让员工相互监督、相互督促，及时进行卫生整理，并把这项监督管理推广到日常的工作中，让员工们对彼此之间的言行举止、个人习惯等进行帮促，对破坏草坪、乱吐口水等不符合标准的行为进行批评指正，全力塑造人与环境的和谐。

（四）“学”——以物喻人构建和谐团队

为了让员工能更容易掌握设备的原理、构造及相关的技术参数，班组利用各种机会让大家近距离接触设备，并以物喻人让员工彼此之间学会理解，营造和谐的氛围。

(1) 看。每当设备需要拆开维护的时候，班组长总会让全体员工集中起来，近距离了解设备的构造和原理，让员工能深入地了解与自己共同战斗的“伙伴”。同时，班组长让大家将内部结构画出来，送给自己的同事，让员工之间能时刻认识，班组的建设犹如设备的运转，每位员工就是当中的一个零件，如果任何一个零件出现问题，小则影响正常运作，大则导致事故出现。

(2) 闻。姬六转员工把握设备运转的规律和特性，自我总结出了一套听声音辨问题的设备检验法，大家不但将其利用到日常的设备巡检、防范设备故障的发生中，更将其移植到日常员工人际关系的处理中。有预见性地召开民主谈心会、工作通气会、自我批评会等活动，让班组工作、生活中存在的矛盾和不和谐的问题化解在萌芽阶段。2012年以来，班组共及时处理各种矛盾8件，有力地维护了班组的稳定。

(3) 换。设备零件坏了，需要及时更换，但是换的配件不同可能会产生不同的效果。班组以此为启示，对考核制度等进行了更为人性化的更改。一次，一位员工上班迟到了，班组并没有对其进行单纯的处罚，而是将其罚款给员工买了一只闹钟，让员工时刻牢记应该“时时早、事事早”，从此这名员工再也没有迟到过。同样都是管理，但是发生变换后融入亲情的管理，更增强了员工对企业的归属感，让大家时刻感觉到了家的和谐、家的温馨。

（五）“改”——让成本直线下降

对设备进行精细的管理、正确的使用、到位的保养让姬六转的成本较2011

年同期有了大幅度下降，但是班组员工们仍然不满意，他们立足岗位，用一个对设备的“改”，让成本直线下降。

(1) 思路改。过去员工认为节约只是单单的节省零件与材料，没有深入地认识到生产企业中保证设备运转的时率也是节约。为了让员工尽快转变思路，班组从加强员工的思想认识做起，开展了“3/2>2/1”为主题的教育活动，通过发生在身边的例子让员工认识到了节约工作不单是对资源的节省，更需要加强对设备管护及日常重点工作的落实，提高资产的使用率和价值，提升班组工作的效率，从而降低单位成本，实现真正的节约。思路的改变，让员工的观念从单纯数字上的节约转变到了内在价值的节约。姬六转因设备造成的停注情况较从前减少了50%，有力地保障了注水工作的开展，为所管辖的区块原油稳产上产工作提供了坚强的保障，无形中降低了单位成本，实现了真正的节约。

(2) 习惯改。过去班组的员工总是将废旧物品乱放乱扔，很多本来可以第二次利用的材料就变成了真正的废物，这样不但给企业的成本带来了无形的压力，更是对社会资源的浪费。为了督促大家改变过去这种大手大脚、浪费资源的坏习惯，班组结合自身实际，召开专项会议制定了与班组贴身的节约管理制度，如在设备用具方面作出明文规定：“能换零件的不能换组件”、“能用小功率电器的必须及时进行更换”、“能用自然光的绝对不开电灯”等。同时，班组发动员工建立了节约箱等节约载体，专门堆放日常维护保养中换下来的“废铜烂铁”及其他物资，工作之余，班组长带领大家拆东墙补西墙的修旧利废，让很多物件又发挥了功效，投入了第二次使用中。

(3) 技术改。为了进一步调动员工的挖潜意识，用科技改革推动节约型班组的创建工作，班组员工自发成立了QC活动小组，认真贯彻“走出去、请进来”的思路，开展了以“小发明、小创造、小建议、小窍门、小点子”活动为载体的节本降耗工作，不但培养了员工勤动脑、勤动手、开展节约活动的意识和能力，更提高了“节约型”班组的创建水平。2012年以来，姬六转员工针对注水泵用机油量大的问题，与作业区技术部门一起攻关研究，提出了重复利用废机油的方法，在不影响机泵正常使用及寿命的情况下将新机油的用量降低了20%；同时，姬六转结合姬三注水站定量加药的经验，对站内杀菌剂和阻垢剂的用量进行了优化，使班组对药品的使用量减少了3%，收到了良好的节约效果。

四、设备“五字”管理法取得的成效

（一）形成设备管理具体要求及良好的工作习惯

对各类设备管理坚持做到了“五定”、“四懂三会”、“三勤”、“三细”、“三个不放过”：

（1）五定：定点润滑、定质选油、定量给油、定时加油、定人负责。

（2）四懂三会：懂设备技术性能、懂设备工作原理、懂设备结构、懂设备维护保养，会使用操作、会维护保养、会判断处理故障。

（3）三勤：勤检查、勤维护、勤联系。

（4）三细：摸温度要细、听声音要细、看运转要细。

（5）三个不放过：即发现疑点搞不清楚不放过、解决问题不彻底不放过，处理问题后不搞好现场标准化不放过。

（二）员工的思想意识得到明显提升

一是员工牢固树立了节约的意识，理解了节约的本质，在2012年实施管线改造等大型工程的前提下，班组账面的运行费用与去年持平，负责区块注水工作合理到位，保证了底层能量的充盈，为区块原油稳产上产夯实了基础。

二是员工学技术、学文化的积极性空前高涨，班组员工的综合素质有了极大的提高，尤其是在设备管理及操作技能方面提高更为明显，在作业区开展的月度对抗赛中取得了1个第一、1个第二、3个第三的好成绩。

三是以设备的精细管理为起点的安全建设，让员工自觉自愿地将安全管理细化到每个角落，有效及时地排除了各种隐患，保障了班组各项工作的平稳运行，实现了“零事故、零伤害、零污染”的安全生产目标。

四是清洁的现场，无油污的设备，整齐的工具摆放，不但让员工心情舒畅地投入到每天的工作中，更有效地提高了班组的工作效率，构建了环境与生产的和谐。

五是增强了集体亲和力和凝聚力，使员工心往一处想、劲往一处使，让同志情、工友爱、师徒谊得到升华，全站员工组成了一个无坚不摧、无往不胜的和谐共同体。

采气作业区“FSI”管理

单吉全　刘永国　陆国雄　李　攀　王　敏　杨金艳
（第三采气厂）

第三采气厂作业四区位于内蒙古鄂托克前旗境内，目前管辖集气站5座、计量清管站1座、气井233口，年天然气生产能力约$7.2\times10^{8}m^{3}$，现有在岗人员74人。作业四区自成立以来，通过技术创新、管理创新、安全文化创新，以高起点、高标准的严格要求，逐步形成“FSI”的管理模式，实现人员、制度、程序、设备、井站全面受控，获得第三采气厂HSE管理金牌单位等称号。

一、作业区“FSI”管理方法实施的背景

作业四区在探索“自主管理、安全管理、业绩考核、员工培训、企业文化建设”的过程中，解决各类问题存在“程序不畅、执行不力、原因不明、责任不清”等现象。同时，由于站内部分工艺、站控系统复杂，加之经过近4年的运行，站内设施的设备部分老化，由此引起各类突发情况，安全管理难度大，迫切需要形成一套安全程序化管理流程，减少安全隐患，确保各项工作安全平稳运行。随着企业的快速发展，原有考核制度、细则也逐渐暴露出一些问题，考核被动、激励缺乏是员工队伍活力得到全面激发的制约因素。针对这些问题，作业四区本着“摸着石头过河、继承创新”的指导思想，进一步开拓和创新管理模式。

二、“FSI”管理方法的内涵

“FSI”，即精细化管理、标准化管理、自主化管理。

“F”——精细化管理（Fine management），即全区实行问题分级管理，实行制度建设精细化、生产组织细节化、党群工作细微化，利用督查票机

制，加大问题关注度，坚持问题属地化管理原则，达到精细化管理的目的。

“S”——标准化管理（Standard management），通过5大标准体系的建设（交接班标准化、巡回检查标准、操作标准化、记录标准化、安全提示标准化），构建标准化管理体系。

I——自主化管理（Independent management），通过精细管理、标准管理，达到自我管理的目的。即在不违反各级规章制度的前提下，按照程序化的管理模式实行班站自主管理。

三、具体做法

（一）精细化管理

按照“制度管理—利用工作循环分析法，不断完善；生产管理—属地化原则，问题分级处理；党群工作—建立党员责任区，开展‘争先创优’活动”的工作思路，形成精细化、规范化管理体系。

1．制度建设精细化

不断完善规章制度，做到有章可查、有据可依。系统梳理和完善人员动态管理、生产管理、技术管理、设备管理、HSE管理、员工培训、考核管理等制度，严格制度落实，使作业区进入制度化、规范化管理。

2．问题处理差异化

按照属地管理原则，结合管理层级，实行问题分级管理，做到谁管理谁负责。加大各类问题的关注度，削减主要矛盾，控制问题总量，加强信息的传输和处理，做到“4确保”（确保信息传达畅通及时、确保问题整改及时高效、确保相同错误不重复出现、确保无违章事件发生），提升生产运行效率。

Ⅰ类问题：责任人在职责范围内解决不了，需第一时间上报班站长及技术员，并同时上报区主管领导，需作业区协同解决的问题。这类问题需有完整的联系记录、处理记录。

Ⅱ类问题：责任人在职责范围内解决不了，需第一时间上报班站长及技术员协调处理，处理不了上报区领导处理（Ⅱ类问题不得在不上报班站长和技术员的情况下，直接上报调度室或区领导）。这类问题需有完整的联系记录、处理记录。

Ⅲ类问题：责任人在职责范围内不能单独完成，需协同其他人员处理的。需报班组长处理，其他人员不能无故拒绝协助。这类问题需有处理记录。

Ⅳ类问题：责任人在职责范围内能够自行解决的问题，需自行解决。

作业区每日召开生产协调会，负责安排Ⅰ类、Ⅱ类问题，Ⅲ类、Ⅳ类问题，由班站长安排。Ⅲ类、Ⅳ类问题的工作如处理不好，情节严重的，交由民主考评会考核。上级通知反馈信息一并列入作业区Ⅰ类、Ⅱ类问题。

3．党群工作细微化

一是根据上级组织要求，制订“争先创优”工作规划，并完善相应的考核细则，明确全年党群工作方向。二是党群组织的政治核心作用不动摇，积极开展“一对一”谈话等活动。三是加强党员责任区、示范岗的管理，加大对党员的管理和考核力度，树立党员的良好形象，充分发挥党员先进性作用。

（二）标准化管理

1．交接班标准化（“双标双复合式”交接班）

为加强上下班人员沟通交流生产动态，及时整治和有效防控存在的安全隐患，确保安全生产的连续性，作业区从理清工作程序、落实管理责任入手，通过推行“三方签字确认”交接班管理模式，有效杜绝交接程序不清、责任不明、问题解决不及时等日常管理的矛盾，从而提升班站的管理水平。

(1) 对于操作员工交接班：三方（交班人员、接班人员、班站长）签字确认，落实交接责任“双保险”。在交接过程中，由班站长跟踪式检查和合理化督导交接班情况，并且在交班人、接班人、班站长三方签字确认之后，方可完成交接班。

(2) 对于班站长、技术干部交接班：当班站长、技术干部轮休请假，须至少提前一周向主管领导提出申请，且须经交班人、接班人、主管领导三方签字确认，完成交接班后方可离开岗位。

2．巡回检查标准化

分四个层级建立作业区标准化巡检制度：

(1) 员工巡检：当班员工按照巡检内容，每小时检查所有工艺参数，设施运行状况，及时整改发现问题。如遇特殊天气加密巡查。

(2) 班组长巡检：当班班长定时巡查生产区域内的现场和生产情况，发现问题及时整改。

(3) 技术员巡检：技术员每周全面检查一次承包站运行参数、资料填写、设备状态，发现问题责令整改。

(4) 区领导巡检：区领导对所承包站至少每两周全面彻底的检查，发现问题责令整改。

3．操作标准化

实行“一图一卡一牌”操作。“一图”，即各岗位操作工艺流程图，明确操作目的和顺序；“一卡”，即作业指导卡，按照工艺流程填写作业控制程序和操作步骤；“一牌”，即岗位操作规程牌，明确岗位工艺操作方法和要求，严格操作程序，确保工艺操作，生产运行标准化。

4．记录资料标准化

按照“统一、规范、简洁”的总体要求，各项记录都要做到要素填写标准统一，报表收集、查阅统一。

(三) 自主化管理

1．构建“244”自主管理平台

(1) 用活“两个”系统：视屏监控系统、生产信息系统。

(2) 推行“四级”巡检：区领导巡检、技术员巡检、班组长巡检、员工巡检。

(3) 坚持“四个”例会：生产协调会、周生产会、安全会、民主考评会。生产协调会每天一次，生产会、安全会每周一次，民主考评会每月一次。

2．实施有效授权

作业区对班站充分授权，充分发挥班站管理的主观能动性，使安全责任真正落实到人。

(1) 管理授权：班站可在法律、制度许可范围内，放手管理、大胆创新，自主推行符合自身实际的管理方法。

(2) 民主授权：班站享受高度的民主管理权。

3．选拔和培养高素质班组长。

致力于选拔高素质的班站长，要求班站长不仅需要具备熟练的业务技能，还需具备一定的管理水平，具有一定的群众基础和威信。

4．实行“多样化”培训模式，提高员工综合素质

（1）推行“层级化”的员工培训方式。按照培训对象的不同，分为“技术管理层、操作层”两个层级，有针对性地开展培训。对于技术人员、管理人员、班站长层级的人员，开展深层次的理论、工艺、设备结构原理、地质分析等培训；对于操作层级的人员，开展以日常标准操作及安全为重点的培训。

（2）建立直线承包培训制度。作业区主管领导、技术员对所承包班站实行“一对一”的现场培训。

（3）实现培训载体多样化。定期组织员工观看爱党爱国教育片、安全教育片、红色电影、演讲视频、心理讲座视频等，陶冶员工情操，提高员工综合素质。

5．员工自主考评管理

建立灵活自主考评制度，增强考评透明度。让员工参与考评，每月有员工代表、班站长、区领导组成的考评小组，量化考核每位员工。并由员工对班站长考评打分，充分实现自主管理、相互管理，从而带动人人参与作业区管理。并对季度综合考评中评选出的优秀个人授予“岗位明星”或“明星班站长”称号。

四、取得的主要成效

通过“FSI”管理方法的推行，作业区各方面工作水平有了较大程度地提高，初步实现了“五个转变”，即从粗放管理向精细管理转变、从领导负责向共同负责转变、从事后处理向预防管理转变、从被动参与向主动参与转变、从强制管理向自主管理转变。具体体现在以下五个方面：

（1）安全生产水平明显提高。员工标准化操作能力大幅提升，自我安全管理及岗位安全管理能力明显增强，事故应急处理和岗位风险辨识等技能和责任心明显提高，岗位责任制得到全面落实，实现了整体工作井然有序，安全工作

质量明显提高。

（2）自主管理能力全面提高。通过激发全体员工形成自主意识的管理方式，坚持“责任与权利统一”的原则，达到区领导、技术干部、班站和员工各级职能充分发挥的效果，问题及时反馈，目标上下一致。领导与员工、员工与员工、团队与团队形成相互尊重、相互协作、彼此交流的学习伙伴，作业区自主管理水平逐步提升。

（3）全员综合素质全面提升。通过学习培训、实践锻炼、岗位交流等措施，逐步增强员工的政治意识、责任意识、创新意识和发展意识，提升了管理人员管理创新能力、系统思维能力和自我认知能力，使管理层队伍达到管理知识丰富、理论政策水平突出、工作创新能力强的目标。从满足生产需要出发，突出抓好基本功训练和特种作业人员培训，稳步提高了操作人员的综合分析判断能力、岗位安全生产能力。

（4）员工企业归属感进一步增强。通过定期召开民主生活会，不断提高管理和工作水平。在工作中要求区领导做到“五到现场”（生产指挥到现场、政治工作到现场、材料供应到现场、沟通协调到现场、生活服务到现场），切实做到知员工情、答员工疑、解员工难、聚员工力。坚持以员工需求为基础，建立内部公平、公开的绩效评价体系，为实现员工个人价值取向提供多种机会；通过选树典型的方式，让所有负责任、有能力、有贡献的员工能够得到充分认可，有广阔的用武之地和足够的发展空间。始终把一切为了员工作为出发点和落脚点，从思想上爱护员工、亲近员工、服务员工、发展员工。维护员工的主人翁地位，保障员工权益，关注职业健康，通过开展健康向上的文体活动，增强队伍的凝聚力、向心力和企业归属感。

井区“生产管理精细六法”

郭永康　罗　军　王　辉
（第四采油厂）

第四采油厂杨米涧作业区位于陕西省靖边县，成立于2003年11月，管理油井332口、水井87口，年产原油24.15×10^4t，是采油四厂的主力原油生产单位之一。

新14区块是一典型的边底水侏罗系延9段油藏，目前已开采10年，地质储量采出程度22.75%，综合含水为68.9%，已进入中高含水期开采阶段。开发过程中注入水单向“突”进，边水收缩“舌”进，底水“锥”进等因素，使油田含水上升速度逐步加快，递减逐步增大。油层解堵措施方式难以突破，导致油田管理难度逐步加大，井筒结蜡、结垢、腐蚀情况严重，采油设备及流程老化等诸多问题未得到有效解决。

新14井区总结提炼出“新14井区生产管理精细六法”，应用到油田开发的全过程管理，取得了初步成效。

一、“生产管理精细六法”的涵义

井区生产系统是指油井生产过程中从油藏、井筒到地面油气分离器所组成的整个流动系统。“生产管理精细六法”主要包括油井资料精细管理、油层精细管理、动态精细管理、井筒精细管理、地面流程及设备精细管理、注水精细管理。

二、主要做法

（一）油井资料精细管理

真实、准确、可靠、全面的资料录取是油田开发的最基本依据。因此，必须加强资料的录取与管理。油井的资料包括静态资料与动态资料，静态资料可以一次性收集齐全；关键是动态资料录取，是日常生产必须关注的一项重点工作。

1．油井静态资料

根据油田公司A1数据库系统的项目，结合作业区生产实际的需要，筛选整理出基本的静态数据表，归类收集，录入管理系统以便于实际应用中的快速查询（表1）。

表1　油井静态数据例表

<table>
<tr><th>井号</th><th>地理位置</th><th>补心海拔（m）</th><th>构造位置（m）</th><th colspan="2">井底坐标</th><th colspan="2">井口坐标</th></tr>
<tr><td rowspan="6">杨38－12</td><td>靖边县杨米涧乡</td><td>1601.76</td><td>476.8</td><td>36567400</td><td>4139364</td><td>36567400</td><td>4139364</td></tr>
<tr><td>完钻日期</td><td>完钻井深（m）</td><td>套补距（m）</td><td>套管深度（m）</td><td>水泥返高（m）</td><td>最大井斜</td><td>人工井底</td></tr>
<tr><td>20020917</td><td>1173</td><td>3.6</td><td>1179.73</td><td>300.0</td><td>最大井斜
深度：1175.0 m
斜度：9.38°</td><td>1157.65m</td></tr>
<tr><td>油层段数据（m）</td><td>荧光级别</td><td>综合解释结果</td><td>射孔段（m）</td><td>改造方式</td><td colspan="2">试油数据（m³）</td></tr>
<tr><td>1127.4～1135.8</td><td>4</td><td>油浸</td><td>1128～1130</td><td>高能气体爆燃压裂：40kg</td><td>日产油12.9</td><td>日产水0</td></tr>
</table>

2．油井动态资料及标准

根据油田公司A2数据库系统的项目，按照采油四厂《油田生产资料录取及现场管理标准》，归纳总结出油井所要录取的动态资料及标准，按数据库形式录入管理系统，便于查询及分析，油井应取全取准六项资料。

（二）油层精细管理

油层状况是决定油井产量的主要因素，如何保护油层、如何提高油层的渗流能力、如何挖掘油层潜力，是提高开发水平的主要研究课题。

1．油层潜力分析

1）接替层的潜力研究

仔细收集分析测井图上未动用的油层、油水层、含油水层、可疑油层，对比已开发井的资料，找到下步的接替层。多层（段）合采的油井，也可将次产层（段）或微产层（段）作为接替层，并录入管理系统。

2）已动用层潜力研究

(1）掌握单井储量动用状况。

准确计算出每口油井的地质储量，采出程度， 为开发技术政策调整及进攻性措施挖潜提供依据。

以杨38−12井储量计算为例。

容积法计算法：$N=\dfrac{100A\cdot h\cdot \phi(1-s_{\mathrm{Wi}})\rho_0}{B_{0\mathrm{i}}}$

式中，N为石油地质储量，10^4t；A为含油面积，km^2；h为平均有效厚度，m；ϕ为平均有效孔隙度；S_{Wi}为平均油层原始含水饱和度；ρ_0为平均地面原油密度,t/m^3；B_{0i}为平均原始原油体积系数。

$0.0714\times12.9\times17.9\times55.45\times0.8489/1.049/100=7.41\times10^4$t

单储系数计算法：$0.6\times12.9=7.47\times10^4$t

综合以上两种算法得到杨38−12井的地质储量为7.44×10^4t，按目前采油速度，当采出程度达到40%时，还能开采9.8年。这些工作可系统自动计算，并存储（表2）。

表2　单井累计采油量与采出程度统计表

井号	井别	单井储量(10^4t)	累计采油(t)	采出程度(%)	剩余储量(10^4t)	采出程度达到40%能开采年限(a)
杨38−12	采油井	7.41	22451	30.18	5.1949	9.8

(2）措施潜力。

根据油井的投产方式（直接射孔、爆燃压裂、小砂量压裂、大砂量压裂），油层状况，压力保持水平，与邻井进行对比，分析进一步提高单井产量的潜力及措施方式。

如新14区块投产初期为负压射孔或爆燃压裂投产，随着开采时间的延长，部分油井地层堵塞，导流能力变差，通过采取一米弹射孔、小砂量压裂、酸化等措施也能取得一定的增产效果（表3）。

表3　新14区块油井措施效果表

序号	井号	措施内容	措施日期	措施前生产情况				措施后生产情况				日增油(t)	当年累增油(t)	备注
				日产液(m^3)	日产油(t)	含水(%)	动液面(m)	日产液(m^3)	日产油(t)	含水(%)	动液面(m)			
1	杨42-14	1m弹射孔	2007年7月	3.57	2.48	15.4	966	8.01	5.20	20.8	922	2.72	193	
2	杨40-13	重复压裂	2011年4月	2.82	1.52	34.4	928	17.24	4.60	67.5	688	3.08	1893	
3	杨38-15	酸化	2007年6月	2.25	1.56	15.6	975	9.24	2.88	62.0	947	1.32	291	
合计(3口)				8.64	5.56	25.1	956	34.49	12.68	60.0	852	7.12	2377	

2．油层保护措施的研究

油层保护是油井在钻井、试油及开采过程中必不可少的措施。油层保护主要根据敏感性及后期的开采情况制定储层保护措施。

通过分析新14延9储层具有弱水敏性，制定了不能用清水热洗井筒、不能直接用清水冲砂洗井、注水水质要达标、套管口距地面的高度要确保不被雨水倒灌等措施。同时要求井下作业时不能将其他杂物带入井筒（表4）。

表4　新14延9油藏酸敏、速敏、水敏试验评价表

酸敏试验	层位	渗透率(mD)	孔隙度(%)	评价酸值	损害率(%)	样品块数	强		中		弱		无		综合评价
							块数	比例	块数	比例	块数	比例	块数	比例	
	延9	68.11	18.53			3					1	33.3	2	66.7	弱或无
速敏试验	层位	渗透率(mD)	孔隙度(%)	评价水质	损害率(%)	样品块数	强		中		弱		无		综合评价
							块数	比例	块数	比例	块数	比例	块数	比例	
	延9	51.22	15.83	27.18(2块样)	块数	3					1	33.3	2	66.7	弱或无
水敏试验	层位	渗透率(mD)	孔隙度(%)	临界流速(m/d)	损害率(%)	样品块数	强		中		弱		无		综合评价
							块数	比例	块数	比例	块数	比例	块数	比例	
	延9	51.22	17.3	(2块样)		3					1	33.3	2	66.7	弱或无

（三）动态精细管理

油田开发过程中必须及时进行动态分析，以调整开发政策。严格落实井区及作业区两级动态分析制度，明确各自分析重点。按照油田公司《油田开发纲要》每月对每口油井分析一次，分析清楚液量、含水、动液面变化情况，以及见效见水情况、压力变化情况，合理开发技术政策。及时加载到系统，及时制定合理的措施、相应注采调整方案等。

1．分析生产指标变化

对生产动态及时分析，实行日关注、旬对比、月分析管理，及时制定各类措施并跟踪分析效果（表5）。

表5　两级动态分析职责、分工及分析内容表

时间 部门	日分析	旬度分析	月度分析	季度分析
井区分析内容	重点对单量、含水变化井进行核实，取全取准资料并及时向作业区反馈	重点对非正常单量、含水井资料进行多次核实验证，核实清楚资料，关注油井示功图、动液面变化提出第一手的动态变化信息反馈	做好月度油藏动态分析，分析清楚区块产量变化，每口油井的日产液、日产油、含水变化原因	做好季度油藏动态分析，分析清楚井组动态，注采对应关系是否合理，提出合理开发技术政策意见
作业区分析内容	分析单量、含水变化是否异常	对旬度液量、含水对比分析，根据动态变化判断油井是否正常，及时采取必要调整措施，根据旬度低压试井资料，对示功图、动液面资料进行分析，判断油井供液能力变化，制定六小措施	做细做精月度油藏动态分析，在分析清楚液、油、含水、示功图、动液面变化的基础上，重点分析油井压力变化情况、见效，见水情况	分析单井、井组注采对应关系是否合理、开发技术政策，注水强度，注采比，采液强度，静压、流压是否合理

2．分析压力系统变化

结合旬度低压试井资料的分析结果，紧密监控油井动液面、沉没度、生产流压等变化，分析油井生产潜力，油井开采制度是否合理。

3．探讨合理的开发技术政策

主要根据单井及井组生产动态、油藏数值模拟、区块整体动态变化、采出程度等依据，确定每口井在不同阶段的压力保持水平、流压、采液强度及每个井组不同阶段的注采比、注水强度等开发技术政策。示例见表6。

表6 杨37–12井组合理开发技术政策

合理开发政策及执行情况	合理开发技术政策				执行情况			
	注采比	注水强度[m^3/(m·d)]	压力保持水平(%)	采液强度[m^3/(m·d)]	注采比	注水强度[m^3/(m·d)]	压力保持水平(%)	采液强度[m^3/(m·d)]
	0.8～0.9	1.5	65	0.9～1.0	0.86	1.4	66	0.91

（四）井筒精细管理

对井筒管理方面主要坚持 “一井一法一工艺”的精细管理思路，对每口井存在的问题，及时加载到系统，再通过地质、工程、修井技术人员的会诊，制定“一对一”措施治理。示例见表7。

1．针对不同的问题采取相应的治理措施

(1) 井筒清防蜡治理：主要采取套管口添加CX–1清防蜡剂及超导热洗。

根据油井含水变化、抽油机载荷变化、检泵周期、检泵现场结蜡情况描述、现场检泵情况，运用油井蜡卡预警软件，制定“三定”加药方案或超导热洗措施。

(2) 井筒防腐蚀治理：套管口添加缓蚀剂，更换腐蚀严重油管杆。

对腐蚀结垢严重的油井也采取“三定”方式，添加缓蚀剂，同时更换管杆。

(3) 偏磨、断脱治理：主要通过优化杆柱组合及定型井下附件方式。

①根据泵挂深度调整杆柱组合，对于泵挂小于1000m时，采用ϕ19mm×60%+ϕ22mm×40%二级杆组合；对于泵挂大于1000m时，采用ϕ22mm×15%+ϕ19mm×55%+ϕ22mm×30%三级杆组合。针对现场断脱频繁的油井，下部添加15%的加重杆。

②在距井口25m和45m处抽油杆上各接尼龙旋转扶正器1个，在拉杆以上的抽油杆依次接尼龙旋转扶正器6个，造斜点前、后接尼龙旋转扶正器3个。根据现场检泵情况，结合井眼轨迹曲线，在偏磨严重位置下入旋转扶正器，在易脱扣位置下入旋转防脱器。

2．运用管理软件优选合理工作制度

运用宏观控制图软件分析区块油井的参数与流压的对应情况，对参数偏大区和参数偏小区的油井进行参数优化。

3．积极探索和应用井筒管理的新工艺、新技术

目前已经应用的新工艺、新技术有AOC合金光杆、空化声磁防蜡器、防脱器、抽油杆多功能保护装置等。

表7　杨37–13井筒综合治理表

<table>
<tr><th rowspan="3">井号</th><th colspan="3">防偏磨断脱治理</th><th colspan="6">清防蜡治理</th><th rowspan="3">备注</th></tr>
<tr><th rowspan="2">现状</th><th rowspan="2">措施</th><th rowspan="2">效果</th><th rowspan="2">结蜡现状</th><th colspan="2">加药情况</th><th rowspan="2">热洗计划</th><th rowspan="2">空化声磁防蜡器入情况</th><th rowspan="2">效果</th></tr>
<tr><th>加药计划</th><th>加药浓度</th></tr>
<tr><td>杨37–13</td><td>杆柱组合：ϕ22mm防153m+ϕ19mm防530m+ϕ22mm普432m，造斜点：575m，上一次上修管杆情况：有偏磨现象</td><td>更换油管：5根
更换油杆：8根
加装扶正器：10个
杆柱组合优化：ϕ22mm防153m+ϕ19mm防630m+ϕ22mm普332m</td><td>断脱频次：0.8降低0.6</td><td>井口以下300m附近结蜡，结蜡厚度1.5cm，结蜡周期95天</td><td>每月3次每次25kg</td><td>275</td><td>每两月热洗一次</td><td>2010年10月18日下入空化声磁防蜡器</td><td>蜡卡频次：09降低0.7</td><td></td></tr>
</table>

（五）地面流程及设备精细管理

1．定时测定抽油机系统效率

按照机采井系统效率测试与优化要求，每年必须对每台电网带动的抽油机进行一次系统效率测试，录入系统。再根据测试结果，调整进工作参数及平衡度，力争系统效率达到35%以上。

2．严格落实抽油机“五率”调整工作

加强抽油机的日常维护工作，做好抽油机的紧固、润滑、调整、防腐、清洁十字作业等，调整好抽油机的“五率”配套工作，具体要求及标准见表8。

表8　抽油机“五率”调整标准

“五率”	抽油机基础水平达标率	（抽油机基础水平合格井数占抽油机总井数的百分比）应达到95%以上
	对中率	（抽油机对中合格井数占抽油机运转总井数的百分比）达到90%以上
	抽油机运转平衡率	（抽油机运转平衡井数占抽油机运转总井数的百分比）达到90%以上
	抽油机润滑合格率	（抽油机润滑合格井数占抽油机运转总井数的百分比）应达到98%以上
	抽油机部件紧固合格率	（即抽油机部件紧固合格井数占抽油机运转总井数的百分比）达到100%

3．采取有效措施降低油井回压

对个别高回压井组的油井，采取套管口加药或加装水煮炉的方式降低回压。

（六）注水精细管理

1．取全取准注水井资料

1）取全静态资料

示例见表9。

表9　注水井静态数据例表（杨37−12井）

井号	地理位置	补心海拔（m）	构造位置（m）	井底坐标		井口坐标	
杨37−12	靖边县杨米涧乡	1601.76	476.8	36567400	4139364	36567400	4139364
	完钻日期	完钻井深（m）	套补距（m）	套管深度（m）	水泥返高（m）	最大井斜	人工井底
	20020917	1173	3.6	1179.73	300.0	最大井斜 深度：1175.0m 斜度：9.38°	1157.65m
	荧光级别	综合解释结果	油层数据（m）	射孔段（m）	改造方式	试油数据（m^3）	
	4	油浸	1127.4～1135.8	1128～1130	高能气体爆燃压裂：40kg	日产油12.9	日产水0

2）取准动态资料

注水井动态资料主要油压、套压、管压、 泵压、配注量、日注量、累计注水量等。

2．分析注水状况

1）注水量分析

通过单井日注水量、累计注水量与对应井组油井日产液量变化、含水变化、压力变化、累计亏空的对比关系，判断该注水井的日注水量、注水强度、注采比是否合理，并提出调整措施。

2）吸水剖面状况

通过吸水剖面可以分析出该井地层吸水状况及储量动用状况，为下步调剖及整体注水政策提供有力依据。

3．精细注水井的现场及井筒管理

1）注水仪表管理

建立健全高压稳流自控仪台账，按照《第四采油厂高压稳流自控仪日常管理细则》要求，加强日常维护工作，并每年标定一次。

2）按照规定定期检查注水井管柱

采出水回注井要求每两年检串一次，同时做好检串记录及井筒管柱腐蚀、结垢等情况描述；清水注水井要求每三年检串一次，同时做好检串记录及井筒管柱腐蚀、结垢等情况描述。

3）按照规定定期对注水井进行洗井作业

清水注水井正常情况下每年洗井不得少于两次，采出水回注井正常情况下每季洗井不得少于一次，特殊情况要加密洗井，洗井排量每小时不小于25m^3，洗井时间以现场化验进出口水质一致为准。

注水井汽化水洗井每年不得少于一次，同时挤加黏土稳定剂配制的活性水。

4）对存在腐蚀现象的注水井，添加套管保护液

三、取得的效果

新14井区通过实施“生产管理精细六法”，区块开发形势逐步好转，各项生产指标明显变好。措施增油量与2012年同期相比累计增加866t。井筒检泵周期由478天上升到483天，自然递减率从18.0%下降到17.0%，含水上升率从6.3%下降为2.5%。2012年计划生产原油7.5364×10^4t，预计全年完成7.8195×10^4t，实现老油田稳产。

联合站“五精”管理法

杨　卫　齐海军
（第二采油厂）

悦联站始建于1983年12月，总库容26500m^3，主要承担着第二输油处及厂属华池、城壕、温台油田所采原油的收集、处理、外输和采出水的处理、回注等任务，年处理、集输原油110×10^{4}t。现有员工48人，平均年龄35岁，管理各类设备、设施40台（套）。近年来，悦联站针对站库大、生产任务繁重、人员年龄结构偏大、管理难度大的特点，着力转变员工思想观念，积极调动和挖掘员工的积极性和创造力，提高站库执行力和工作效率，深化 “五型”班组创建活动，推进站库精细化管理，形成联合站“五精”管理法。

一、联合站“五精”管理法的形成背景

（1）油田快速发展的需要。随着油田的持续快速发展，传统的、简单的、粗放的站库管理模式，已经不能适应新时期数字化管理环境下的站库管理需要，探求建立科学、合理、现代的管理方法，成为提升集输联合站库管理水平的重要途径。这也对推进大型联合站库高标准规范化管理提出了新的更高的要求。

（2）实现本质安全的需要。安全生产是关系企业发展稳定大局。悦联站属油田公司二级防火重点部位，是已运行近三十年的老站库，潜在的各种安全隐患相对较多。因此，要有效地削减和规避各类风险，实现本质化安全生产，就必须要大力推行“岗位标准化操作程序”、“安全隐患复式管理”、“目视化看板管理”等科学管理方法，营造独具特色的安全管理文化，进一步夯实站库安全管理基础。

（3）推进精细管理的需要。精细管理是一种管理意识，是一种认真负责、精益求精的工作态度，是建设标准化一流站库管理的重要手段，推进精细管理是企

业科学发展的客观要求和必然趋势。作为一个站库，在日常生产管理过程中，只有扎实推进精细管理方法，切实做到、并做好各项工作的“精、准、细、严”，才能实现站库各项工作的平稳有序，提高站库整体执行能力和管理效率。

二、联合站“五精”管理法的基本内涵

“五精”管理法是悦联站在深化标准化“五型”班组创建中，围绕站库日常运行、安全环保、现场管理、员工创新和队伍建设等五个方面，实施的精细化管理措施的总结与提炼，突显了站库管理“细、严、实、活、谐”的精细管理特点，“五精”管理法本着“精确定位、细化目标、精益求精”的思路，规范了站库每个岗位的职责，分解细化了各项工作任务，灵活运用量化考核机制，保证了每项工作的高标准完成，有效地推进了站库基础管理水平的持续提升。

三、联合站“五精”管理法的主要做法

（一）日常运行，精抓“细”管

在岗位交接班中应用“无缝式”交接班管理、在沉降罐管理中采取“一罐一措施”差异化管理、在班组建设中实施“3D”自主管理等方法，细抓岗位职责履行、日常考核等关键环节，实现联合站以沉降罐运行为核心的各项工作平稳有序运行。

（1）岗位标准化管理。结合公司、厂部标准化管理体系建设，对站内5个管理岗位的岗位职责、管理流程重新梳理、细化界定和逐岗明确，实现站库各项工作有人去干且干有标准。

（2）“无缝式”交接班。由岗位员工、班长、承包干部共同落实交接班，在每班交接完成后由三方签字确认，对交接班过程中存在的问题，由承包干部进行“ABC”分类，逐项落实措施，跟踪检查整改，实现站库工作的“日事日毕、日清日高”。

（3）岗位日写实考核。结合站库岗位标准作业程序巡检流程和控制要点，

细化岗位日写实考核标准，实施日对标、日考核，月汇总、月兑现，保证了员工岗位职责的落实，促进了岗位良好操作习惯的养成。

(4) 沉降罐采取“一罐一措施”差异化管理。结合影响沉降罐平稳运行的来油温度和质量、进液量大小、沉降时间及加药量等诸多因素，采取“一罐一措施”差异化管理，针对不同罐及不同区块的来油及时调整破乳剂的配方、加药量和沉降时间，确保单罐油层、水层、乳化层和温度等关键参数的平稳运行。

（二）安全环保，精抓“严”管

严格落实公司推行的“岗位标准化作业程序”、“ACT”卡和“一人一岗一手册”，坚持实行大队自主建立的“安全隐患复式闭合管理”法，同时注重安全文化建设，充分发挥安全文化的引导作用。

(1) 安全隐患复式闭合管理。站库员工每天对现场发现的安全隐患进行现场削减或制定控制措施填写安全隐患控制“ACT”卡并报大队HSE办公室，分类上载“安全隐患复式闭合管理”系统，其他各站针对平台公示的问题，举一反三，开展本站隐患排查和削减活动，防止了同类问题在不同站库的反复出现，实现隐患治理从“单站预防”向“各站联防”的转变。

对站库安全隐患发现及时、措施合理的个人，在站库月度奖励的基础上，推荐参加大队“ACT”卡明星评选，并在大队门户网页上公示表扬、奖励，激发了岗位员工参与安全隐患排查和削减的主动性，实现站库岗位员工隐患排查从“被动参与”向“主动辨识”的转变。

(2) 岗位标准化操作。倡导“干标准活、做标准事、上标准岗”的标准文化理念，采取技术员“灌输式”讲解、班长与员工“互补式”监督和干部“抽查式”考核三级培训模式，培养岗位员工良好的标准化操作习惯，使“只有规定动作、没有自选动作”的安全管理理念实现有效落实。

(3) 安全环保视觉文化。利用站库路灯杆等闲置资源和空间，在站库岗位员工中广泛征集和择优选取“带着安全意识上班、载着幸福感觉回家”等安全警语，设立站库“安全文化长廊”，营造良好安全管理文化氛围；在站库每周的安全生产例会上，站长和员工分享安全经验，讲案例、剖原因，吸取教训、互谈感想，提高全员的安全意识；每旬由HSE办公室出题，编制、更新大队门户网页上的“安全知识大家学”专栏，对第一个答对问题的员工在下期进行公示表扬和奖励，激发了岗位员工参与站库安全管理的积极性。

（三）站库现场，精抓“实”管

悦联站现场管理关键体现一个“实”字，从“服务站库运行”和“提高站库管理”着眼，突出“精抓实管”特点，科学、务实推行“6S”现场标准化管理和“目视化看板”管理等方法。

（1）“6S”现场标准化管理。借鉴推行“6S”现场标准化管理，对站库各区域内的消防设施、生产设备、库房材料，统一采用反光色带进行警戒标识；对站库各门房钥匙标注使用位置，在值班室统一集中定置管理；对站库工具箱内划定分类标线，粘贴名称标签；对站库资料文件分柜分盒集中归档，统一颜色、统一标签，营造了清爽整洁、高效有序的工作环境。

（2）“目视化看板”管理。开发“生产信息目视系统”，每天值班干部晨会后，将站库岗位动态，以及当日生产信息数据、工作任务和重点工作等内容，录入站库“生产信息目视系统”，滚动播放，实现站库生产动态管理的显性化；借助总控室数字化管理信息平台，安装“长输管线泄漏监测报警系统”，实时监测站库来油、外输压力、温度、含水等生产参数，保证了管线泄漏的定位准确和及时处理；利用工房等闲置墙面空间，将站库管理岗位职责、岗位标准化作业程序、岗位巡检点检图、关键工序控制图、安全风险提示卡等张贴在工房墙面，时刻提醒和指导岗位按标准操作。

（四）创新创效，精抓“活”管

在大队季度“岗位鲁班”、“金点子”、“金钥匙”等小改小革、创新创效评选机制的牵引下，悦联站积极挖掘员工智慧，激发员工创新创造能力，通过干部带头、全员参与、探讨验证，站库员工自主制作的“菱形多接头暖气片维修专用工具”、“单向双开门排洪渠挡板”等，都在日常生产管理过程中发挥了积极作用。

（1）“油品化验冷凝系统”优化。副站长陈飞针对化验室操作间冷凝水质差、冷凝效果不好，且易污染、易堵塞软管和冷凝管的现状，在水箱内安装循环泵、并加注纯净水，通过泵的动力来加快水循环，保证了冷凝效果。同时由于水质变好，延长了冷凝软管使用寿命，消除了冷凝器管壁结垢现象。

(2)“菱形多接头暖气片维修专用工具”制作。大班班长焦立平针对站库加热系统改造要对全站采暖暖气片全部更换，而新式暖气片接头多，采用多菱形短接连接，因密封垫质量差、漏点多，维修没有专用工具的实际问题，采用10in螺帽和四分钢管焊接，制作“菱形多接头暖气片维修专用工具”，使站上50多个暖气片的拆装得心应手，既方便了维修安装作业，又提高了工作效率。

(3)“单向双开门排洪渠挡板”改造。岗位员工徐全民针对汛期站库周围山洪汇入排水渠，携带的大量杂物经常堵塞站内排洪渠的实际，积极动脑筋、想办法，主动改造、制作“单向双开门排洪渠挡板”，解决了站内排洪渠堵塞的隐患。

(五)团队建设，精抓“谐”管

为促进和谐、凝聚队伍，悦联站按照“搭平台、建机制，促和谐、聚队伍”的管理思路，提出并开发站库“民主管理平台”，架起一座组织与个人、干部与员工沟通交流的“高速桥”。

(1)搭建“民主管理平台”。将涉及员工自身利益的热点、焦点内容，分类录入“政策制度、形势任务、关爱员工、队务公开、源头参与、先进楷模、队伍建设、廉政监督、在线交流”9个模块、52个子目录，建立站库“民主管理平台”。一方面，方便站库员工及时查询切身福利政策、工资考勤、艰岗津贴、免费就餐、业绩考核及奖金发放等内容，使员工对大队及站库公示内容的“触键即查”和“一查即明”。另一方面，方便站库员工就自己在生产生活中遇到的疑惑、顾虑和困难等问题，跟大队领导进行“无实名”、“网名化”的沟通和询问，实现干部员工之间的“网络式、零距离”交流。

(2)建立管理机制。建立站库月度合理化建议征集、季度员工代表职责履行反馈机制，并在员工中发放“连心卡”，全面掌握员工思想动态，随时了解员工的所思、所想和所愿。对超出站上职权范围、不能答复的问题和建议，提交大队以“致谢答复信”的形式逐条处理回复，从上到下形成 “员工心声无小事、团结一心干工作”的和谐氛围，为推进站库整体管理水平提升，培养了一支“懂技术、会操作、能吃苦、善管理”的干部员工队伍。

四、取得的效果

（1）提升了站库管理水平。悦联站连续三年在厂内基础管理工作中名列前茅，2008年被油田公司授予“绿色站库”和“优秀‘五型’班组”，被甘肃省团委授予“青年文明号生产线”；2010年被油田公司授予 “第三批基层建设示范点”和“企业文化示范点”。

（2）夯实了安全管理基础。站库的安全风险隐患得到有效控制，增强了全员的安全意识，提升了员工的安全技能，在站内形成“人人重视安全、人人参与管理”的良好安全文化氛围，给站库安全生产提供了强有力的保障。

（3）形成了站库团队理念。将“以人为本、关爱员工”的思想真正落到了实处，激发和挖掘了队伍的活力和潜能，培育了一支“讲团结、肯奉献、有活力、素质高”的员工队伍，形成“阳光心态、愉悦工作、快乐生活”的站库团队理念。

“三看两新”成本管理法的探索与实践

王清洪　陈德彦　马　宏　张文胜　赵元琴　姚卫萍　唐晓伟
（第三采油厂）

油房庄油田于1987年全面投入开发以来，已20多年。目前是一个低产出、高投入的老油田，如何做好成本管理使之有效促进生产，对实现油田的可持续高效开发起着重要作用。近年来，该作业区通过不断探索和实践，创建“三看两新”（看重成本、看透成本、看住成本；应用新工艺新技术、创新思维降低成本）成本管理法，使生产和经营工作呈现出相互促进、共同发展的良好态势。

一、“三看两新”成本管理法实施的背景

（一）综合环境持续恶化

该作业区随着开发时间的延长，一是进入高含水开发时期，上产和稳产难度不断增大；二是地面、地下设备设施不断老化，为了保障正常生产，资金投入需求增加；三是井筒状况日趋恶化，引发一系列成本连锁支出逐年攀升；四是外部环境越来越差，面临一县八乡120多个村子的管辖区域。

（二）成本指标运行情况不容乐观

随着油田开发时间的延伸，含水不断上升，外部环境的不断恶化，该作业区成本指标不断超支。

（三）员工成本意识淡薄

由于成本控制思路不清晰，造成制度执行不力、物耗上升。由于激励机制不健全，员工工作积极性不高。员工肩上没有成本担子，造成该作业区成本管理即无压力又无动力。

二、“三看两新”成本管理法的实施过程

（一）看重成本

1．生产经营领导高度重视、岗位员工积极参与成本管理

该作业区主要领导和生产领导高度关注成本运行情况，积极参与成本管理。2008年6月井下作业费出现80万元超常运行，为此作业区主要领导和生产、经营领导组织召开井筒分析会，研究制定一套包括井筒治理、现场监督、结算考核等一系列解决措施在内的治理方案，通过监督落实，7月井下作业费就降到42万元的正常水平；2009年，井下作业费555.95万元，比2005年下降294.05万元。作业区坚持 “党支部建设倡和谐、以标准成本促节约”，营造全员节约化氛围。定60井区在支部创建的“五个一”活动中，油一转员工利用废旧油管杆边角料建造小喷泉、蔬菜大棚，同时积极实施标准化定额成本管理，取得了明显成效。

2．制度考核、领导表率、员工成本意识明显增强

把成本指标层层下达，让员工人人肩上担指标。作业区根据各井区、组室的成本指标完成情况，对其实行按月考核、季兑现，按横向2%、纵向6%的比例兑现。井区根据月初经营计划指标再次分解，月末考核所管辖班站、井组当月的成本指标完成情况，每季度的成本考核兑现将井区员工之间的奖金最大差额拉到200元。

（二）看透成本

1．及时分析成本数据，寻找生产管理漏洞

作业区随时监控各项费用支出情况，定期组织机关组室、井区干部对成本运行进行一次全面、系统的分析，对节约或超支的项目从量上找出形成差异的真正原因，通过基础资料对成本运行实施事前预算、过程控制；月末成本分析对成本运行实行反馈控制。其次从成本运行情况，纵观整个作业区的生产管理，使领导层和员工逐渐学会从经营中找生产的问题，利用生产的统筹安排促进成本的合理支出。如该区改变过去不合理的加药方式，缩小加药分析单元，减少了加药量，还达到药效最大化。

2．落实“五个一体化”，不断深化生产经营一体化

严格落实“五个一体化”的生产经营措施。“五个一体化”，即一体化预算管理、一体化监控管理、一体化分析管理、一体化控制管理、一体化考核管理。以生产为依托，完善预算编制体系，实现生产和经营同步监控、同步分析、同步纠偏、同步考核兑现。如对使用柴油发电机井，实行定额管理，实施开井时间、单井产液、拉油液量“三对口管理”，使柴油消耗有了比较准确的核定。同时依据消耗的柴油，倒推出产液量，再根据拉回来的液量来验证产液量，不仅能准确掌握柴油消耗量，同时也监督和检查生产和原油拉油的情况。

3．树立成本效益观，明确成本管理思路

作业区层层分解成本指标，让员工从思想上认识成本的作用及降低成本的意义，树立正确的成本观、成本节约观和成本效益观，强调事前预防重于事后调整，避免了不必要的成本发生。如该区利用定额标准成本管理体系指导成本管理，通过加强制度执行力，有力地保障了控制目标的实现。

（三）看住成本

1．利用定额控制成本

2007年4月，作业区成立定额标准化成本管理小组，对每个井、站、班组逐项核实各项成本费用的实物工作量，参照往年历史数据及现实生产情况，找规律、分类别，逐项制定各项成本费用定额标准。然后每月按定额标准编制预算，月末依照定额分析、寻找差异；最后采取措施处理差异。特别是在燃料费管理上，该区现在10天发一次柴油，从而可以根据上旬实际开井时间和下旬预计开井时间随时调整柴油发放量，奖节罚超。

2．强化重点费用管理

1）采取维、修、限等措施，严格控制材料消耗

“维”，即落实设备日常保养维护工作。充分利用井区培训设备保养维护人员，加强设备管理，提高设备维修保养水平， 延长设备使用寿命，降低各项材料的发生，缓解成本压力。

“修”，即提倡修旧利废，大力使用修复油管。2011年已使用修复管杆6.8×10^4m，实现经济效益206.39万元。

“限”，即加强限额领料制度。月初依据生产实际及定额标准，下发各井区材料费限额指标，计划外用料必须经生产副经理同意、主管经营领导审核后，方可领用。从而有效地控制了材料费支出，材料费在井数不断上升的情况下，逐年有所下降（图1）。

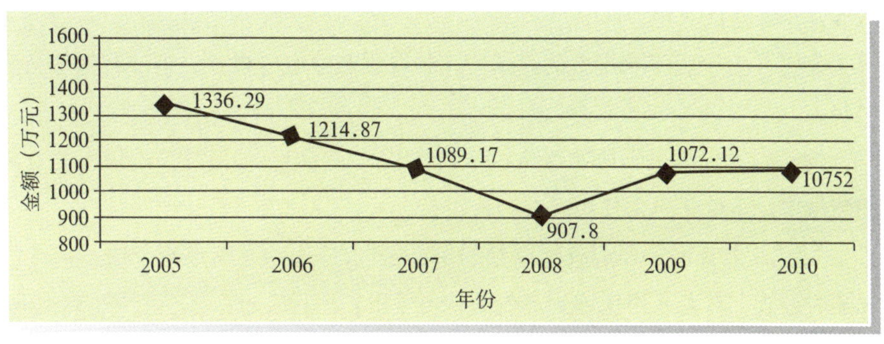

图1　材料费2005—2010年同期对比发生

2005油水井平均开井数为206口；2010年油水井平均开井数为396口

2）内外共治降电费

内部用电治理采取调、节、间、挤、降等措施。

“调”，即作业区根据油井状况及生产情况及时调参，不断优化生产参数。

“节”，即 2005—2011 年更换变频柜交流接触器 51 个，恢复 30 台抽油机及设备的变频装置。

“间”，打破油井间开时间只能是 5—10 月的传统周期，通过给油井管线加电热丝及伴热管线的方法，实现部分油井全年间开；2011 年实施油井间开 72 口，日减少用电量 3180kW，节约电费 45.8 万元；日减少柴油用量 376L，节约柴油 49.68 万元。

“换”，2006—2010 年更换“大马拉小车”及严重消磁电机 50 余台，更换高耗能变压器 28 台。

“降”，通过多次与水电厂协商，将线路由 35kV 升级为 110kV，使砖井变电所到油坊庄变电所的线损从 7.9% 下降为 4.3%，月降低电费 5 万元左右。

外部用电治理采用限、甩、停、扰、查等措施。

“限”，通过给用电村庄安装电表和限电器，采取超支断电或罚款等手段，不断规范农电管理。

“打”，发现私拉乱接偷盗用电，立即剪线断电、追究责任。

“甩”，将 526 线路上的白弯子变电所甩到王盘山变电所，降低负荷及线路损耗。又陆续甩掉 526 线路尾端 5km 农电线路及陈新庄、陈峁峁、高新庄、双沙几个庄子的农电。

“停”，对于收不到电费的钉子户，采取强制停电的措施，迫使其主动结清电费。

“扰”，对局部甩不掉的线路，采取停电、不供电、线路故障迟供电的方法间断供电，干扰其正常使用。

“查”，电管班定期巡查由以前的 10 天一次缩短为 5 天巡查一次，特殊情况随时巡查，对老乡用电起到有效的威慑作用。

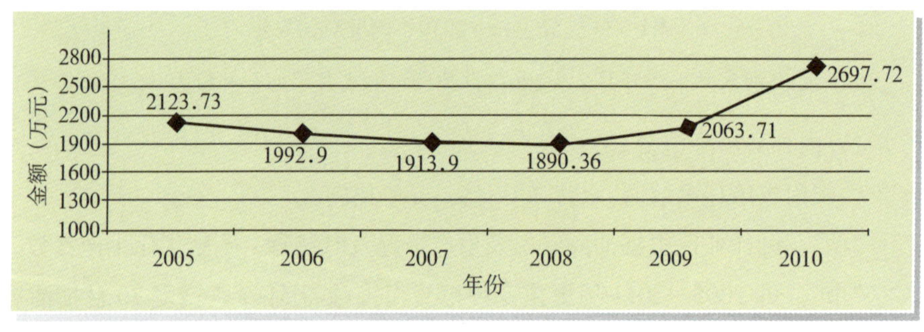

图2　电费2005—2010年同期对比发生

2005年-2009年用电设备累计增容6413.6kW（年增电费1084余万元），2011年增容5236kW，电费从2005年的2123.73万元下降至2009年的2063.71万元（图2）。

3．燃料管理动态化

一是定额管理、时时监控。月初按燃料消耗定额标准下发单台设备耗油预算，计划组和料库严把燃料的审批发放关。同时，实施“五监控”管理（监控开井时间、开机时间、产液量、拉油液量、收油液量），杜绝柴油浪费流失。

二是分析现状、适时调整。作业区技术室根据油井生产状况及季节等变化，随时调整低产井的间开时间，先后将46口井由原来的全开调整为8小时间开，年节约电费29.39万元、节约柴油费用24.78万元。

三是资源整合、降低煤耗。作业区为节约燃煤用量，充分利用套管气，其中生活用煤点改燃气6具、土加热炉改燃气4具，油一增冬季用煤，夏季则充分利用套管气。通过改燃气措施，累计减少用煤346.6t。

4. 运费管理精细化

一是原油拉运严密监控。通过调度室、井区、联合站跟踪了解计划每日对每辆拉油车的含水、拉油票据的填写、装油罐车悬空数据的落实情况，确保原油一方不少地全部拉回。同时，严格加药脱水工作，将拉油点原油含水率控制在10%以下。

二是作业区通过多种举措缩，短运距来减少拉油运费的发生。如池46井组通过借道减少拉油运距30%；定92增压站、池11卸油台、油二联等站点的提早投用，缩短拉油运距至少20km。2010年少发生拉油运费118.78万元。

三是优化资源合理搭配。充分利用所属车辆，解决车辆紧张问题。在整井更换送油管杆多时，将水罐车的水罐吊下，拉运油管杆；退掉采油三处轿车，改用作业区面包车换班。

（四）“两新”——新方法、新工艺，开辟成本管理新路径

1. 新方法

在管理上大胆创新，持续完善激励机制、强化制度执行力、推行标准化管理的同时，不断试用更高效的管理办法，使管理走向规范化、制度化，成为成本控制的有力支撑点。

（1）伴生气变废为利。针对集输队两具燃油锅炉能耗、大且全区伴生气利用率低的现状，作业区通过现场调研和测气实验，在集输队新建两具60m^{3}缓冲罐，将停用的油气分离器和压力缸维修后，安装使用；对缓冲罐分离的伴生气进行再次分离后供给锅炉。经摸索总结制定5—9月燃气、其余时间燃油的运行制度，年节约燃油71.4t；姚二增井区利用池307井组套管气，不仅减少人工工作量，而且节约了燃煤。

（2）实现药效最大化：针对井筒状况复杂、加药费用控制难度大的现状，作业区不断进行动态调整，探索一套经济加药的管理方法，使该区的加药管理

取得较好效果。

（3）尝试药品换型。通过对YT100破乳剂和CQ-C3破乳剂的化验表明：YT100破乳剂启动速度快，但脱水后油中含水高；CQ-C3启动速度慢，脱水后油中含水低。作业区改单一的YT100破乳剂为YT100和CQ-C3复合破乳，破乳剂浓度由2006年最高的290mg/L下降到目前的150mg/L。

（4）合理加药量。2006—2011年整体调整加药量14次、零星调整30次，不但使加药更具针对性，而且使加药量大幅下降。月加药费在油区面积扩大、油井开井数大量增加、新增多个站点的情况下，没有大幅度上升。

（5）改变加药方式。在修井过程中从起出的油管明显看出，大部分井加药都黏附在井筒第30至50根油管壁，未流到液面上，没有起到任何作用。针对药品稀释不充分，黏附在管壁等问题，作业区在单井配备自制标准桶的同时，规定加药前用原井液润湿管壁，药品用原井液20倍稀释，加入井筒后再用原井液冲洗，从而保证了药品有效进入液面。

2．新工艺

该区依靠生产环节的优化整合，应用科技进步降本增效。利用新技术新工艺的引进，使成本控制达到事半功倍的效果。

（1）依靠科技治理井筒。面对井筒治理中存在的难题，作业区，大力推广新工艺、新技术，改变以往被动的不利局面。2005年井下作业费发生850万元，2010年在油井不断增加、井筒状况不断恶化的情况下，井下作业费下降到833.94万元。

（2）科技治理。使用12套油井多功能保护器，有效缓解了油管杆偏磨；对腐蚀严重的油井，使用陶瓷阀，有效降低了泵腐蚀和阀座漏失，而且重复利用率高。

（3）分类治理。依据上修井出现故障的原因不同加以分类，对不同类型的故障井，有针对性地制定治理措施，使检泵周期从2005年的280天延长到目前的340天。

（4）监督到位。通过培训，规范修井监督员的工作程序，提高工作效率，充分发挥监督员在井下作业中的管理和监督作用，提高施工合格率。

（5）柴机油废油再生。注水站使用注水泵6台，其中3台注水、3台污水回灌。长期以来注水站柴机油消耗量大（每月需更换柴机油510L），更换下来的柴机油无法重复利用，造成极大浪费。经向上级部门反映，2008年3月引进“高效真空润滑油净油机”，利用纯物理机油净化原理，可将分散零星废油净化再生，更可载机载管线运行。

三、“三看两新”成本管理法实施效果

（1）成本控制全员化。“三看两新”成本管理法的实施，使员工思想上重视成本。如员工自发小改小革，减少成本支出；井区能及时上报新增设备争取预算；基层干部随时了解成本指标动态，分析差异因素及时纠偏；技术人员大胆革新，利用新技术新工艺降本增效。

（2）生产经营一体化。“三看两新”成本管理法在控制成本的同时，还促进了生产的良性运行。如加药方法的改进，不仅节约了成本，还通过药效的提高改变井筒状况、减少修井、保证了产量；电表的五天“一抄表、一分析”，不仅能够监控电费的运行情况，还能观察到油井运转是否正常，从而及时发现运转异常的井。

（3）经营效益最大化。该区自实行“三看两新”成本管理法后，在油井总数不断增加(2005年油水井平均月开井数206口，2010年油水井平均开井数为396口）、费用预算逐年压缩的情况下，成本指标连年节约。其中2007年成本较预算节约10.72万元；2008年成本较预算节约18万元；2009年在超产1.3×10^4t的情况下，成本较预算节约了2万元。同时为前线员工更新配置电视、电脑、打印机、照相机、DVD、冰箱、消毒柜、床上用品和炊事用具等设施，大大改善了前线员工的生产、生活和办公条件。

推行项目精细管理　提高技术攻关实效

韦国轩　桂　捷　王卫军
（油气工艺研究院）

油气工艺研究院工具研究室成立于2005年，主要承担油气田开发配套井下工具研发、油气水井大修工艺研究、井下工具性能检测评价、新工艺新技术推广应用等工作。近年来，工具研究室通过科研项目的精细化管理和科学化运作方面的持续探索和实践，形成一套行之有效的项目管理方法，科研创新能力不断提升，科研成效凸显，为“建设西部大庆”做出了积极贡献。

一、产生的背景

科技是第一生产力，技术进步是推动长庆油田发展、实现5000×10^4t战略目标的重要途径。科研项目是科研单位工作的主题，项目运作过程直接关系到科研工作的成效。作为主要从事井下工具研发配套的工具研究室，成立时就面临着人员、技术、管理方面的挑战。当时只有8名科研人员，人手非常紧张，大部分人员缺乏井下工具设计、井下作业的实践和经历，同时欠缺在油公司体制下“硬件工具”研发的科研项目管理经验。所以，在人员少、资历浅、经验不足等条件无法迅速改变的情况下，工具研究室把着力点集中在科研项目的精细化管理及科学化运作上，通过管理提高科研工作的实际效果。

二、主要做法

（一）加强组织管理，明确责任分工

在科研组织管理中，工具研究室以科室领导、技术专家为主，成立项目管理领导小组，统筹规划、负责全室的项目运作和重大技术问题的论证决策。

项目管理领导小组是科室项目运作的主心骨，有利于全室项目的整体运作。同时，详细分解科室年度项目，确定每位领导小组成员分管的攻关项目。坚持科室领导分工负责制，不仅明确领导班子成员的责任和义务，也有助于管理者特长的充分发挥。

项目管理领导小组和领导分工负责从科室层面奠定了科研项目精细化管理及科学化运作的基础。

（二）推行项目负责制，实现组织运行高效率

在科研项目运行之前，由项目管理领导小组召开员工“自荐会”，采用自荐或选拔的方式，从科研人员中产生各个科研项目在科室层面的第一责任人。一般情况下，第一责任人不再担任其他项目的责任人，第一责任人直接对项目分管领导负责。第一责任人确定后，再综合各种情况配备项目的第二责任人，第二责任人对第一责任人负责。在项目运行中，对于一般的技术问题，先由项目第一责任人召集项目组成员讨论解决；若问题得不到解决，则由科室主管领导召集项目组成员讨论；若问题仍得不到有效解决，则由科室召集项目管理小组或全室科研人员讨论；在科室层面解决不了的问题，则直接上报到院主管领导或科研管理部门讨论解决。项目负责制的推行，使项目运作不因人员变动、工作交叉等问题而“手忙脚乱”，同时也为科研人员搭建了成长平台。

在气举阀压后排液技术研究开题时，经科室项目管理领导小组综合考虑，决定由张文星为第一责任人、任国富为第二责任人，统筹组织项目的开题立项、调研对接、室内研究、现场试验、总结分析等各个环节具体实施。由于任务清晰、分工明确、组织合理，短短两年时间内，这两位负责人带领项目组出色完成了从气举阀工具研发到大规模推广应用的攻关任务。值得一提的是，这一关键技术攻关，在项目负责制的推动下，并未因技术攻关等原因而影响到项目组成员的培训、学习、探亲、休假等时间。

（三）优化人员组成，形成团队合力

项目组是科研工作的基本单元，组建一个好的项目组是科研攻关取得成功的关键。在科研项目第一、第二责任人确定后，按照科室每位成员的专业、性

格、经历、特长、工作负荷等抽调组配项目组其他成员，使项目组具备“吹、拉、弹、唱”的基本人员组成，在项目组内交流探讨、明确分工、优势互补、团结协作，共同完成攻关任务。

水力喷砂压裂是近年来针对低渗透油气田储层改造的新技术，配套工具研发时间紧、任务重、难度大、要求高。为圆满完成攻关任务，工具研究室成立了以王在强、任勇为第一、二责任人，科研人员赵粉霞、樊晨、胡相君、张丽娟等搭配组成的项目组。在项目运作中，这些性格互补、专业渗透、工作能力各有所长的群体组成的攻关团队，迅速展示出单兵作战和团队协作“双优”的战斗力。具有协调组织能力的王在强成为项目运作的领头人，善于理论分析研究的任勇成为解决项目研究中“疑难杂症”的高手，工具设计专家赵粉霞使配套工具成为实实在在的“利器”，樊晨、胡相君成为现场试验的“排头兵”。由于项目组人员搭配合理，通过不断交流、磨合，创新能力显著增强，运行高效，出色地完成了项目的攻关任务，取得突出成果。水力喷砂压裂配套工具研发，实现从直井到水平井，从油田到气田的一系列突破，并于2011年9月13日突破15段的世界级水平。此项技术已成为长庆气田水平井改造的主体技术，被权威专家鉴定为“国内首创、国际领先”。同时，经过几年的锤炼，赵粉霞成为油田公司三级技术专家，王在强、任勇也成长为油气工艺研究院“青年技术能手”。

（四）抓好关键环节控制，奠定高效运行基础

按照科研项目的划分，年度内课题一般分为上级下达的指令性项目和科室自立性项目（图1）。在科研项目来源明确后，要使项目顺利实施并争取实现关键技术创新、形成较高水平科研成果，必须充分重视项目流程中的每一个环节。在以前的项目运作中，工具研究室不太重视或重视不够技术背景这个环节，在项目运作中往往会出现研究内容不够明确、方式方法偏离等问题，影响项目进展和效果。技术背景的充分求证是整个项目运作的关键，虽然时间短，但这是关系到科研项目干什么、怎么干的首要问题。所以，在注重项目全过程管理的同时，按项目运作的一般流程，用大量的时间和精力解决项目运作的技术背景，使项目组成员都能对项目的总体情况和本质了然于胸。

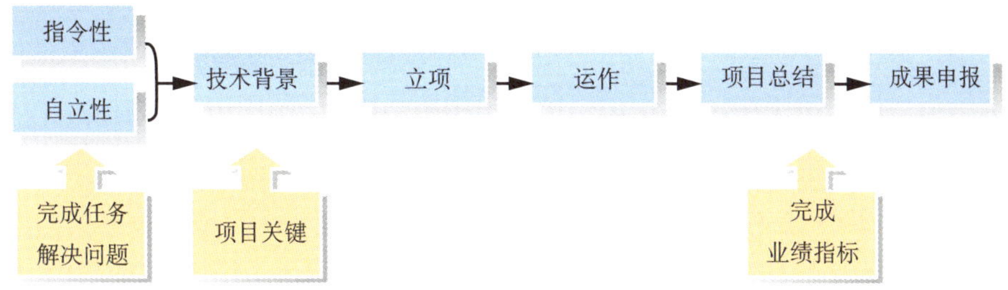

图1 科研项目完成流程

在套管滑套分层压裂配套工具研究中，第一责任人张文星带领项目组人员花费了大量精力，通过网络调研、实际考察、专家咨询等方式，基本解决项目运作的技术背景，为项目的高效运行奠定了基础。经过短短8个月的刻苦攻关，项目组率先在国内完成套管滑套的设计、加工中试和现场试验，一举打破国外在此项技术上的垄断。

（五）突出科研“五性”，提升成果价值

“五性”内容如图2所示。科研项目的“五性”是科研工作与攻关结果的本质要求。只有抓住这“五性”，科研攻关工作才有目标、科研成果才有价值。所以，在每一个项目运行过程中，工具室始终要求科研人员时刻关注科研项目的“五性”。

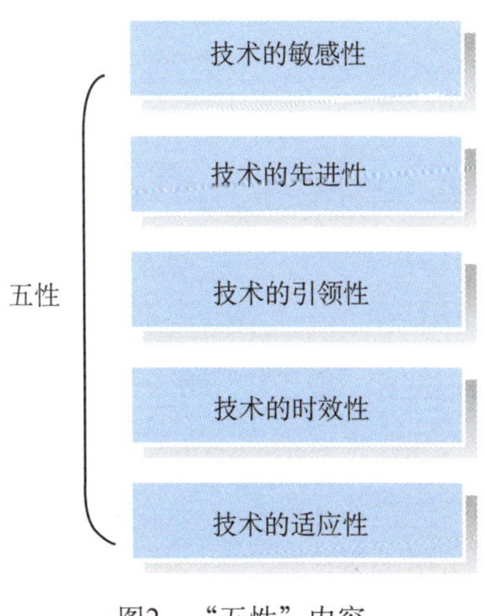

图2 “五性”内容

多储层叠合是苏里格气田的一个典型地质特征，气田开发面临着提高单井产量、降低成本的考验。工具研究室认识到解决这一重大技术问题的急迫性、时效性，迅速成立气田直井分层压裂改造配套工具研究项目组。在对国内外技术现状研究分析的基础上，决定采用封隔器进行直井多层连续分压后合层开采的先进技术思路。经过艰苦攻关，气田直井封隔器连续分压合采工具及工艺已成为苏里格气田有效开发的关键技术之一。该技术也被其他油田推广应用，成为引领技术进步的典范项目。

（六）抓好总结分析，提升“报告”含金量

随着科室承担的各级各类项目越来越多，各种形式的检查汇报也越来越多，加之人员有限，若安排不当，可能会影响到科研项目的整体进程。为此，工具研究室要求项目组从开始运行的第一天，就按项目验收的架构着手撰写项目总结这篇高含金量的“报告”。由“报告”派生出一篇简化版的文字总结报告和一份详尽完整的多媒体报告，再由详尽完整的多媒体报告衍生出一份简化版的多媒体报告。同时，由此“报告”再派生出项目运行过程中的汇报材料，汇报材料一般按研究内容、项目进展、攻关亮点、存在问题、下步安排等五个方面的主要内容准备。

这些“报告”随着项目的运行随时补充、修改、完善，以便随时应对各种检查汇报，使项目组人员能把更多的时间和精力投入到项目研究工作中，既提高工作效率，又为技术攻关研究的广度和深度节省时间、集中精力，也为技术问题及研究成果的总结分析、再提升争取时间、赢得主动。等到项目运行结束时，科研项目的验收报告、研究成果报告、多媒体报告也基本成型。

三、取得的实际效果

项目运作是基层科研室的主要工作任务，项目运作过程的好坏很大程度上决定着项目结果的优劣。几年来，工具研究室围绕科研项目的精细化管理和科学化运作，积极探索、大胆实践，科研项目的管理逐步规范，科研项目的过程更加合理，科研项目的运作更加高效。

经过几年来的持续攻关，工具研究室已自主研发形成油气田储层改造、油

田分层注水、套损井隔水采油、油水井带压作业等四大配套技术体系，水力喷射压裂、气田直井机械封隔分压合采、气举阀压后排掖、油田小套管分压、注水井带压作业等配套工具在油田规模应用，为长庆油田有效开发提供了有力的技术支持。

科室获得各类技术成果奖15项，其中省部级奖3项；获国家专利21项、发表论文33篇。先后被评为中国石油天然气集团公司2007年度“先进班组”、2009年度“模范集体”、2011年“科技工作先进集体”，油田公司2008年度“模范集体”、首批标准化党支部；有3人分别获得“中国石油采油采气工程先进工作者”、油田公司“劳动模范”、“基层建设先进个人”等称号。

同时，这些项目的运作使科研人员得到了锤炼，一部分技术人员成为油田公司级技术专家或院技术骨干，他们的创新意识、管理才能得到有效发挥和提升，为后续的科技创新提供了宝贵的人力资源。

采油厂“两级标准化”管理

周学富　刘永林　丁维贵　贾　莛　张晓珍　金哲炜　何　洋
（第五采油厂）

长庆油田第五采油厂管辖区块地处陕北黄土高原，是长庆油田海拔最高、自然环境较为艰苦的油田之一，主要承担姬塬油田的勘探开发，渭北地区、渭河盆地的前期勘探评价，以及河套、巴彦浩特等周边盆地的前期地质研究。从2005年建厂以来，仅用六年时间原油产量由年产50×10^4t增长到200×10^4t。在实现产量“上得去”的同时，第五采油厂始终把加强“三基”工作作为夯实企业快速发展基础的“利器”，积极引进标准化管理的思想，持续在基层和机关开展标准化管理系列活动，总结形成了“四标两建设一手册”管理做法，全厂“三基”工作水平得到持续加强和提升，企业科学高效运行的基础日益巩固。

一、“两级标准化”管理做法产生的背景

1．标准化管理是现代企业的必经之路

标准化是现代化生产的科学管理手段之一，是企业提高规范化、标准化管理，改善和增强企业素质，实现高效率、高效益的科学方法。标准化管理对实现企业科学管理、规范管理、提高企业竞争力具有重要意义。

2．标准化管理是践行油田公司“四化”建设理念的有效载体

近年来，长庆油田依靠调整产业结构，大力实施集约化、市场化、标准化、数字化和低成本管理，已跻身于特大型油田。随着长庆油田规模的不断扩大，重复性的工作越来越多，造成管理越来越复杂，如何处理好共性与个性，规律性与一般性的关系，探索具有普遍规律的管理方法，是解决大油田持续快速发展的重要保证。

3．标准化管理是树立西部大庆标准化良好企业形象的现实需要

标准化管理有助于夯实发展基础，提高发展质量，全面提升管控能力，促进企业管理向现代化管理转型，为油田公司的快速发展注入新的动力，加快西部大庆建设步伐。通过树立西部大庆标准化良好企业形象，有利于进一步把油田公司先进的科研成果和先进的管理理念及管理经验转化为企业标准，推动各项管理由经验向规则、由定性向定量、由传统向现代的精细化管理转变；有利于进一步提高企业标准的规范性、科学性、适用性和先进性，为长庆油田实现 5000×10^4t、建设西部大庆提供强力支撑。

4．标准化管理是支撑采油五厂快速发展的必然选择

快速的发展造成：

(1) 管理跟不上快速发展的需要。采油五厂自2005年成立以来，原油产量快速攀升，由 50×10^4t 达到 300×10^4t，已成为长庆油田公司第三大采油厂，但管理的基础还相当薄弱，与采油大厂的地位还不相适应。

(2) 三支队伍的素质还跟不上快速发展的需要。

一是管理人员对企业管理制度、各项工作标准理解的不够，应用和执行标准的方法欠缺。

二是员工普遍呈现年轻、工作时间短，且用工形式多样。无论是对企业各项政策、制度、规定，还是岗位各种作业程序、规程的理解和掌握以及实际操作都不同程度地存在着一定的缺陷和不足。

三是在现实的管理中，不按程序办事，不按标准操作，现在存在大量“跑、冒、滴、漏”等现象。

四是通过问卷调查，74%的员工认为，厂部对经常用到的适用性标准的梳理不够，员工不便掌握。还需要有一套标准化方法引导全员强化管理意识。

二、“两级标准化”管理做法的内涵

“两级标准化”管理做法是以精细化管理为着眼点，通过对采油厂管理要素的具体分析，提出在基层单位实施以“标准化井场、标准化站库、标准化操作、标准化管理和建设班组安全文化、井区家园文化，推行员工《管理手册》”为主要内容的管理方法。在机关层面重点实施以“工作场所标准化、工作流程

标准化、工作礼仪标准化、工作评估标准化、建设学习型和服务型机关、推行干部《管理手册》”为主要内容的管理方法，力求通过基层和机关两个层面共同推进，形成“自上而下积极引导”与“自下而上自觉响应”的管理模式，有效推动采油厂各项管理活动的标准化、流程化、规范化、制度化进程。

三、“两级标准化”管理做法的具体做法

（一）基层标准化管理使管理基础逐步牢靠

2006年以来，针对全厂各项管理基础薄弱、管理水平相对较低、员工作业和操作经验个体差异大，缺少规范、统一、科学的程序和标准的实际，积极在基层开展“四标两建设一手册”标准化管理活动，使基层基础管理水平持续得到加强。

（1）加强标准化井场、站库管理与建设。为有效落实油田公司“四化”建设方针，第五采油厂在油水井场、站库建设进行统一设计，严格执行油田建设规范、安装标准、验收标准，从源头消除前期建设所带来的安全隐患或不标准、不规范等问题。对现场各类标牌、井场围墙、站内道路、井场污油池及雨水蒸发池等工程建设也进行规范与统一。为加强现场的日常管理，还制定了《采油五厂油水井井场、油水站库标准化工作标准》、《采油五厂现场精细化管理督查考核办法》，准确界定了油水站库、油井现场的基础建设、基础资料、员工技能、基础管理考核内容和评分标准。并定期对照标准，开展标准化井场、站库评比、观摩活动。截至目前，全厂共有26个井区（小队）、68座站库、327个井场，实现了规范化、标准化、文明化的管理。

（2）加强标准化操作。一方面，以岗位培训为手段，注重操作员工的技能培训，同时，重点围绕有效提升调查研究、解决问题、团结协调、贯彻落实、学习创新的“五种能力”，开展各级管理人员培训。另一方面，持续开展员工“三过关”（基本操作过关、设备管理“四懂三会”过关、应急预案演练过关）考核，不断强化标准化作业程序在岗位的落实。2010年以来，采油五厂总计举办各类培训班60余期，培训人员3000余人。在连续两届油田公司职业技能竞赛中，选手雷贵、张永强、刘凯取得了1金、2铜的好成绩。

(3) 推行管理标准化。为有效提升各级骨干按标准、规范执行的意识和能力，采油五厂通过座谈会、媒体宣传等形式，不断强化全员对企业政策、制度、规定的学习、理解和落实。持续开展具有本厂特色的“党支部建设标准化、党员活动多样化、党员作用经常化、党员管理数字化”的“四化”党支部建设活动，有效发挥各级党工团组织的作用，不断增强队伍凝聚力。积极完善各项管理制度，健全民主决策机制，进一步强化各级管理人员对岗位职责、工作程序、岗位标准的执行力度，培养了全员严谨的工作作风，通过“两级三组三个一”的标准化检查考核制度的落实，养成了全员对照标准找差距、对照标准抓整改、对照标准促提高的严细工作作风，形成了一级抓一级、层层抓落实的良好工作格局。

(4) 加强班组安全文化建设。在建立厂—作业区（大队）—井区（小队）—班组—岗位“五级”塔式安全管理网络的同时，充分挖掘员工安全文化潜能，不断加强重点管理点、区域的安全视觉文化建设，加大安全技术政策、防范治理措施的落实力度，使安全管理形势得到明显改善。

(5) 加强井区家园文化建设。为打造以生产“主战场”，生活“避风港”为特点的家园文化，采油五厂广泛开展“情感建家、民主建家、制度建家、学习建家、品牌建家和平安建家”活动，积极开展体育、书法、绘画等兴趣文化建设。持续开展以“学先进、赶先进”，“学模范、见行动”为载体的楷模文化。不断丰富以建设小菜园、小影院、小阅览室、流动书箱为内容的凝聚文化，家园文化建设不断向纵深发展。

(6) 推行岗位员工管理手册。为积极发挥职业引导作用，这个厂以突出基层安全管理目标，按照个人篇、安全篇、管理篇三个主要部分设计下发了员工管理手册，从员工个人发展定位、目标；岗位主要风险源辨识与削减、安全措施；个人岗位职责及标准操作程序等方面进行了要求，便于员工及时自我总结、客观定位，有效发挥职业生涯的导向作用。

（二）机关标准化管理 使管控能力逐步提升

采油五厂深刻认识到强基层必先强机关，为此，在机关及附属单位中广泛开展“四标两建设一手册”标准化管理活动，使机关作用更加凸显。

（1）工作场所标准化，创造良好的办公环境。主要从建设标准化办公场所入手，重点对室内布局、桌面、资料、环境、设备设施制定了多项标准。同时，根据办公室的不同方位，对办公室物品进行合理规划、定置，对文件柜、办公桌、办公抽屉，按照“6S”的标准，全面进行整理、整顿，在工作场所精心添置绿色花卉美化环境，达到了室内物品摆放合理，办公桌面干净整洁，办公抽屉整齐有序，资料管理标识清楚的最佳状态，逐渐培养了员工“日事日毕、日清日高”的行为习惯。

（2）工作流程标准化，提高工作效能。对全厂业务流程、岗位标准从形式到内容进行重新审视、重新整理，围绕关键流程创建流程体系、描述流程图，制定基于每一个岗位、每一个人的职责说明书，结合岗位实际制作岗位标示牌，使岗位职责、岗位标准以及岗位主管业务一目了然，进一步增强工作人员责任意识，使“依规章制度理事，按工作流程处事”成为员工工作的一种基本“标准”。

（3）工作礼仪标准化，促进作风转变。主要从日常的接打电话、语言表达、参加会议、工作着装、食堂就餐、下班乘车等方面制订具体标准，要求员工自觉对标管理，做到接打电话注意语气、语言表达分清场合、参加会议仔细记录、食堂就餐避免浪费、下班乘车文明礼让，同时，针对机关工作人员礼仪标准化，专门组织专题培训，使机关工作人员行为逐步走向文明化、礼仪化。

（4）工作评估标准化，严格日常考核。组织厂属各部门根据管理职责，重新对现有工作标准、检查标准和考核标准进行修订、完善，对工作的要求、应达到的标准、目标以及每个细节的具体要求、每项工作的关键节点都进行统一梳理，彻底解决日常工作标准、检查考核标准以及工作评估办法的制定与执行口径不一致问题，实现了一把尺子量长短。

（5）建设学习型、服务型机关，增添发展后劲。一方面从加强机关学习力、文化力、创新力、领导力入手，建立定期学习制度，分发学习笔记，开设专业图书室，认真落实中心组学习、“三会一课”等学习制度，深入开展“向十大优秀共产党员学习”等学习实践活动，通过讲座督导、办班集训、召开内部工作交流会等形式，不断加强机关及附属单位员工专业知识和职业素养，努力营造“快乐学习、激情工作”的学习氛围。另一方面牢固树立“政策倾斜侧重一线、工作超前帮促一线、服务优先保障一线”的“三个一线”工作标准，推行“现场办公”，彻底转变工作作风，变被动服务为主动服务，变听取基层汇报为亲临现场指导。工艺研究所、地质研究所、质量安全生产科、生产运行科等生产管理部门半数以上人员常驻前指，持续凸显“小机关、大前指”的工作职能。

(6) 实行干部管理手册，促进个人素质提升。推行干部管理手册随身制，设计个人篇、管理篇、信息篇三个部分。通过员工基本信息、工作经历、技术等级、工作目标、工作计划、工作职责、工作流程、工作标准等内容填写和备忘，进一步增强机关工作人员工作的计划性、自觉性。

求树之长必固其本，欲流之远，必浚其源。采油五厂两级标准化管理的持续推进，使得基层班组管理的意识和能力不断提高，现场管理水平得到明显改善，机关作风建设得到进一步加强，有效助推了企业的科学、快速发展。

四、取得的效果

一是班组自主管理的意识和能力提高。基层标准化活动的持续开展，使岗位员工工作有了标准，赶超有了方向，基本实现了由被动管理向主动管理、由粗放管理向精细管理，由重点推进向全面发展的转变，班组独立作战、自主管理与创新能力不断提高。

二是班组管理的内涵不断丰富。各单位在对照建设内容，全面、快速推进标准化管理活动过程中，通过内部培养亮点、刻树典型等有效手段，积极立足实际，不断总结创新，涌现出了“四零”民主管理、“六心”和谐管理、“五定四级”岗位巡检等典型经验和方法，典型的示范、引导、带动作用得到有效放大。

三是现场精细化管理水平持续得到提高。基层“四标两建设一手册”活动以来，各班组持续强化对标管理、日清管理的落实力度，坚持对照标准操作、对照标准找差距、对照标准抓整改，同时，严格按照“6S”标准，狠抓作业现场跑、冒、滴、漏、松治理现象，标准化井场、站库精细化管理水平持续提高。

四是机关建设进一步加强。机关及附属单位“四标两建设一手册”活动的深入开展，机关部门及附属单位“规范协调、指导服务、评价激励、示范引导”的职责得到了更好的发挥，主动深入基层的多了，帮助基层解决的问题多了，全员工作作风、工作效率、服务意识得到进一步改进。

科研实验室标准化管理体系建设的实践

韦国轩　李琼玮　王卫军　何治武
（油气工艺研究院）

油气工艺研究院科研实验室建立于2002年5月，主要承担实验室仪器设备选型购置、日常管理、基础试验、资料归档，配合开展室内科研实验、产品检测等，负责运行管理相关的安全、环保、对外交流等工作。截至目前，实验室固定人员13人，另有非固定人员20余人，主要为各科研室开展室内试验的科研人员；拥有仪器设备161台（套），其中进口仪器41台、重大主体仪器设备49台。从2006年开始成为特低渗透油气田勘探开发先导试验基地的组成部分（工程技术中心）。2009年开始成为低渗透油气田勘探开发国家工程实验室（在建）的一部分。

一、提出的背景

（1）科技创新职能和定位的需要。多年来，秉承“依靠科技，加大创新，转化成果，提高效益”的办院方针，在长期的科技创新实践中，相对完善、重点突出的实验评价体系，对于实现创新的可持续性具有十分重要的意义，也是科研的基础和持续发展的基石。必须在实验室人员、设备和操作等各环节管理中，以标准化、有形化为基础，建立完善的油气田核心工艺技术体系。

（2）油田大发展形势对工程技术的需求。油气田大发展的新形势，突出“两提一降”的中心任务，对工艺技术相关的新技术研发、入井产品检测和新工具试验等都提出更高要求。如何向国际水平看齐，实现自主创新、引进—消化—吸收—再创新，并在保证HSE目标的同时，实现与国内外先进标准化管理体系接轨，迫切需要从测量体系、实验操作、实验流程等基础抓起，开展标准化实践。

(3) 科研组织高效运行的需要。在科研攻关任务繁重、各专业科研人员缺少、每年新增员工数量有限的前提下，要保证日常科研工作有序开展和科研试验任务的顺利完成，必须细分岗位，避免职责不清，保证执行力；必须在多部门信息沟通、岗位职责划分和工作技能要求等方面实行标准化管理，推进科研生产有序运行。

二、主要做法

（一）以服务科研为宗旨，推进责任意识标准化

实验室各项工作的出发点是服务科研、服务现场、服务产品。因此，树立标准化服务意识是将工作落到实处的重要前提。为实现服务意识标准化，该院进行相关部门的职能区分和专职人员工作划分。突出“两分一统”标准模块管理，即各科研室分工负责设备调研、选型、使用等；实验室负责仪器设备日常管理、基础试验、资料归档，配合开展科研实验、产品检测等工作；科研管理科统一负责实验室建设及运行管理的组织协调、对外交流、安全、环保、迎接检查等工作，并检查考核实验室全年工作、设备利用率、完好率等。

在单项专业试验中，严格按照质量管理体系的要求，依据质量承诺，检测工作依照标准、规范、规程，从试验方案编制、药品管理和标准物质购置、设备使用及各种资料记录等方面，以标准文本的形式固化内容（图1）。持证检测人员按照质量手册、程序文件、作业指导书检测，管理人员监督和控制质量；树立为科研、委托方服务的思想，做到所有客户一视同仁，保护客户的商业秘密和所有权。

（二）以两级运行体系为核心，形成组织分工标准化

在院层面，院领导作为质量方针与目标管理的制定、组织和评审负责人。实验室内分设室主任、技术和质量主管、实验调度和各检验室等岗位，向上对管理体系负具体负责，构建成院质量管理体系（表1）。这种责权明确的标准化组织分工，为具体业务工作的顺利开展提供了组织保证和制度保证。

表1　管理体系要素职能分配表

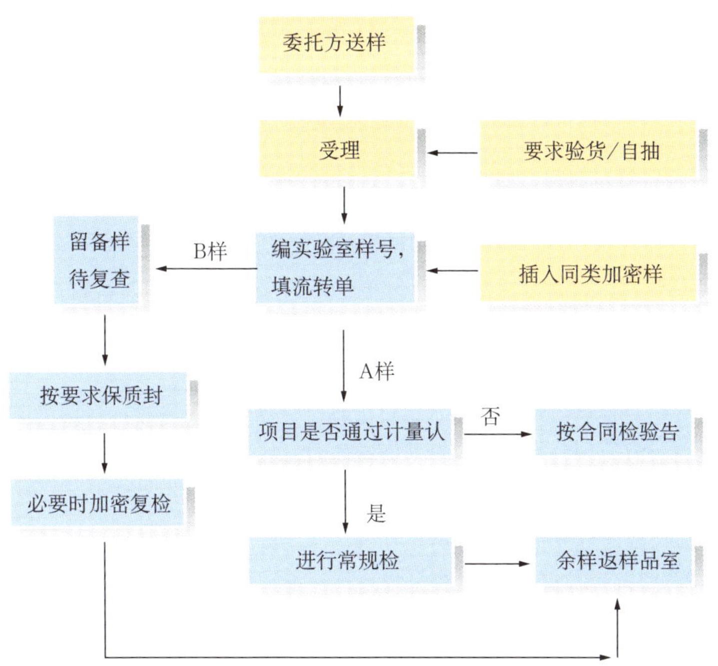

图1　样品质检流程

要素	院领导	室主任	技术主管	质量主管	实验调度	检验室	设备物资	信息档案	检样管理
1 质量方针与目标管理	☆	○	□	□	□				
(1) 组织	☆	○	□	□	□				
(2) 管理体系	☆	□	□	○	□				
(3) 文件控制			□	☆		□		○	
(4) 检测/校准分包			☆	□	○	□			
(5) 服务与供应品采购			☆			□	○		
(6) 合同评审		☆	□	□	○				
(7) 申诉/投诉处置			□	☆	○	□			
(8) 偏离反馈纠正预防				☆					

续表

要素	院领导	室主任	技术主管	质量主管	实验调度	检验室	设备物资	信息档案	检样管理
(9) 记录					☆	□	□	○	□
(10) 内部审核			□	☆	□				
(11) 管理评审	☆	○	□	□	□	□	□	□	□
2 人员		☆		□					
3 设施与环境		☆	□		○	□	□		
4 检测/校准方法			☆		□	○		□	
5 仪器设备/标准物质			☆			□	○		
6 量值溯源			☆		□	○			
(1) 样品采集					☆	□			○
(2) 样品管理					☆	□			○
7 结果质量控制			☆	□	○	□			
8 证书/报告控制			☆	□	□	○		□	
☆ 决策者　○ 主办　□ 协办									

（三）以设备管理为重点，实施设备管控标准化

结合实验室重点设备、仪器的实际，成立由院主管领导为组长的设备管理领导小组，科研管理科、实验室管理人员及各专业实验室负责人为小组成员，全面负责实验室设备、仪器的调研引进、使用培训、维护保养、监督检查等工作。实验室主要负责保持测量设备的完整性，负责测量设备的标志和封印的完整性，发现异常及时报告；组织操作人员培训，签发测量设备操作证；负责建立测量设备台账、测量软件清单等基础资料。设备管理小组每月组织监督检查设备的使用，重点检查是否按章操作和定期维护保养设备等情况，并在每月第一次生产例会上通报重点实验开展情况、设备使用率、设备完好率及存在问题（图2）。

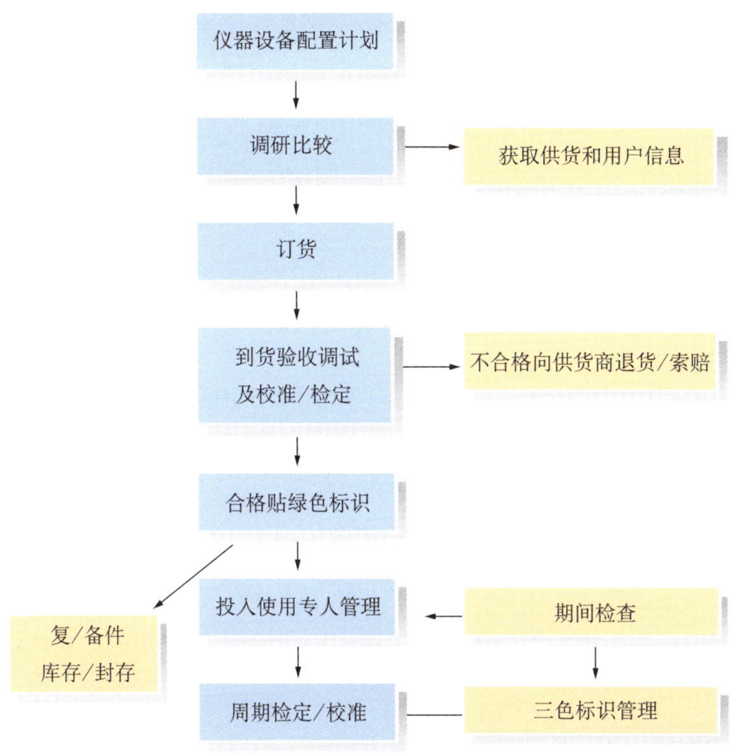

图2　仪器设备控制和管理流程

此外，针对测量设备的购置、验收、使用、维护、保养等管理过程形成10套标准记录表格，确保了试验设备使用岗位职责明确、程序规范、管理标准。

（四）以优化流程为抓手，推行内部管理标准化

按照CMS《测量管理体系认证技术标准》要求，实验室在产品质检中，建立检验样品的接收、流转、贮存、处置以及识别等项管理流程，并从内部和外部两方面不定期地对比和能力验证工作。在实验室内部通过技术策划，加密样检测，计算试验结果误差范围，分析影响测量不确定度的因素。与同行实验室开展业务联系，参加中国石油天然气集团公司的计量认证实验室间的压裂化学剂质检比对和能力验证活动，并与西北有色金属研究院等单位质检实验室开展特殊样品平行比对检测，有效提高了实验检测数据的科学客观性和可追溯性。

日常工作中，对于分析化学试验操作、实验室液体样品使用、常用药剂的分类摆放及各种资料记录，参照建立标准化操作流程，规范填写，保证全面、准确和整洁（图3）。

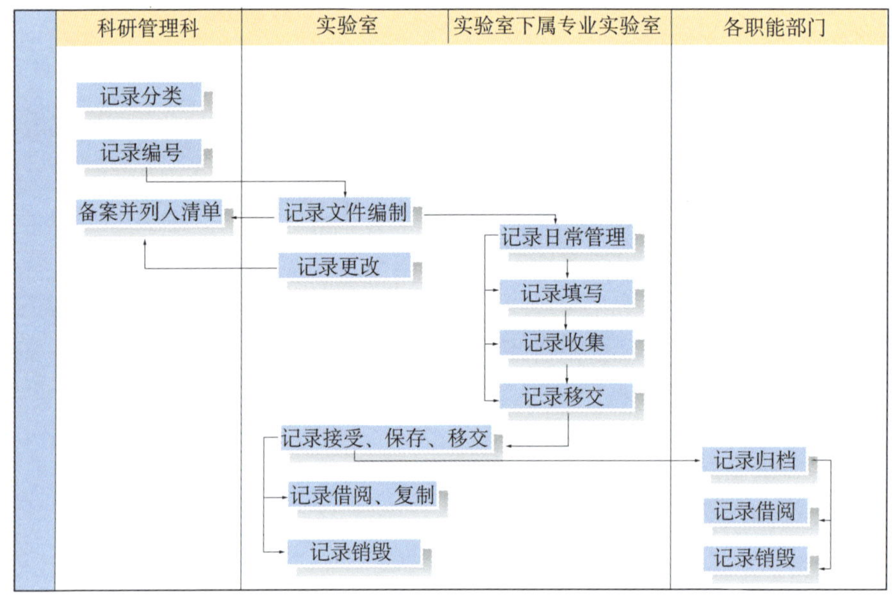

图3　记录管理过程流程

（五）以差异性培训为手段，营造人才成长良性环境

在专业技术人员培养方面，实验室组织所属的增产工艺、油气工艺、油田化学与防腐、钻完井液评价、安全环保与节能、工具检测等6个专业实验室相关人员，从认真学习《测量管理手册》和20个程序文件入手，扎实开展专业技术培训、测量体系运行和自我完善工作。仅2011年，聘请油田公司技术专家、院青年技术能手和实验岗位老同志开展9次57人次业务和仪器设备培训，内容覆盖化学分析基本原理、基本操作和新设备仪器使用、大型仪器应用技术等，培训形式有岗位技能练兵、科室间技术交流、外聘技术人员讲座和人员脱产短训等，培训层次全面、内容丰富，其中3人次参加中国石油天然气集团公司“校准检验实验室培训”。通过这些专业技术培训和交流，有效提高了试验员工业务水平。

（六）以危化品管控为龙头，构建安全管理标准化

科研实验室要经常性购置、接触和使用无机及有机化学药剂，其中不少是强酸碱、强氧化还原性或易燃、有毒药剂。为保证实验室运行安全，严格落实“六条禁令”和油田公司有关安全管理的工作要求，结合实验室工作特点，制定有毒、有害化学药剂管理程序和实验室事故应急救援预案，明确相关化学剂的材料安全数据表（MSDS），狠抓试验全过程的风险分析和安全保障，为安全生产赢得主动（图4）。

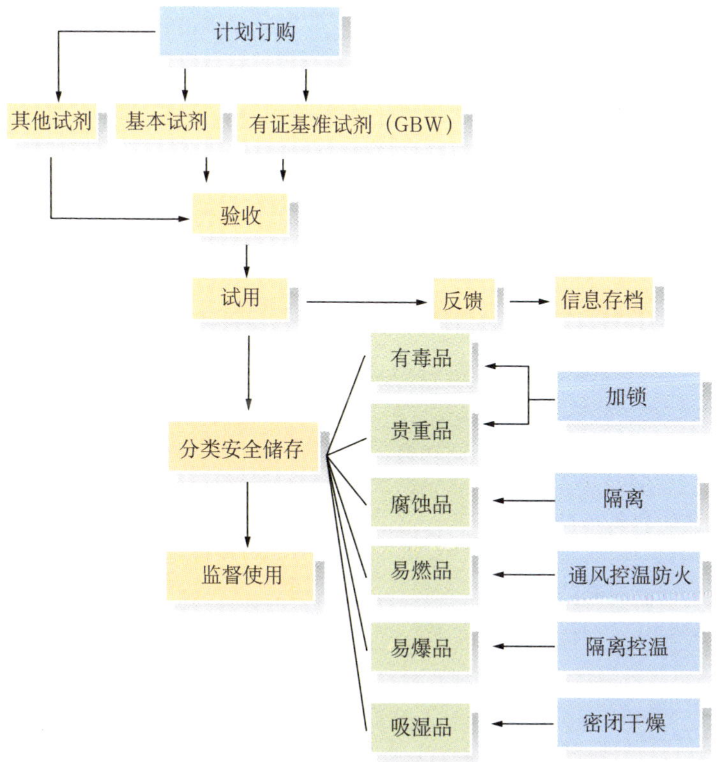

图4　标准物质控制和管理流程

在专业实验室管理中，要求每项重点试验前，都要有试验方案和完整的审批表、有化学剂MSDS和定量药剂领用程序、有安全防护和应急预案。试验中，至少有1名试验员、1名协助试验和安全监护员，共同做好数据记录、设备

检查和运行维护。试验结束后，按程序处理废液、废渣或废气，未使用完的药剂上交药品管理员，设备复原并填写使用记录，并分析总结试验过程出现的问题，及时向实验室负责人报备。

三、工作启示

（一）规范的岗位标准是提升团队凝聚力的基础

岗位标准是对在岗人员所规定的工作要求，是企业管理工作的基础，也是组织科研、安排工作的重要依据。只有推行岗位标准化，才能有效组织调度科研生产，并通过岗位实践将员工凝聚到一起，形成有效的团队战斗力。标准化管理体系的建设和实践，推动了实验室各岗位单兵作战能力及团队凝聚力显著增强，岗位间的协作和交叉工作更加默契，在同等的实验人员和管理人员条件下，试验工作效率大幅提高，科研试验整体水平不断攀升。科研试验及样品检测数从2007年的199项提高到2010年的568项（表2），2011年1—11月完成631项。

表2　实验室历年产品检测数量统计

年度	油田化学与防腐	压裂酸化添加剂	压裂支撑剂	实验报告	合 计
2007	74	77	48	—	199
2008	60	154	80	—	294
2009	111	299	110	18	538
2010	212	264	92	38	568

（二）明晰的管理目标是设备管控到位的前提

建立明确的、可行的目标管理体系，是一个组织实现科学、有序管理的基本要素。在管控工作中，建立 “三个一”工作管理机制，即每周一次通报、每月一次检查、每季一次评比的管理机制；建立行之有效的测量监控体系、内审检查体系，主要监控设备操作、运行、保养、维护“轨迹”，突出检查监控设备利用率、完好率、保养率，确保仪器设备状态稳定，能够较好承担科研试验、产品质检工作任务，发挥出科研仪器设备的最佳效能。2011年累计确认测量设备194台，软件39套；编写设备自校标准5个，在外检测计量器具400余件，自校49台，计量设备确认194台、在生产例会上通报设备使用及管控工作18次，实现2011年确定的年度质量目标，两套设备被授予油田公司“红旗设备”，有力促进了设备管控工作。

（三）完善的测量体系是提高产品检测精度的有效举措

测量管理体系具有很强的专业性、指导性和可操作性，只有建立完善的测量管理体系，明确计量职责、履行到位，才能推动科研管理工作更加科学化、规范化和标准化。2010年实验室再次通过国家计量认证资质认定复审，压裂支撑剂、压裂酸化添加剂、油田化学、防腐等4类21个产品/分析类型获得国家计量资质认定。2007年先后通过质量管理体系、QHSE管理体系资质认证；2010年通过测量管理体系AAA认证。所有实验操作人员均取得陕西省“质量检验员”证书。近年来，实验室确定计量检测产品30项，在2010年确认3项高控检测项的基础上，2011年新确定高控检测3项，量值溯源16项，产品测量工作不断完善，测量过程控制体系运行逐步加强。

基于场站的“五位一体”标准化管理法

景桢飞　王　剑　罗　屹　李向民
（第一输油处）

一、实施背景

标准化管理是指符合外部标准（法律、法规或其他相关规则）和内部标准（企业所倡导的文化理念）为基础的管理体系，其目的是为企业的生产、经营、管理建立最佳秩序，更好地建立与实施标准。所规定的企业标准化工作体制、组织机构、任务、职责、工作程序与要求，为实现企业标准化工作的规范化管理提供统一的依据，是打造企业核心竞争力的重要工具。

随着油田的大发展，要求企业管理水平得到提升。而要想提高企业管理水平，则企业管理理念、管理模式、管理方法都必须得到完善和提高。这就要求油田企业从生产管理领域到经营管理领域，不断创新企业管理思想、管理组织、管理制度、管理方法，才能使油气田企业不断获得新的生命力，进而在新的形势下持续稳定协调发展。

输油行业具有“易燃易爆、有毒有害、链长面广、连续作业”的特点。输油一处沿线各站十分分散，7个场站分布在500多千米长、地貌、地形多变的路线上，加上已经投入运行10年，设备设施逐年老化；随着输油任务逐年加大、而油田上产及国家对原油战略储备的要求催生出储量规模达$12\times10^4m^3$的大型油库3座。这些综合因素决定输油处安全管理的特殊重要性。加之，用工形式多样、社会化员工比例逐年增大，以及生产成本指标逐年压缩，给生产安全管理提出了新的挑战。

二、“五位一体”标准化管理内涵和特点

“五位一体”标准化管理是集成门卫管理、站控管理、交接班管理、现

场管理及岗位标准作业程序为内容的管理模式，旨在推进标准化场站建设（图1）。并通过定量化、程序化和PDCA循环工作方法，将工作职责分解落实到各个岗位，确保制度、标准的有效落实，以实现安全生产由被动应对向主动防范的转变，确保场站安全平稳运行。

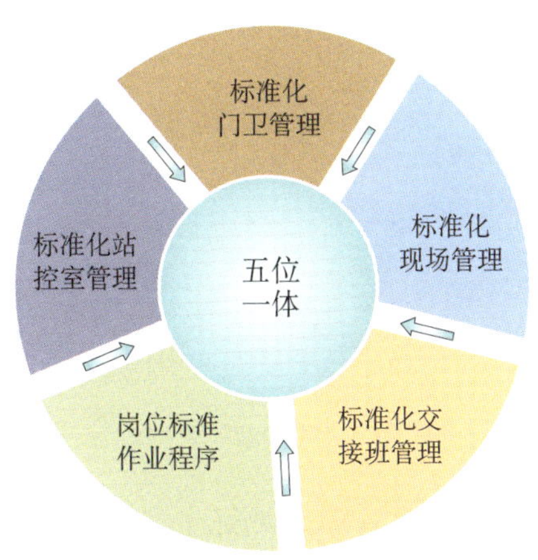

图1　“五位一体”标准化管理模式

三、主要做法（实施过程）

（一）实施标准化门卫管理，把好安全准入关

门卫管理是输油场站安全管理的第一道关口，输油一处通过在基层场站推行检查标准、警示标准、语言标准三个标准化管理（图2），全面规范门岗守卫人员的工作行为。

(1) 推行严格细致的检查标准，确保检查工作万无一失。输油一处分别从物品检查、周边巡查、车辆检查、人员检查、夜间检查、关键部位检查等方面，制定10项68条检查标准，确保要害守卫目标的绝对安全。

(2) 推行明晰准确的警示标准，发挥安全提示效果。在场站内要害部位统一设置重点监护标志；在站外设置进站须知标识牌、防撞隔离墩、安装破胎器等，做到配置规格高、安装位置醒目、内容清晰完整，充分发挥了安全保卫警示作用。

(3) 推行严肃周到的语言标准，树立企业良好形象。输油一处要求场站守卫人员坚持文明执勤、热情服务的行为准则，实施“上岗执勤十二个不准”、“执勤常用敬语三十句”和“执勤守卫忌语四十句”，从严要求守卫人员的言行，不断提高守卫人员的文明素养，做到依法值守、文明值守。

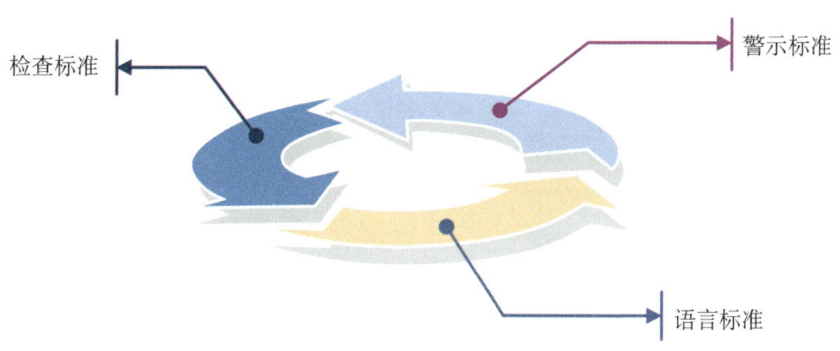

图2　门岗的标准化管理内容

（二）实施标准化站控室管理，把好生产指挥关

输油一处将各场站站控室显示器配置成统一型号，合理摆放，既规范又美观。通过建立实时数据采集、生产运行状态自动监控、安全巡检和智能语音预警等系统，形成生产全过程的数字化管理。

同时，要求值班员工做到熟知站控室各系统的应用，对生产运行情况的信息反馈用词专业、清晰、标准。在墙壁明显处张挂本站工艺流程图、危险源分布图等，确保生产指令的及时、准确。

通过以上对主要生产设备设施及站控岗位人员行为的标准化管理，使站控人员在生产组织中的每个环节都明确 “何时做、怎么做、做到什么程度”。

（三）实施岗位标准作业程序，把好生产操作关

一次违章操作不一定出事故，但每次事故都必然是违章操作。输油一处通过坚持推行标准作业程序，落实“宣传动员到位、保障机制到位、监督培训到位、持续改进到位、效果检验到位”的“五个到位”工作措施，稳步扎实地推行标准作业程序，实现岗位标准化操作。在大力推行岗位标准作业程序的同时，先后完善各场站巡回检查线路、标准操作卡、工艺流程图，在实际应用过

程中，反复测试岗位的操作卡，并将测试结果及时收集、汇总和分析，查找问题根源，寻找解决对策；强化岗位练兵和实际应用；落实“违反标准作业程序就是违章”理念，将“只有规定动作，没有自选动作”深入每一位员工心里，切实加强HSE各项管理标准的落实，快速提升员工安全作业能力，实现了生产全过程安全管理。

（四）实施标准化交接班管理，把好生产衔接关

交接班管理是输油生产组织中的一项基础性工作。输油一处通过将场站日常交接班过程中的规范分解为“六步交接法”（图3），并贯穿于交接班全过程，全面实施标准化交接班管理。

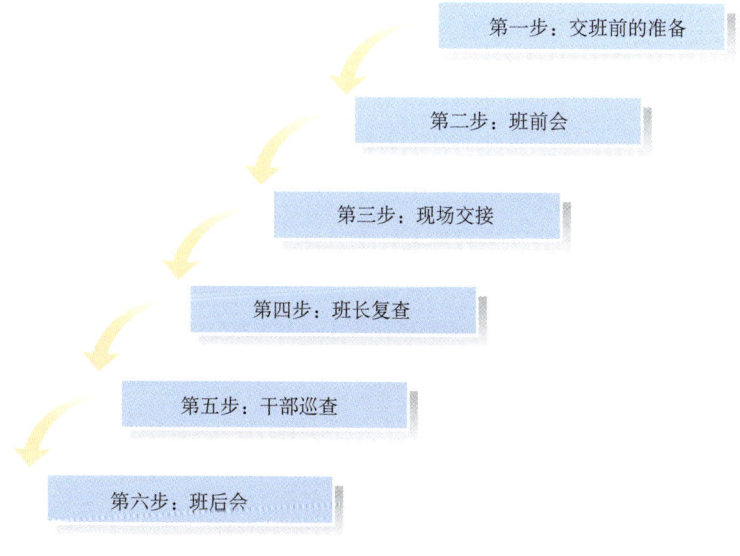

图3　六步法交接法

（1）规范交接程序。

（2）完善交接班基本要求。对交接班工作提出“三一、三定、四到、七不接”的工作要求。

“三一”，即设备台台交接，重要的数据（参数）个个核实，工器具件件检查。

“三定”，即规定内容、规定路线、规定检查点。

“四到”，即交接时应该看到的要看到、应该摸到的要摸到、应该听到的要听到、应该闻到的要闻到。

“七不接”，如图4所示。

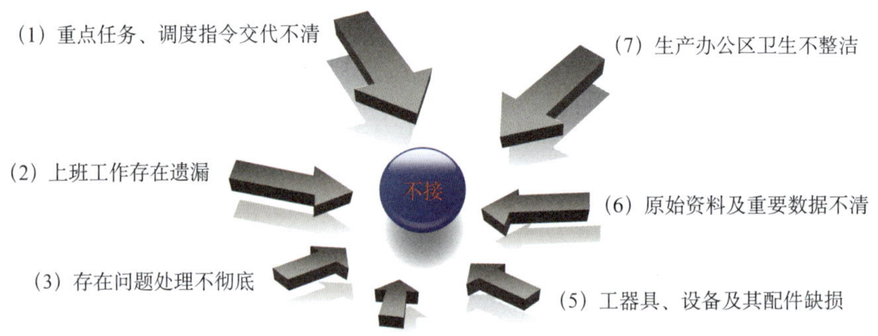

图4　交接班“七不接”

(3) 固化交接标准。输油一处以体现时间、内容、程序、标准四要素为基本要求，针对每个岗位分别制定《岗位交接程序图》，确定岗位交接项目、交接路线、检查标准，形成交接班规范性文件——《标准化交接班操作规程》，并通过实行《岗位无缝对接卡》，督促岗位员工在交接过程中逐项、逐条落实交接内容和标准，督促班组长和值班干部认真履行复核和巡查责任，促进了交接标准落到实处。

(五) 实施标准化现场管理，把好安全基础关

(1) 强化“三严”反违章，规范员工安全行为。

① 严排查。采取定期与不定期抽查的办法，特别是加强维修作业、特殊作业、承包商作业现场的安全监督检查，严纠三违现象 。

② 严处理。通过员工违章积分卡和站队曝光栏，定期收集、分析和组织员工讨论事故案例，使安全教育警钟长鸣。

③ 严考核。依据场站绩效考核办法，将考核结果与员工收益挂钩，调动员工安全生产积极性，促进场站安全管理上台阶。

(2) 通过员工安全素质的教育培训、场站应急演练、每周坚持HSE例检、

定期召开安全分析会等常态化工作，强化场站员工安全素质，提高场站各班组突发事件的处理能力，并总结经验、查找不足，促进班组安全管理水平整体提高。

(3) 在现场管理检查方面，建立三个层面的滚动监督检查体系：一是公司层面的滚动监督检查；二是职能部门层面的滚动监督检查；三是场站内部的滚动监督检查。把懂技术、懂管理的专业技术人才吸收到监督检查队伍中来，在检查中坚持做到检查到岗位、谁的岗位检查谁、谁的岗位谁迎检，检查与指导并重，不但善于发现问题，还要告知被检查对象该怎么做、如何做。在安全检查过程中，既查具体细节，又深挖思想根源，看干部员工责任心强不强，用制度进一步规范岗位工人的安全行为，不断提高水源安全管理水平。

(4) 在施工现场管理上，推行“五程序”、“四同时”、严把“三关”等措施，保证现场施工安全。

① 推行“五程序”，即安全资质审查不合格的，不签订安全环保合同；安全环保合同未签订的，不安排入厂安全教育；安全教育考试不及格的，不办理入厂手续；施工安全方案不合格的，不办理相关作业票证；安全措施不落实的，不允许施工。

② 落实相关方“四同时”要求：一是对专业技术培训共同组织；二是对现场风险共同识别；三是对安全防范措施共同确认，共同组织现场安全检查，检查施工作业现场及设备状况，立足实际，提前预测防范可能出现的问题；四是对施工作业现场作业安全共同管理。

③ 切实严把“三关”：一是把入厂审核和教育关；二是严把方案审批和会签关，无论相关方从事何种项目的作业，在作业前都有必须编制详细的“两书一表”；三是严把考核关。

四、实施效果

通过推广“五位一体”标准化管理法，融合输油生产经营管理的特点，在基层场站层面实现技术标准、管理标准和工作标准的一体化建立和有机融合，取得很好的实施效果：

（一）实现岗位安全

通过综合运用“五位一体”的标准化管理法，提高了班组成员的整体默契性、协调性和紧密性，班组各岗位职责得到明确化和细化，班组员工做到规范操作，克服侥幸心理，自觉消除“三违”防止事故发生。以日常工艺流程切换为例，运行班组执行标准作业程序及站控和现场管理的有关要求，细化、量化、优化该项作业的控制点操作，主操作、副操作及监护人协同一致，充分利用场站的视频、通讯及站控SCADA数据采集监控以及语音报警等技术平台，为安全输油操作服务。

员工职业素质得到整体提升，进一步强化和提高了全体员工的责任意识、安全意识，提高从业人员的安全素养，造就出高素质的职工队伍，真正让规章制度进入员工思想，进入日常工作和生活，变规章制度的被动执行为主动自觉行动，实现从“要我安全”到“我要安全”、“我会安全”的转变。

此外，还充分调动员工参与安全管理的积极性，克服“忙的累死、闲的悠哉”的现象，做到班组成员人人承担责任，全员参与安全管理，实现安全管理人人有责。

（二）实现场站生产高效和属地安全

实行“五位一体”标准化管理法，进一步严格基层场站管理，实现对基层场站生产运行过程的细化标准、优化提升，更好地落实了“直线责任，属地管理”的精神内核，并使基层掌握了考核和奖惩的实权，放权给基层管理人员考核，认真履职。

岗位员工通过执行标准作业程序、标准化站控、标准化现场管理等为内容的“五位一体”标准化管理法，普遍提高各项具体业务的效率，从而必然会提高整体场站生产及经营管理的效率。以咸阳末站火车装油作业为例，以往装一列火车（约40节）需4小时，2011年下半年，按照装车作业装车时间只需3小时，从各个环节节约了时间，提高了生产效率。

（三）实现生产本质安全

输油一处紧紧围绕原油外输任务，通过“五位一体”标准化管理的创建与推行，以抓落实为重点，前移事故关口，全面落实安全生产责任制，建立安全工作的长效机制，全面提升场站基础建设、计量工作和HSE工作，扎实推进综合治理、精神文明建设、党风廉政建设，不断加强班子和队伍建设，队伍稳定，呈现出良好的发展态势，实现无事故、无环境污染责任事故，安全环保达标。

岗位二维标准作业程序促进数字化采气厂标准化建设

刘文涛
（第五采气厂）

一、形成背景

第五采气厂组建于2009年3月10日，前身为苏里格东部气田开发项目部，2010年3月12日更名为第五采气厂。员工队伍平均年龄在26～27岁，72.9%以上工作时间不到3年，大专及以上学历占71.1%，多为“油二代”、“油三代”，工作热情高、干劲大，但他们工作经验少，自我约束力差、操作技能弱，而且普遍存在习惯性违章和违规现象，与数字化气田大发展的需要还有一定差距。如何固化员工的思维和行为，培育员工养成标准化操作的好习惯，适应数字操作要求，保障气田安全生产，成为采气五厂面临的一个重要问题。

为解决这一问题，采气五厂查原因、摆问题、定措施，从明确工作的定义入手，在油田公司岗位标准作业程序应用推广的基础上，构建岗位二维标准操作程序，以持续改进操作标准和工作流程为重点，帮助员工把标准操作的要求内化于心、固化于行，从而养成良好的操作习惯。

二、主要内涵和做法

（一）引入岗位二维标准作业程序

员工要接受工作的“新定义”，首先要思考什么是标准的工作，如何遵照标准工作，然后在具体的实践中学会遵照标准操作并持续改进。

基于这样的思路，以全面推广数字化集气站为契机，以公司推行的标准化操作为基础，创建以《工作流程点检卡》为时间节点控制、以标准化操作程序卡为工作行为管理的岗位二维标准作业程序（图1）。该程序把时间节点引入标准化操作流程，在细化延伸岗位标准作业程序的基础上，指导员工在规定时间点执行规定的操作动作，解决员工“干什么、什么时候干”，“怎么干、干到什么程度”的问题。引入时间节点，是二维标准化操作的最大优点；而引入持续改进的观念，则是其生命力所在。二维标准化操作，是原标准化操作基础上的一个新标准，是一个新的起点。

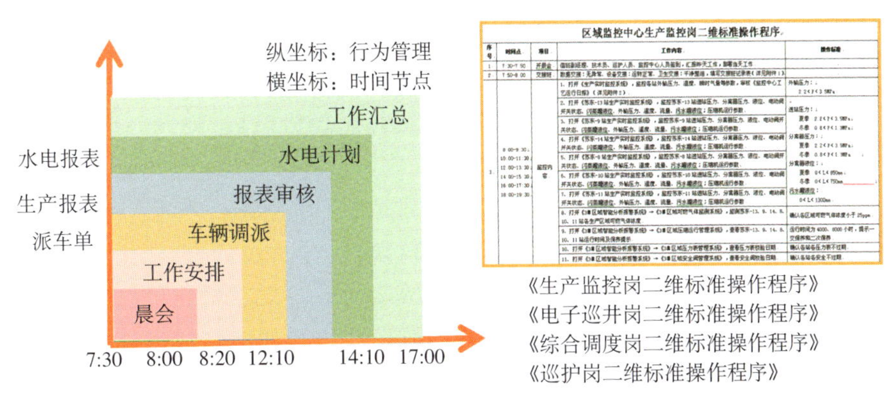

图1　岗位二维标准作业程序

案例1：刚刚分配到11集气站的寇苗苗对二维标准操作程序深有感触：“刚上站看到一院子的设备、阀门，自己都傻眼了，以为工作会很复杂、学习会很难，没想到跟着师傅上班，每天从开始接班到晚上交班，所有工作只要按照该程序，一项一项地按时间节点操作，操作时执行作业标准，工作就不会出现问题。”岗位二维标准作业程序对于新员工，就像是一个“隐形师傅”，有详细的工作标准和时间要求，从点到面全方位的帮助指导。

案例2：作业三区监控中心推广岗位二维标准作业程序后，生产监控岗结合日常工作和岗位要求，固定的时间干固定的工作，执行标准操作及时到位。在日常监控中，要求集气站每个半点进行生产数据监控排查，监控中心负责全区所有井站的生产数据的监控，8：00开始监控各站外输压力、温度、瞬时气量等参数，审核《监控中心工艺运行日报》；14：00查看6座集气站的设备运行时间及保养提示……岗位二维标准作业程序，就是一天工作时段的安排和行为标准，照此执行，员工就会形成规范的行为标准和严细的工作习惯。

（二）持续改进完善工作标准和流程

岗位在二维标准作业程序应用初期，由于员工工作时间短，操作经验欠缺，员工只知道每天要干什么工作、该怎么干，碰到重点工作和重复率较高的工作，就没有主次、没有重点、没有规律、“打乱仗”。针对这一实际情况，采气五厂发动一线班组、井站员工，采取自下而上的方法，全员参与各种标准和操作的修订完善，形成全厂统一的实施标准和规范流程，使员工切身感受到标准不是一成不变的，标准是可以持续改进和完善的，是要不断符合现场实际具有可操作性、针对性、实用性的。

在现场测试中，针对3座集气站工作任务的时间节点不统一，召集作业区负责人讨论，及时增补、完善程序中的部分工作内容，调整不同时间节点下的不同工作内容，使程序的时间节点与关键环节实现统一。

案例1：接收管理的作业二区（苏25区块），日常作业程序、交接班时间点、班组应急演练等内容与其他作业区设置不一。作业区经理等管理人员多方沟通、横向学习，并与班站长座谈讨论、征集意见，相应调整工作任务与时间节点，使之与其他作业区保持一致。经过一个月现场实践，补充完善部分工作内容，使整个程序更贴近班站日常工作习惯，受到员工的欢迎，并在作业二区全面推广。其次，还针对集气站压缩机、发电机、壁挂炉等设备型号、参数设置不一致的问题，召集集气站班站长讨论各项设备的参数、工艺要求和操作标准，形成统一标准，使程序的操作标准与重点环节实现统一。

案例2：针对作业区不同设备型号的参数设置与标准不一致，质量安全环保科召开作业区经理、班站长工作协调会议，讨论集气站的压力、液位、温度、流量和运行参数等，依据相关标准及基层单位经验，完善生产运行操作标准，经过三个月的现场实践，在作业区班站全面推行并经过现场测试，通过推进会细化程序，对工作班次分工，按照不同时间节点明确以主班工作内容为主导，副班和大班协调、配合开展工作，使程序的班次主导与作业环节实现统一。

案例3：在实施效果分析讨论会上，作业一区苏东－1站站长对操作程序中的“班次”划分持不同意见，经过讨论比对，大家一致同意站长的建议：将工作内容相同的“白班、夜班”合并为“主班”，将工作量相对较少的“下夜班、饭班”合并为“副班”，加上原有的“大班”，形成三个班次，均衡时间、平衡工作量，得到大家的一致赞同。经过实践，在全厂推进会上采纳这个建议，形成全厂新班次划分标准。

案例4：作业一区根据集气站员工岗位程序的实行效果，由管理干部、技术干部编写每月标准作业程序。首先由作业区管理干部编写《管理干部二维标准作业程序》，然后由技术员根据直属领导的作业程序，编写《技术干部二维标准作业程序》，将工作计划精确到每两小时，达到规范工作内容及程序，使作业一区各项工作系统化、科学化。

（三）以二维为契机，加强“三个应用”，强化安全生产标准化

（1）加强岗位标准作业程序现场应用。采气五厂针对岗位标准作业程序具有模式化、标准化、流程化、定量化的特点，在修订、完善应用程序的基础上，积极推进其常态化管理。通过实现“三个到位”（强化沟通交流、经验共享到位，突出过程帮扶、检查考核到位，发挥目视化看板功效、程序文件配置到位），落实“三化要求”（组织领导“责任化”、制度管理“标准化”、现场检查“明细化”），切实起到现于表、植于心、用于行的效果。

（2）强化集气站标准化管理现场应用。采气五厂按照目视化管理发现问题、显现问题、人人皆知、人人会用、反映水准的要求，以“四化管理”（设备管理规范化、岗位操作标准化、安全监管制度化、风险辨识科学化）为目标，对气井、集气站设施、火炬、变压器等场站目视化管理，实行统一标准、统一设计、统一建设、统一管理，达到工作状态视觉化、透明化、规范化、标准化。

（3）标准化体系管理标准和岗位工作标准应用。采气五厂完善11个管理分册中管理标准的责任划分，完成133个岗位的工作标准和流程及风险辨识业务流程712项，完善各类管理制度219项，为标准化体系业务提供支撑。并组织开展三期“走进基层，精简资料”活动，明确基层内部资料的种类，精简各类资料15项，大幅度地减轻了基层单位负担。

同时，采气五厂实行“双向”激励机制，将岗位二维标准作业程序融入业绩，把“流程与业绩改进”融入到“标准操作”中，每月考核各单位的程序现

场应用及效果，批评和帮助测试、应用不达标的单位，奖励推广、应用、改进较好的单位，实现制度化管理，形成“工作准备—文件编制—现场测试—管理评审—批准发布—存档备案”的标准+改进工作流程。这是对标准的进一步完善，也是一个全新的标准。

让员工参与改进岗位二维标准作业程序，是将规范的程序和标准落实到一点一滴的日常工作中，在员工中逐步建立尊崇标准并持续改进的工作习惯，使员工自觉自愿执行。“我可以把工作做得更好”已成为绝大多数管理者和基层员工的工作心得。

三、取得成效

(1) 标准化已成为采气五厂各种管理的平台。首先，标准化为采气五厂各项生产、经营活动，在质和量的方面直接提供共同遵循和重复使用的准则；其次，通过科学管理，制定、贯彻和实施标准，建立系统的、可控的、符合客观规律和行为科学的最佳程序；然后，充分利用标准化的“简化、统一、协调、优化”原则，科学管理企业，可以提高工作效率，保证各项工作质量和产品质量，提高经济效益。

(2) 广泛推广岗位二维标准作业程序，强化以二维为契机，加强“三个应用”， 使员工认识到“尊崇标准”的重要性，使日常工作的每一个环节都遵照相应的标准和程序执行，即使员工养成标准化操作的好习惯，又使员工认识到标准化不是一成不变的，是可以完善和进步的，工作可以通过他们之手，得到持续改进，从而提升员工的责任感和工作能力。各项管理方法必须长期坚持并不断改进，持之以恒，才能养成习惯、才能收到效果。

(3) 推广岗位二维标准作业程序提高采气五厂的标准化水准和管理水平，促进了自主创新。在标准化活动过程中，可以发现现有标准是否适宜、实施效果是否达到预期，针对影响效果的根本原因实施改进，甚至进行流程再造，以实现突破性改进，最终落脚点是把这些最佳实践固化到企业的技术标准、管理标准、工作标准中，促使企业标准化水平的迅速提升，进而增加企业竞争力，推动企业技术、管理的进步。

完善计量监督方法　发挥计量监督作用

拓万脉　尹云霞
（油气销售处）

惠安堡计量监督站是油气销售处银川分公司下设的一个外贸交接计量站点。现有员工3名，平均年龄37岁，均为大专以上文化程度，主要负责输油三处外输、长庆管道输油分公司原油计量交接的现场计量监督工作，年监督交接油量500×10^4t左右。先后荣获中国石油天然气集团公司“先进班组”、油田公司“五型班组”、油气销售处“先进集体”等称号。

建站以来，该站坚持以高标准、严要求作为班站建设准则，将完善基础资料、规范计量监督流程作为班组建设的着力点和切入点。抓基础、抓管理、抓规范，积极推进班组标准化建设，不断规范完善计量交接监督机制，探索形成一套适合自身业务发展的监督方法和流程，起到了示范引领作用。

一、坚持做到“三勤”、“五多”、“九清”，明确现场计量监督标准

计量监督人员只有对双方现场交接情况明、技术标准清，资料收集及时、准确，才能公正地执行计量监督。

（一）“三勤”（腿勤、手勤、嘴勤）

（1）腿勤：该站采用流量计在线交接，坚持跟班监督，在监督过程中，每天全过程跟班，监测含水、测温、测密度值、记录流量计读数，并复核计算毛油量、纯油量、水量，使数据真实可靠。

（2）手勤：对监督过程中形成的各类资料，通过梳理，对需要长期保存的原始凭证和记录在案的基础性资料，分门别类地建立健全台账，做到原始凭证、资料报表、交接数据“三统一”。同时，对交接单、化验单、器具鉴定证

书等原始凭据，装订成册、整理归档、以备待查，保证了资料的原始性、准确性、完整性和规范化、标准化、统一化。

（3）嘴勤：经常和交接双方核对数据，使业务资料更加准确可靠。虚心向所在单位员工学习，多请教多沟通，了解和掌握原油交接基础知识，建立三方信息沟通基础，使监督工作得到交接双方的理解与支持。

（二）五多（多看、多听、多琢磨、多练习、多总结）

（1）多看：就是在日常工作中细心观察所在单位员工在量油、取样、化验等方面的操作方法和要领，牢记操作的每一个步骤、每一个环节以及对比分析参数，并做好记录。

（2）多听：就是多听交接双方对原油交接方面的意见以及对监督工作的建议，采纳有益于监督工作的好建议。

（3）多琢磨：就是理性分析思考看到听到的情况，对有异议的地方，向有经验的老师傅请教、探讨、切磋，或在网上查询、直到弄清楚为止，以提高监督技能。

（4）多练习：就是坚持不懈地开展岗位练兵。几年来，惠安堡计量监督站借鉴交接双方编制的岗位练兵试题库，将计量工作法律法规、行业标准、岗位职责、工作程序、常见的疑难问题、纠纷处理技巧等业务知识，作为岗位练兵试题，坚持“每日一题、每周一课、每月一考、每季一比”等方式学习。

（5）多总结：就是定期不定期地召开研讨会，探讨阶段性工作情况、查找存在的问题、如何解决，达到促进业务，提高监督技能。

（三）“九清”

“九清”，即交接数据清、流量计运行状况清、库存动态清、遗留问题清、交接协议行业标准清、易出现纠纷环节清、输油工艺流程清、倒灌工艺流程清、季节变化后的油温清。

二、“三化五重”规范计量监督过程，制定计量监督规范

（1）“三化”，即服务过程标准化、计量监督规范化、基础资料统一化。

① 服务过程标准化。工作中，时刻以服务到位、用户满意，要求约束每位员工的言行，每季度及时填写用户满意度调查表，建立交接双方及时沟通协调机制，确保出现纠纷问题及时解决。

② 计量监督规范化。从严把关，规范操作，杜绝漏洞，在监督过程中，严格执行国家标准，坚持使用国标计量器具，杜绝人为操作，做到公正合理，确保减少纠纷。

③ 基础资料统一化，按照标准、美观、简捷要求，该站共创建收集资料四类（即计量监督工作、标准与基础管理、HSE管理、员工培训），为计量监督工作夯实了基础。

(2) 抓好四项工作：

① 计量监督工作：抓好交接化验单、交接凭证、监督日志、运行日报、值班记录、计量交接协议、计量器具鉴定证书、计量纠纷预警预案等工作。

② 标准与基础管理：建立健全安全活动记录、员工安全操作手册、工作计划、“五型”班组等资料。

③ HSE管理：制定员工值班轮休表、员工考勤表、节日值班表、物品使用登记表、廉洁互保协议。

④ 员工培训：建立健全制度汇编、岗位练兵记录、学习会议记录、仿宋字练习簿。

(3)“五重”：在计量监督业务运行中坚持强化“五重”，即重计量纠纷、重操作技能、重业务素质、重交接过程、重基础资料，有效提高监督工作质量和形象。

三、健全完善计量监督制度，保障计量监督合理合法有效

惠安堡计量监督站员工不等不靠，充分发挥班组每个成员特长，在构建计量交接与监督方面开展卓有成效的实践。

(1) 推行油气交接协议制度，将油气交接双方权利、义务及监督方工作职责等内容，以协议形式加以规范和明确，经交、接、监督三方同时签字结果，为唯一合法有效结算数据，使计量交接工作从经验性管理向规范性管理转变。

该制度的实行，使交接行为进一步规范，使监督工作的法律地位得到保障，为降低油气交接风险提供了法律保障。

（2）建立计量纠纷预警制，针对计量纠纷突发性、反复性特点，提出“源头预防、预警控制”的纠纷工作思路，将油气计量环节、取样化验环节及计量器具的检定等关键监督环节纳入预防重点，有针对性地制定化解预案和应对措施，变事后调解为主动预防调解。

（3）实行“岗位四负责制”。把各项责任落到人头，即在工作实行哪个岗位出现问题，哪个岗位负责；谁值班谁负责；协调过程中谁出现问题谁负责；在计量监督环节上谁出的问题谁负责，避免出现问题相互推托的不良习惯，提高员工执行力，不断培养员工独立处理问题能力，做到记录详细清楚、汇报及时准确，各负其责，积极协调沟通处理问题，形成“人人有压力、人人有动力、人人有目标”的监督工作氛围。

自建站以来，通过不断探索计量监督方法，健全计量监督制度，6年来现场化解计量纠纷54起，涉及交油量11.39×10^4t，挽回经济损失146万元，较好地维护了油田合法权益和市场信誉。

完善监督运行模式　保障销售业务顺畅

李健康
（油气销售处）

靖边销售部隶属油气销售处，位于陕西省榆林市经济开发区。主要承担陕北和内蒙古区域天然气销售配置计划的监督执行，天然气副产品硫黄、烃类污油的销售，油气销售结算、票据传递及货款清收任务。同时，还负责采气一、二、三厂天然气和采油四厂天赐湾外部原油交接的计量监督业务。下设靖边、榆林、天赐湾3个计量监督站，按照油田公司内控体系建设要求，对33个计量交接口（其中副产品5个）实施计量交接现场监督。

一、“三位一体”新运行模式产生的背景

在实施新的运行模式之前，靖边销售部的运行管理模式为油气销售处→处安全计量监督部→基层销售部→现场计量监督站，即三级管理运行模式。由于计量监督站点比较分散、距离部门机关都很远，人员思想交流、内部学习培训安排实施、员工人身安全、票据经济安全、货款结算清收力量等方面存在困难和问题；另外，由于随着长庆天然气业务大发展，油气销售处增加、开展新业务，靖边销售部又一次性调出6名计量监督员，致使原有计量站人员大多由两人减到1人，还要肩负天然气销售结算票据传递、日常计量监督职责，员工劳动强度很大，以致每月集中轮休无法保障。在机制、运行模式、新挑战“三重”因素夹击下，为了适应发展的要求，不得不探索新的运行路径和模式。

二、优化运行模式，适应天然气业务的大发展

2008年下半年开始，在认真分析旧模式、机制、资源配置等因素的基础上，本着加快适应并保障生产要求的前提下，整合现有资源，靖边销售部提出

"实行油气外贸计量交接监督、销售票据传递及结算、货款清欠捆绑运行"的"三位一体"模式，整合站点人员，重新界定业务职能，做到内部资源潜力的最大挖潜，提高了管理效能。

(一)运行机制

(1)实行"一岗多能"。在人员紧张、其他人员轮休安排困难时，兼顾榆林站负责的烃类污油销售工作。

(2)计量监督组捆绑运行榆林站、靖边站、天赐湾站业务，实行驻站和巡回监督相结合的运行模式。

(3)财务结算、统计、货款清收业务，在货款清收组(清欠办公室)的统一协调下，人员综合利用，同一区域业务一揽子办理，避免了同一地区业务单一办理的弊端，节省了人力、运力，提高了工作效率。

(二)计量监督运行流程再造

实施连续监督和间断巡回监督相结合的现场计量交接监督模式。

(1)对陕京线(靖边站及榆林站)气量交接，实行每天核实产量，2～3天签认一次。

(2)对日供气量在$30\times10^4m^3$以上的用户，采取短间隔核实(2～3天)，每周签认一次。

(3)对日供气量在$30\times10^4m^3$以下用户，实施较长间隔的监督模式，每15天核实气量签认一次。

(4)对日供气量在$2\times10^4m^3$以下用户，实施月底核实签认一次。

(5)抓重点环节。对依孔板流量计计量交接的用户，实施计量监督组不定期统一组织巡回监督，现场督促生产单位清洗计量器具，也就是点面结合的运行模式。

三、新模式下的运行机制构建

模式的调整及运行能否顺畅，关键在于寻求科学、有力的机制支撑。在运行的同时，主要构建以下四个机制：

（一）构建并完善现场计量监督预警机制

（1）计量器具的档案化管理和跟进检查。登记采气厂及用户的流量计型号、仪表参数等，并建立档案。对计量器具校准时间及时掌握，在发生纠纷后，第一时间组织人员检查现场计量设施。

（2）建立回访制度。不定期到现场同交接双方沟通交流信息，并发放意见征询表，梳理反馈信息，及时改进完善。

（3）把好交接协议签订关。油气交接协议签订率均在96%以上，为出现纠纷后的争议解决提供了合法依据。

（二）建立计量人员综合业务技能提升工程实施机制

新模式实施的前提是“一人多岗”。靖边销售部本着“缺什么、补什么”的原则，开展经常性的技能提升培训活动。如计量法规知识学习、纠纷处理案例竞赛、银行票据知识全员培训等，使员工的综合技能和知识面稳步提高。

（三）基础资料规范化、标准化建设推进机制

（1）围绕“三本一表”，切实使各项基层资料工作上台阶。

（2）以“五型班组”建设为契机，全面推进基础资料标准化。

（3）推进资料数据信息化，实施资源共享，有效指导销售工作。

（四）构建信息及时反馈、快速处理机制

（1）加强信息平台岗、财务岗、清欠岗人员的紧密互动，变过去单打一的工作方法，确保量、款、票据“三统一”。有效支撑了销售和清欠工作。

（2）计量监督信息反馈程序更加规范。形成计量员—计量监督组—部门主管领导—处计量监督部畅通的信息反馈通道。各类报表及时上报，纠纷处理快速、高效，确保了销售结算及货款回收。

（3）信息处理结果严考核制度。对计量、财务票据、货款回收工作的结果，按工作关联程度，以不同权重，实施相关考核。促进了整体意识养成，形成工作合力，消除了推诿、扯皮现象。

四、“三位一体”新模式的探索实践，取得积极成效

（1）有效缓解了人员紧张的压力。在监督点增加、用户增多、清欠任务繁重的情况下，部门人员尽管由22人减少到13人，仍保证了各项工作的顺利开展，保障了油田上产的后路畅通。

（2）实施新模式后，运行费用明显下降。经测算，仅差旅费、交通费等直接可控销售费用每年可降低60万元。

（3）确保清欠重点工作的顺利开展。由于业务流程再造，人员“一岗多能”，整合了清欠力量，保障了货款清收工作有计划地开展。

（4）保障了员工合法的休息权益。新模式实施后，原来有时2～3个月才能安排一次的轮休，现在只要工作安排合理，每位员工每月都能有一次集中轮休，有效缓解了员工的工作压力和生活压力。

（5）保证了员工业余文化、体育活动及业务培训的开展。新模式推行后，凡销售处开展的文体活动、业务培训，都能保证选派员工参加。部门内部业务、政治学习、文体活动的开展也步入正轨，增强了内部凝聚力，培育出积极向上的销售团队文化。

基础管理“六个实”工作法

白天元　王治军　余边城
（西安长庆科技工程有限责任公司）

西安长庆科技工程有限责任公司工程勘察部是中国石油实力雄厚的主力勘察单位之一，主要从事石油天然气、化工石化、建筑、市政、道路、电力、通信、机械、自控、消防、环境保护等领域的工程勘察业务。现有员工56人，下设岩土工程、工程测量、水文地质三个专业，肩负着油田大发展的历史使命。

工程勘察部充分发扬“攻坚啃硬、拼搏进取”的精神，全力打造“长庆勘察”品牌，实现国内一流勘察水平，在生产经营、技术质量、综合治理等方面取得辉煌业绩，形成基础管理“六个实”工作法，成效显著，培养了一支能打科技硬仗的优秀团队。

一、“六个实”工作法的工作背景

长庆油田正处于实现5000×10^4t宏伟目标的攻坚阶段，大规模油田建设必然带来大工作量，每年承担大大小小的勘察项目超过1000余项，勘察任务十分繁重。加之勘察项目点多面广、勘察环境复杂多变，而勘察人力资源严重不足。为此，工程勘察部加强高科技软硬件配备外，更重要的是在管理上下工夫，花大力气夯实基础工作。将油田大发展和工作实际紧密结合起来，全面落实油田公司“三基”工作的整体部署，积极探索油田大发展形势下基础管理工作的有效方法，深入研究当前面临的大工作量与资源相对短缺的关系，清醒地分析近期急需的与未来长远发展的问题，充分挖掘潜能，大胆实践，不断探索和总结“培训实、环境实、组织实、激励实、安全实、进取实”的“六个实”工作法，为油田大规模建设提供了有力的技术支撑。

二、“六个实”工作法的内涵

基础工作是一切工作的基石，必须做实做好。工程勘察部长期注重基础工作，夯实基础，积蓄能量，通过扎实的基础工作，使各种资源优化组合，达到最佳运行状态，把有限的资源无限地放大发挥出来，实现基础工作巨大的能动作用；“六个实”工作法必须全员参与、整体“一盘棋”、横向到边、纵向到底，自上向下责任层层落实，自下向上一级对一级负责。培训和环境是基础，通过培训全面增强员工综合素质，环境的改善为员工的身心健康、工作生活和发挥个人潜能提供了优越的平台；组织和激励是手段，通过组织和运行方式的创新，辅以恰当的激励政策，使油田大发展、大工作量的现状在现有资源情况下得以保证；安全是保障、是前提，没有安全一切都等于零，必须结合工作实际，采取切实有效的安全管理措施，常抓不懈；进取是目标，最终的落脚点必须回归在进取和发展上，只有不断地发展，才能给集体带来活力，使员工看到希望，才能更好地服务于油田大发展。

三、“六个实”工作法的具体做法

（1）培训实：技术发展日新月异，长期重视专业技术的发展和技术人才的培养，采取内部培训、外部学习交流、邀请专家讲授、内外联合等形式，全面培训员工进行，为员工创造学习提高的良好氛围和广阔的发展空间。据统计每年约有40人次参加国内学术交流、培训及专业会议，内部培训达250人余次，确保每人每年接受培训5次以上。

（2）环境实：积极改善办公条件，创造舒适优雅的工作环境；全面系统地改善试验条件和高精密仪器设备存放条件；建立功能齐备的员工多功能活动室，为部门的发展提供了良好的“硬环境”；坚持“以人为本”，践行有感领导，领导平易近人，关心员工所想，干部群众和睦相处，工作学习平等相待，为员工的工作学习和身心健康提供了宽松和谐的软环境。

（3）组织实：随着长庆油田快速发展和大规模建设，工程勘察部面对任务重、地域广、周期紧、人员少的严峻形势，在重点工程、超大项目、紧急项目和产矿建项目同时开展的艰难情况下，坚持“着眼大局、油气并举、内外兼顾”的原则，分重点、分主次、打破厂区界限，采取分区块、按地域“分区项目管理”和“重点项目管理”相结合的生产组织模式，合理调配资源，周密计划安排，全面沟通协调，强化检查指导，既满足油气田日常生产，又解决急难险重勘察任务资源短缺的问题，在工作量逐年增加的情况下，确保了油田建设的顺利进行。

(4) 激励实：员工的积极性靠激发和调动，制定并实施《工程勘察质量管理规定》、《工程勘察部科技成果奖励办法》，《三星员工、创新标兵、优秀通讯员评选活动及奖励办法》等激励制度和倾斜政策，部门抽出专门资金表彰奖励，极大地激发了科研人员、项目管理人员、专业技术骨干的工作热情和科技创新激情，提高了员工的质量意识和创新能力，取得丰硕的科技成果，促进了部门各专业的协调发展。

(5) 安全实：安全高于一切。根据部门实际，完善和明确现场作业的安全责任；落实八项安全措施；坚持应急预案演练；增强作业环境安全三个防范意识；坚持野外作业安全日检查周汇报月总结，实行每日“零”报告制度；员工的安全意识和应急处置能力显著提高，在工作量大、作业环境复杂的状况下，安全平稳运行，确保了本质安全。

(6) 进取实：积极推进标准化建设，制定或参与制定国家、行业、企业标准8部、审查标准4部，编制作业方法、作业流程等一系列标准化文件；积极拓展专业领域，取得国家相应的资质；积极参加国内外技术交流、培训和学习，及时掌握前沿技术发展动态；重视高科技产品的应用，大力改善技术装备，包括硬件和软件的改善，降低劳动强度，提高作业效率；全力搭建科技创新平台，鼓励结合生产实践开展科学研究；勘察综合实力显著增强，技术水平显著提高，社会知名度不断扩大，成为国内综合实力强的一流勘察单位之一。

四、“六个实”工作法的实施效果

通过实施“六个实”工作法，使全员树立了踏实工作、爱岗敬业、拼搏进取的良好工作作风，做到冷静面对问题、正确看待问题、科学处理问题。实践证明：只要重视基础工作，把工作的基础做牢做实，任何艰难险阻都可以迎刃而解、化险为夷，再大的困难都可以克服，各项工作会做得更好、更有成效。

（1）集体发展好。工程勘察部各项事业蓬勃发展，综合实力显著增强，成为国内知名的勘察单位之一。先后获全国工程勘察与岩土工程“诚信单位”；陕西省委“青年文明号”、经济技术创新示范岗、测绘行业先进集体；中国石油天然气集团公司先进党支部、基层示范队；长庆油田模范集体、优秀党支部、安全生产先进集体、“二次创业”标杆集体、优秀五型班组及科技公司先进集体、优秀党支部、基层建设先进集体、红旗团支部、宣传先进单位等35个称号。

（2）科技创新好。先后获得局级以上科技成果、优秀设计、QC成果奖共计87项（其中国家金奖1项、银奖1项），在省部级以上刊物发表论文102篇，获专有技术2项、专利4项，出版专著3部，参编国标4部，主编国标1部。

（3）人才培养好。培养出了国家注册岩土、测绘、监理工程师10人，油田技术专家3人，涌现出一大批“青年技术骨干”、“优秀科技人才”、“科技创新能手”、“劳动竞赛标兵”和技术、管理综合性人才。

（4）生产经营好。完成西气东输、长—呼管道、国家原油商业储备库、靖—咸管道、中—贵管道、兰—成管道、轮—吐管道、中—缅管道、长庆银川燕鸽湖基地、山西沁水盆地煤层气等国家重点工程和长庆油气田产建工程勘察任务，累计完成项目达3616项，创产值超过20亿元。

（5）安全生产好。勘察属于野外工作性质，安全工作千头万绪，安全形势十分严峻。由于工程勘察部全员参与、措施得力、责任落实、坚持不懈、注重实效，从复杂的安全工作中找寻规律，抓住勘察安全的主要环节，把安全工作做好。多年来，安全工作平稳有序，做到常态化管理、全天候管理、全方位管理，没有发生一起安全生产事故，多次被油田公司评为安全生产先进集体。

实施问题管理　提高基层执行力

李恕军　李荣瑞　杨林杰　顾继萍
（第三采油技术服务处）

第三采油技术服务处罗庞塬采油作业区于2008年11月成立，人员新、设备新、工艺流程新，处于创业阶段，各项工作刚刚起步，员工素质参差不齐，安全管理难度大。该作业区用工580人，其中业务承包用工258人，占总用工的44.5%。如何管理好员工，如何提升基层员工的执行力，是对作业区管理的严峻挑战。作业区通过实施“问题管理”，以发现问题为切入点，以解决问题为导向，运用流程化方法，通过一定的激励考核制度， 在解决问题中提高管理水平，进一步提升了基层执行力。

一、基层执行力不强的表现及原因分析

（一）基层干部员工执行意识不强

1．只图形式，不管实效

一些干部一度出现靠会议落实会议、靠文件落实文件、靠讲话落实讲话，习惯于当“收发室”、“传话筒”，认为只要会开了、文件发了、话讲了，工作任务就落实了。结果是层层喊落实、层层不落实。

2．抓而不实，抓而不力

一些干部曾出现过部署工作时雷声大、落实工作时雨点小。工作虎头蛇尾、有始无终。表面上看轰轰烈烈、热热闹闹，实际上没解决什么根本问题。

3．遇事推诿、不负其责

一些干部缺乏责任心，遇到问题能推则推、能躲则躲、能将就则将就，有风险的工作不愿意干、有困难的工作不愿意干、得罪人的工作不愿意干，在其位不能谋其政。

（二）基层组织内部缺乏有效的执行机制

1．缺乏执行的目标责任制度

有效的执行机制，必须是任务到人、责任到人。但基层组织却缺乏这种有效的执行机制。因此，布置工作责任不明确、不细化，不能到岗到人，干工作推诿扯皮，检查工作走马观花，甚至是只安排不检查，干好干坏一个样，结果执行成了一句空话。

2．缺乏执行的监督检查制度

有的基层单位，工作任务虽然安排了，但是否完成、完成的质量如何，却没有人检查、没有人监督。一些基层干部只习惯于“遥控”指挥，靠打电话、听汇报，而不深入现场去监督、落实，使执行任务的人完全处于放任自流的状态。

3．缺乏执行的奖惩追究制度

执行的奖惩追究制度是保证执行的有效手段，如果缺乏这种机制，任务执行得好的人，由于得不到褒奖，会挫伤他们的工作积极性；任务落实不好的人，由于没有受到处罚追究，会滋长他们工作的惰性。

（三）基层干部缺乏执行的工作技巧

抓落实，落实的主体需要一定的工作技巧，要善于区别轻重缓急，把握主次矛盾。但是在实际工作中，有些干部缺乏这种抓落实的工作技巧，有时不分轻重缓急，眉毛胡子一把抓，有时思路不多，方法不够，措施不力，结果是力气没少花，但效果不明显、执行也到不了位。

二、“问题管理法”的内涵

问题管理是以解决问题为导向，以控制问题、表达问题、归结问题、处理问题为核心的管理方法，是一种简单而有效的管理模式。问题本身不是问题，真正的问题是对待问题的态度和做法。其运作程序是：主动发现问题、认真分析问题、并加以明确，用文字或图表的形式清晰准确地表述，确定整改负责人、规定整改时间、明确工作目标，并跟踪、检查、督促，直至问题最终获得解决。

三、问题管理的实施方法

（一）发现问题

问题是客观存在的，现实与标准之间的差距即问题的产生，找出差距是问题管理的重点和难点。因为在实际中往往不缺乏处理问题的方法，但最难的是找到问题的所在，进而找到突破口和方向。在实施过程中，该作业区分三个层次来发现问题。

1．干部寻找问题

由领导、机关组室，根据平时深入现场检查工作、每月月末组织各站月度考评和每季度组织的基础工作大检查，从不同方向和层面发现问题。以2011年四季度为例，由领导、机关组室发现问题264条，经过综合分析，提出解决办法和解决途径，以“问题票”的形式印发基层，跟踪、检查、督促整改，季度末共整改问题228条，问题有效处理率为86.5%，“问题管理”已成为有效的管理工具。

2．班组和员工自主寻找问题

班组和员工个人根据岗位的工作目标和要求，通过学习、观察、对比、自查、主动寻找“问题”，上报到增压点。班组能自主解决的，消除“问题”后，逐项向作业区申报成果；需要作业区协调、其他班组配合解决的，由作业区印发“问题票”，统一组织相关班组和人员在规定的时间内，将“问题”逐项消除。作业区定期总结评比班组和员工发现和消除“问题”的成果，对“问题”的提出人和消除“问题票”的实施人酌情给予一定的鼓励。如：调控中心提出的针对车辆钥匙管理混乱的问题，将各车辆的钥匙归类整理，制作成若干个铝质钥匙环，刻上标签，在资料柜挂成一排，既整齐美观，又取用方便快捷。又如：刘四增针对作业区提出的室外闸门丝杆生锈的问题，用PVC管制成“闸门丝杆护套”，既美观又解决了室外闸门丝杆的保护问题。作业区分别对这两个部门奖励200元。

3．班组交叉检查、联合寻找问题

由作业区领导带队，定期组织不同班组的人员组成联合检查组，交叉检查。由于不同班组的视角、观念、技能的新颖性和变异性，使“问题”的提出更加宽广深入，“问题”的盲点也越来越少，班组长和班组成员的压力和动力明显提升，参与检查的管理人员和技术人员自主寻找“问题”的能力也显著增强。如：以前卸油台卸油直接进姬三联，在冬季管线容易凝管，卸油台员工要经常在夜间活动管线。交叉检查后，经联合检查组的建议讨论，制订将卸油台外输管线并入刘二增的方案。实施后，既降低了员工的劳动强度，也解决了刘二增外输液量不足的问题。

（二）深入分析、科学解决问题

在检查中发现问题后，首先根据生产、安全、设备、经营、人员、现场等12项管理内容作为问题管理的重点，确定问题“无则疑有、少则疑多”的工作思路，以“没有问题就是最大的问题”来鞭策和激励全体员工按照标准查找“短木板”、专提“不开壶”。召开班子会归类问题，对反映出的问题，能就地解决的就地解决；对暂时难于解决的深层问题按照计划、执行、检验、处理四个过程循环解决。该作业区将管理工作中存在的“问题”寻找和挖掘出来后，用文字或图表的形式清晰准确地表述，形成“问题票”，确定整改负责人、规定整改时间、明确工作目标，针对问题把现场所形成的“问题票”分发下去。始终打“问题歼灭战”，使基层员工看到领导解决问题的魄力。为了彻底消灭基层藏问题、捂问题、隐瞒问题现象，作业区专门成立检查督导组，督促班组自查自改，不定时地到班组检查，每月度在“揭短会”上通报，并在区务公开栏曝光。然后，各班组长针对各自查出的问题和被检查出的问题，认真“盘点”，在积极征集“良方”的基础上，制定整改措施，确定整改问题的最后期限。在这个过程中，一位班组员工说：“原来说没有问题，是我们怕领导追究责任、扣奖金。现在领导观念转变了，查不出问题、不反映问题反而挨批评，我们再没有必要将问题‘捂着、盖着’了。经验告诉我们，‘没问题’常常会使问题潜伏下来，等到小问题成为大问题，留下‘后遗症’，后悔就来不及了，这也是有很多教训的。”

（三）跟踪落实问题

有些问题当时是解决了，或者说布置下去就算解决了，但问题的处理不落实、责任不落实，造成有些问题未按规定要求解决，或解决的问题未彻底消除隐患。所以，在解决问题时，作为管理者必须亲自到现场盯控，对解决的问题要做好记录，下次检查落实是否仍然存在此类问题。

（四）做好防范措施

对存在的问题，彻底解决后要总结经验教训，总结解决问题的最优方法，制定出切合实际的防护措施，确保问题在以后的工作中不再重复出现，防患于未然。

四、实施问题管理的三个阶段

（一）观念的认同和氛围的形成

问题管理推行初始阶段，员工可能会对找“问题”这样的字眼感觉不适，个别人甚至会有逆反心理。因此，起初的宣传动员，火苗不能过旺；推行时，要循序渐进，掌握好问题的尺度和工作的力度，但是不能消减宣传动员的广度，要使所有的相关人员都知晓问题管理将要长期广泛地实施。要通过合适的方式，把减少问题、消除问题、问题归零变成大家认同的工作目标，通过不同层次的会议、管理展板和内部简报等形式，逐步转变大家的观念，逐步加大推行和力度。

（二）责任的明晰和阶段性重点工作的明确

合理明晰的责任区划分是首要的基础工作，责任不能含糊，应尽量避免责任共担。不能完全分开的责任，必须让各个班组按照岗位职责进一步细分，而且要有具体的工作流程作为参照。阶段性重点工作，是对班组工作努力方向的指引。如办公用品和生产工具的定置管理，清理多余物、清除卫生死角、库房管理、资料的拜访填写要求和设备巡查点检的规范等。阶段性重点工作的部署有利于渲染氛围和统一行动，也有利于基层集中力量解决某一阶段的突出问题。

（三）相关人员方向感和成就感的培养

树立员工发现和消除问题就是工作成果、工作业绩的理念，是推行问题管理必不可少的重要工作内容。对发现和消除“问题”的员工要及时给予奖励，并张榜公布；开展“问题”管理改善改进立功竞赛活动，设立最佳综合管理奖、最佳进步奖和问题管理改善创新项目奖，有助于激发班组和员工的竞争精神和工作热情。同时，在效果明显的班组召开现场会，把问题的消除、缺陷的改进变成“闪光点”，使相关人员的方向感和成就感倍增。

五、取得的效果

通过实施问题管理，大大提高了员工发现和解决问题的能力。员工通过参与问题管理的不断实践，在发现问题、分析问题、解决问题的过程中不断超越自我，不断提高其观察分析和解决问题的能力，不断改进工作方式和工作方法，不断积累工作经验。2011年，该作业区被油田公司授予“HSE先进集体”、“设备管理先进集体”称号，并先后获得第三采油技术服务三处“模范集体”、“HSE先进班组”和“优秀五型班组”等称号。

构建三基工作长效机制的“2+2”检查模式

赵新智　张鹏云　史长东
（第二输油处）

近年来，第二输油处（以下简称输油二处）一直致力于三基工作长效机制的探索和创新，在认真总结过去工作成效的基础上，认真贯彻“务实、简约、创新、受控、效益”的工作方针，从企业实际出发，坚持制度创新和管理创新，探索构建“2+2”检查模式，突出硬性指标的考核、突出重点工作的落实、突出专业科室的职能发挥、突出过程的管理与控制，全面推行“月考核、季检查、年评价”的运行机制，使“三基”工作步入标准化、规范化和科学化轨道，全面提升企业处管理水平，为实现和谐有效发展奠定了坚实基础。

一、“2+2”检查模式产生的背景

长期以来，输油二处一直沿用传统的检查模式，即每季度组织一次，由企管部门带队、机关各职能科室参加，检查各基层单位的“三基”工作。虽然季度检查能够发现一些问题，在一定程度上起到检查、督促和指导作用。但随着企业的逐步发展和壮大，传统检查模式存在的弊病逐渐显现。

1．传统检查模式无法体现机关职能科室的主体作用

由于机关职能科室思想认识不到位，片面地认为三基工作是企管部门的工作，与其他科室关系不大，对季度工作检查持抵触心理，不能积极、主动地发挥职能作用，加之检查内容设置不合理、检查标准科学性差等因素，导致每季度的检查流于形式，不能很好地起到检查和督促指导的作用，造成三基工作大家管、大家都不管的局面。

2．传统的检查模式无法体现基层的主观能动性

输油二处下辖的12个基层单位，分布在陕西、甘肃两省4市14县67个乡镇，南北跨度280km、东西跨度100km。由于地域分散，加之考核时间有限，

检查组往往只能走马观花地检查，不能深入、细致地发现问题和解决问题，更多时候凭主观印象评价打分，使检查结果与实际有所偏差，不能客观、公正地反映基层日常工作状态，容易挫伤基层的主动性和积极性，产生敷衍应付心态，致使基层单位只注重形象化建设，忽视实质化建设，严重阻碍三基工作的深入推进。

3．传统的检查模式无法体现激励机制的作用

由于检查方式单一、结果客观性不高，导致检查结果的可参考性差，考核结果的运用受到很大的限制，很多时候以罚了之，激励作用得不到发挥，检查流于形式，基层被动应付。

二、“2+2”检查模式的内涵

（1）“2+2”检查模式是从规范企业的管理出发，以提高三基工作水平为目标，遵循“PDCA”循环管理原理，以基层单位为管理对象，从规范“三基”工作检查程序入手，着重发挥专业科室的职能作用，突出过程的管理与控制，通过统筹规划、科学运作、有效控制和考核激励，形成“月考核、季检查、年评价”的三基工作考、检、评运行机制，从而达到发挥基层单位主动性和积极性的目的，实现三基工作的系统化、规范化和科学化。

（2）“2+2”管理模式开创性地实现三基工作的“三全”管理，即全方位、全员工、全过程管理（图1）。

（3）“2+2”检查模式实质是依据通用管理理论的“指令、控制、回馈、微调”理论模式对检查这一具体行政行为的创新性改造。这种创新的两点在于使检查这一具体行政行为的效能得到最大限度的发挥，使检查能够真正成为工作的有力推进手段。在创新设计这一考核检查制度的过程中，输油二处始终把考核“效能”作为制度设计的核心内容，怎么考核有效就怎么组织考核，力求改变传统考核组织方式，使考核工作的关注点与基层日常三基工作的着力点相重合，防止基层单位背离三基工作的本质要求，另辟一套对付考核，进一步提升考核工作的效能和信度。同时，还特别突出考核工作的指向性，使其在基层单位日常工作中能够发挥考核引领“效应”，最终服务于企业中心工作和效益提升。

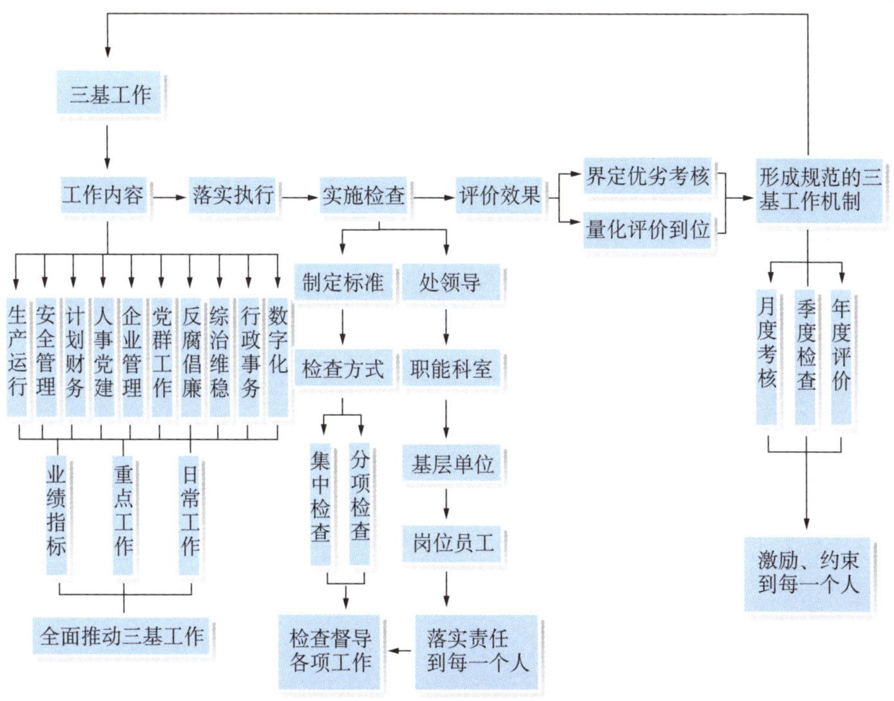

图1　第二输油处“2+2”检查模式

三、“2+2”检查模式的主要做法

“2+2”检查模式以行为控制、过程管理和结果评价为内容，系统抓落实，全面夯基础，立足实际，找准基点，把握重点，打造亮点，初步建立三基工作的运作模式和长效机制。

（一）成立组织机构

输油二处成立三基工作领导小组，由党政主要领导任组长，主管领导任副组长，机关职能科室负责人为成员，负责组织协调机关职能科室、基层单位开展三基工作（图2），并检查考核推进情况，及时收集、整理、分析、解决倾向性的突出问题，总结管理成果和经验，不断完善管理机制，最终达到提升三基工作水平的目的。

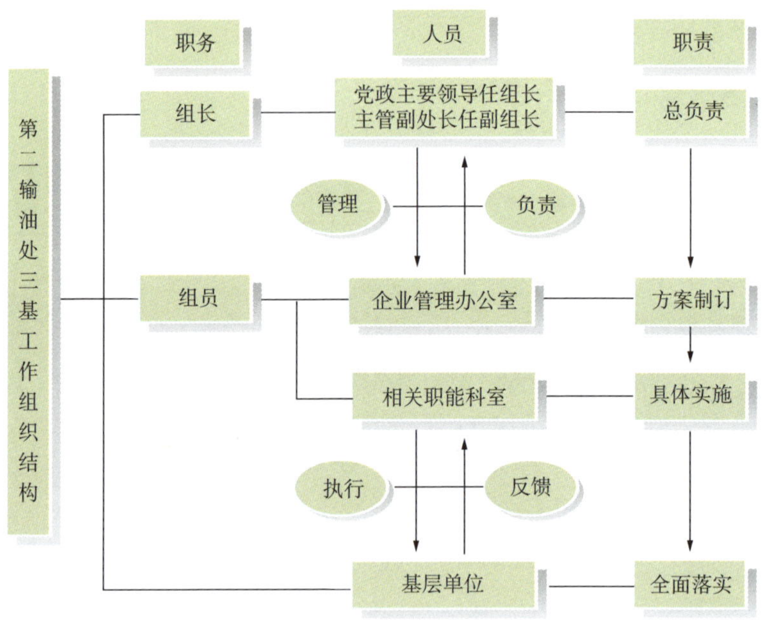

图2 第二输油处三基工作管理组织机构

（二）确定考核内容

依据机关各职能科室的工作权限和内容，将三基工作划分为生产运行、安全环保、计划财务、人事党建、企业管理、反腐倡廉、党群工作、综治维稳、数字化及行政事务等10项工作。同时，结合各基层单位的工作性质和管理重点，将10项业务分别划分不同的权重系数（表1）。

表1 业务权重表格

序号	单位	生产运行	安全环保	计划财务	人事党建	企业管理	反腐倡廉	党群工作	综治维稳	数字化	行政事务	总系数
1	输油站	2	2	1	1	1	0.5	1	1	1	0.5	10
2	保安大队	1.5	1.5	1	1	1	0.5	1	2	1	0.5	10
3	保障大队	2	2	1	1	1	1	1	1	0	1	10
4	交通服务部	2	2	1	1	1	1	1	1	0	1	10

（三）制定考核标准

为了提高考核标准的科学性，统一标准的构成、内容，由硬性指标和业务管理两个方面构成，所占比例分别为40%和60%。各科室部门按照分管业务的权限、职责，制定相应的考核标准，由企业管理办公室汇总，组织各科室集中讨论修订，统一发布实施。按照基层单位的业务性质类别，分别制定输油站基础工作检查标准、保安大队基础工作检查标准及生产保障大队检查标准。输油二处共制定3类30项检查标准。

（四）系统评价结果

开展检查考核时，由各职能科室按照检查标准，采用“百分制”计分法，检查考核各基层单位的硬性指标和业务管理，并打分排名（图3）。企业管理办公室采用“名次”计分法，对各专业科室报送的名次取值，并乘以相应的权重，汇总成绩后排名。同时，为了反映基层单位的主观能动性，增加进步分值项，根据排名，加分奖励进步的单位，扣分处罚退步的单位，并计入总分。

第二输油处安全环保工作检查考核标准

考核项目		考核内容	分值	扣分标准	扣分
指标控制40分	安全	1、重大及以上安全事故为零	40	发生任何火灾事故、亡人事故、交通安全事故、生态破坏事故一起不得分	
		2、较大及以上工业生产员工伤亡事故为零			
		3、工业生产安全事故千人死亡率0.04‰；千台车死亡率0.05‰			
	环境	4、重大及以上环境污染事故和生态破坏破坏事故为零			
业务管理60分	工业安全管理	1、进站安全须知、安全标志、应急通道及逃生路线指示正确、明显	1	一处不符合要求扣0.2分	
		2、生产场所及设备无重大事故隐患	5	存在重大事故隐患不得分；隐患控制措施未有效落实，发现一处扣1分	
		3、对所有生产岗位开展危险源辨识，建立并更新重大危险源台帐	1	无台账扣不得分；台账不规范扣0.5分	
		4、定期开展隐患排查活动（明确时间、责任人和措施），并及时上报隐患治理进度	3	未开展隐患排查治理不得分；发现隐患未治理一项扣1分直至扣完；隐患治理不彻底一项扣0.5分，未按时上报进度的，一次扣0.2分	
		5、对上级部门、地方政府及油田公司安全环保监督部（站）检查发现的各类安全生产问题及隐患应及时整改和建立隐患立、销案台帐，并定期进行分析，查找问题存在的根本原因	3	检查问题未及时整改不得分；未建立隐患立、销案台账扣1分，未定期分析扣0.5分	
		6、是否部署节假日（特殊时段）安全环保工作，并抓好落实	2	一项未落实扣0.5分	
		7、安全环保文件精神传达及落实情况，并对各类事故（未遂事故）深刻汲取教训	1	未传达扣0.5分，一项未落实扣0.2分，未进行事故案例教育扣0.5分	
		8、安全生产月、安全警示月是否制定了活动方案，目标和任务清楚，工作要求与工作措施具体，各阶段认真总结	2	未制定方案不得分；方案中的工作一项未落实扣1分，一次未总结扣0.5分	
		9、应建立“三违”行为统计台帐，以及对违章人员的处理情况	1	无台账扣0.5分，无违章处罚扣0.2分	
		10、执行事故隐患报告与奖励制度情况（ACT卡应用情况）	1	未使用ACT卡不得分；未及时统计分析扣0.5分	

图3　考核标准分类

总分的计算公式为：

$$M=\sum_{i=1}^{10}A_i n_i+B$$

式中 M——基层单位应得总分；

A_i——该单位某项工作的名次分，取值见表2；

n_i——该单位某项工作的权重，取值见表1；

B——该单位的进步分值，每进步1名加1分，每退步1名扣1分。

表2 名次分表格

序 号	名 次	得 分	备 注
1	1	20	
2	2	19	
3	3	18	
4	4	17	
5	5	16	
6	6	15	
7	7	14	
8	8	13	
9	9	12	
10	10	11	
11	11	10	
12	12	9	

为了全面、系统地评价各基层单位三基工作的开展情况，将季度分项检查的结果，按照一定权重纳入年度集中检查的结果中（图4）。

（五）组织实施检查

将全年4次的“三基”工作检查划分为两个层面，即一、三季度由各业务科室自行组织开展的分项检查，二、四季度由企业管理办公室统一组织开展的集中检查。其中，分项检查由各业务科室按照权限和职责，依据检查内容和标准，重点突出工作动态监控和过程受控考核，及时了解掌握各基层单位日常工

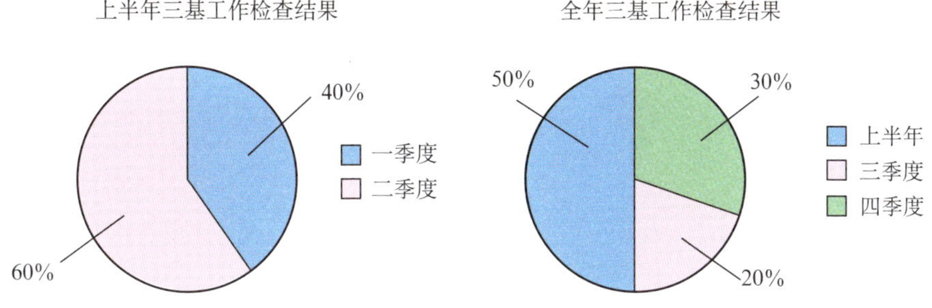

图4　三基工作检查结果

作、重点工作、业绩指标的完成情况，定期或不定期在全处开展对标检查，建立月度硬性指标完成情况和重点工作落实的动态考核资料，各科室综合专项检查和月度动态考核，对基层各单位打分排名，并报送企业管理办公室汇总，也打分排名；集中检查由处领导带队，企业管理办公室牵头、机关各职能科室参加，分别对各基层单位上半年或全年的三基工作进行全面、全方位和全过程的系统检查，并认真总结检查情况，剖析重复发生问题和制约发展瓶颈问题的根源，提炼、总结、选树典型示范。

（六）考核结果兑现

（1）实施月度考核兑现。按照“突出重点、过程控制、量化评价”的原则，全面实施“三级”奖金考核制，即处领导对机关科室、基层单位每月综合考核；机关相关科室每月对基层单位业务考核；各单位每月考核班组及个人。每月月初，由奖金考核领导小组办公室组织召开月度奖金考核会，收集汇总各科室、主管领导、主要领导考核资料，讨论通过后将当月考核结果报送处人事部门薪酬岗。

（2）实施季度考核兑现。每季度召开一次三基工作推进会，由企业管理办公室通报检查结果，并将结果报送处长（党委）办公室，纳入奖金考核体系，即每季度的检查得分结果适用于下季度的三个月，对排名前两位的单位，在考核得分的基础上分别加10分和8分，排名后两位的单位扣8分和10分。

（3）实施年度考核兑现。一方面依据年度综合检查结果，将基层单位划分为优秀基层站队、达标基层站队、不达标站队。对优秀基层站队奖励6000元，并树立为“基础工作示范点”，对不达标站队罚款6000元，在全处通报批评。

另一方面，将年度总评成绩与基层单位领导干部的业绩考核及评先选优相挂钩，按不同比例分配先进名额，根据岗位分为优秀管理者、先进个人等岗位类别。同时，把年度总评成绩作为基层单位评选先进集体和基层建设选先树优的重要依据。

四、“2+2”检查模式的实施效果

（一）“2+2”检查模式成效显著

通过一年的推广实践，“2+2”检查模式有力促进了输油二处三基工作的整体提升，推动了三基工作的系统化、规范化和科学化。一是凸显了业务科室的职能作用，机关科室更加重视，主要领导亲自参与，依据标准开展对标检查，查找、发现问题，协调解决基层工作中存在的难点、热点问题，充分发挥了机关科室的帮促、指导职能；二是凸显了过程的管理与控制，通过分项检查与集中检查有机结合，将日常工作、重点工作、业绩指标的完成情况纳入基础工作考评中，促使基层单位把工作重心放到日常管控上，更加注重各项工作的执行情况，有力地促进了全处基础管理工作水平的提升；三是凸显了管理的务实与高效，“2+2”检查模式把日常检查考核融入到基础工作整体检查评价中，每季度考评各单位基础工作，从而切实保证了基层工作执行有力、运转高效、落实到位，从而全方位拉动基层各项工作全面提升，实现了基础工作的系统化、规范化和科学化。“2+2”检查模式实施后，2011年输油二处共开展分项检查两次、集中检查两次，共发现各类问题1181个，与2010年相比增加了37%（图5）。

（二）三基工作水平明显提升

实施“2+2”的做法后，各单位能够结合自身实际情况，按照“务实、简约、创新、受控、效益”的工作要求，全面加强对三基工作的领导，以基层建设为载体，以夯实基础管理为重点，以增强安全的保障能力、生产的牵引能力、管理的创新能力为目标，安排、布置各项工作，将任务指标分解到班组和岗位，做到责任落实、时间落实、措施落实。在实施过程中，积极找差距、定

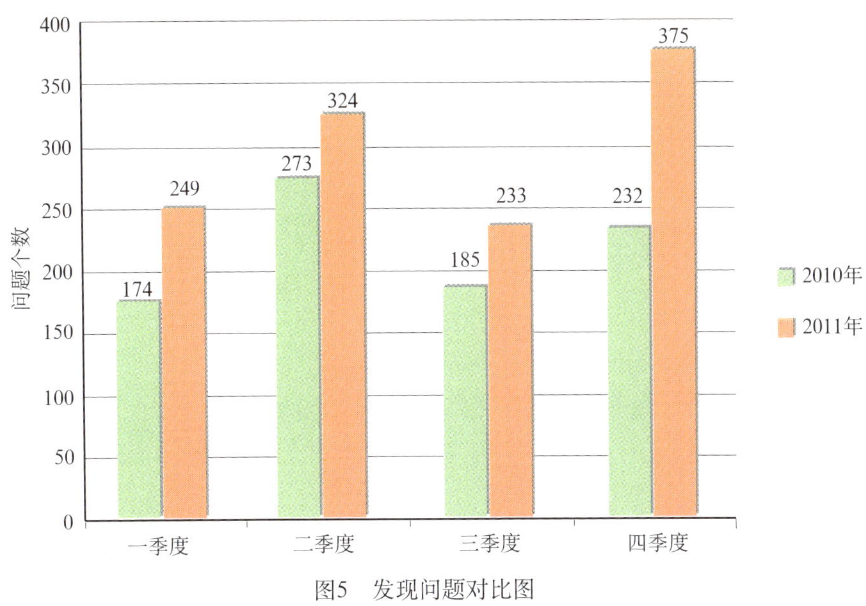

图5　发现问题对比图

措施、抓整改、促提升，有力推动了生产、安全、党群、经营等工作齐头并进，逐步形成先进更先进、后进赶先进和比学赶超的局面，全面推动了三基工作提档升级。

（三）基层创新能力持续增强

"2+2"模式推行以来，全处上下都能结合实际情况，认真思考，潜心钻研，创造性地开展工作，在生产上精雕细刻、经营上精打细算、操作上精心细致、切实把生产安全做精做优、把基础管理做细做实，不断提高发展的质量和效益，保证各项工作"行为规范、管理精细、工作高效、充满活力"，实现三基工作的全面协调可持续发展。如姬白首站从持续提升员工队伍素质方面出发，着力解决新员工多、技能水平参差不齐的问题，创新思路，主动开展工作，发动员工利用水桶、塑料水管、易拉罐等废旧物品，制作站内流程的微缩模型，将输油泵、换热器、储油罐、管线及阀门等主要设备和流程直观地展示在员工面前，把各个独立分割的功能区统一在一起，实现流程培训的立体化、直观化、形象化，取得良好的效果。

边探井的“结点”式管理模式

吕 强 张西军 王 柱
（超低渗透油藏第四项目部）

超低渗透油藏第四项目部是长庆油田为加快陇东油区超低渗油藏开发，于2009年8月12日新组建的一个油田开发和原油生产单位。主要负责甘肃省境内镇原—环县西南区域内油田的开发管理、生产组织、技术管理、原油集输、安全环保、矿权保护及队伍管理等工作。管理着镇原、演武两个油田，勘探面积4807.5km^2，目前日产1950t，是长庆油田超低渗油藏开发的一支重要力量。

方山作业区位于庆阳市镇原县三岔镇，目前共有员工135人，管理着综合站1座、油井51口、水井8口，日产液量300m^3、油量95t。2009年以来，随着超低渗透油藏第四项目部大规模的开发建设，发展速度进一步加快。面对新的形势、新的任务，方山作业区一边致力于原油生产；一边致力于新的、切合实际的管理方式的探索。经过不断总结经验、不断尝试，方山作业区推行的“结点”管理模式，通过抓住重要环节、关键点的“结点”管理，使各项工作顺畅运行。

一、“结点”式管理模式产生的背景

方山作业区横跨西峰、镇原、环县一区两县8个乡镇20多个自然村，探井多、拉油点多、社会化用工多，在管理中不可能面面俱到。经过仔细分析研究管理现状，作业区认为，要想在现有的资源上使整体工作顺畅运行，就必须找出能够贯穿作业区、影响作业区整体运行的重要环节关键点，并以此为“结点”进行重点管理、重点考核。

二、“结点”式管理模式的内容及具体做法

（一）“结点”式管理模式的内容

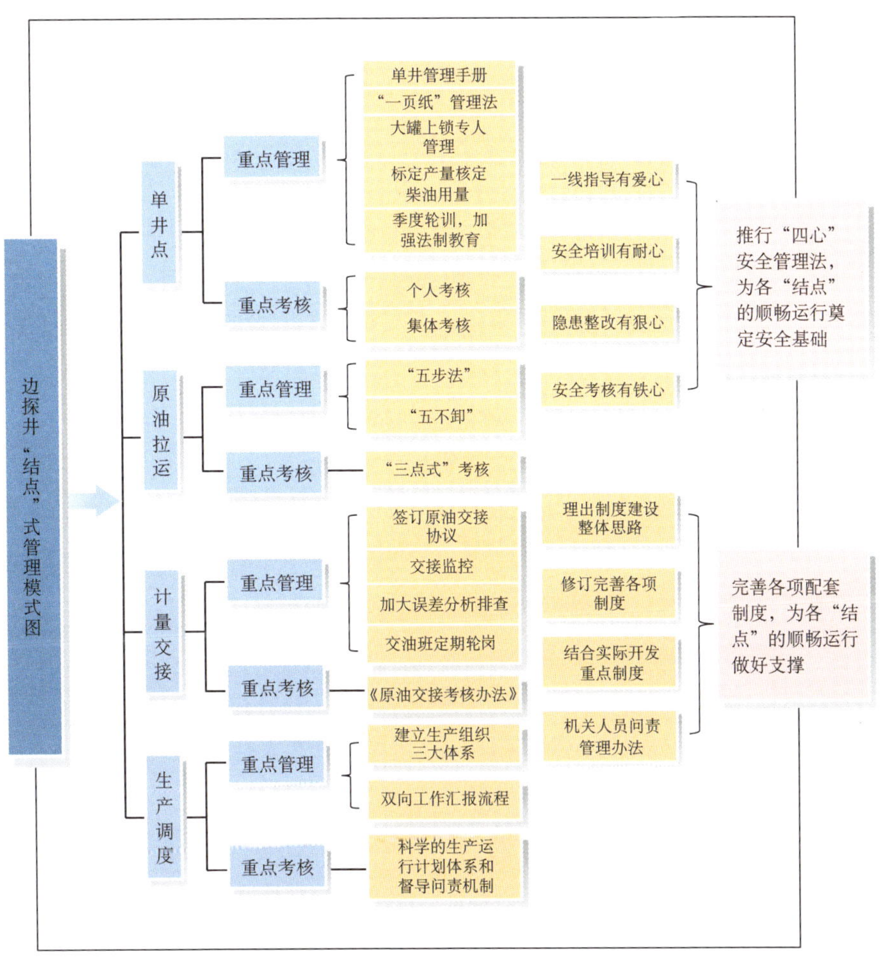

图1 “结点”式管理模式结构图

如图1所示，“结点”式管理模式，即以单井点、原油拉运、计量交接、生产调度为重要环节关键点，重点管理、重点考核。在实际运行中以安全管理为保障，以制度化建设为支撑，使各“结点”的各项指令执行落实到位。

(二)“结点”式管理模式的具体做法

1．“结点”一

单井点管理与考核。方山作业区所有油井均未进流程，51口油井都是探井，地处偏远、分散，而且都由社会化员工管理。这种现状对于点多、线长、面广的方山作业区来说，既是管理的难点，也是重点，更是一种潜在的安全隐患。

1）在管理上

一是制定印发“单井管理手册”。将各类设备操作知识、岗位相关知识、安全知识等汇编成册，让住井员工边工作、边自主学习，逐步掌握石油行业的相关知识。二是实行“一页纸”管理法。将各单井日常性工作中的相关安全知识、设备操作知识及日常性工作事项、工作量等内容在一页纸上用不足250字的简要文字表述，让住井工能够看懂、明白且容易记忆，减轻了住井人员的学习的压力，提高了单井管理效应。三是实行大罐上锁专人管理。为了保障油品经济安全，在所有单井点，均采取大罐上锁管理，钥匙由井区押油人员专人管理，在拉油时押油人员随车开锁监督。四是按标定产量核定柴油用量，按需发放。根据各单井日产液量、产油量及柴油机的运行状况，核定所有单井的柴油用量，严格控制柴油发放。五是对住井人员每三个月一次轮岗。六是加强法制教育力度，收集50多个石油行业、其他行业和发生在身边的案例，通过对各种案例的详细解析，让员工深刻明白“切莫伸手，伸手必被捉”的道理。

2）在考核上

由于各单井点是作业区管理的重中之重，所以在考核中，作业区采取个人考核和集体考核制相结合的办法。个人考核，即由井区和社服公司两重考核住井工；集体考核，即由作业区根据各单井情况，考核井区和社服公司进行。在考核内容上除安全、日常工作等之外，又增加单井液面与产量相结合的考核办法，杜绝住井人员以各种客观因素虚报、瞒报单井产量。

2．“结点”二

原油拉运的管理与考核。方山作业区管理区域较广，共有25个拉油点，点多线长面广，全区所产原油全部用罐车拉运，最远的拉油井距卸油点280km，且道路状况复杂，给原油拉运带来极大的困难。

1）在管理上

实行原油拉运“五五”管理法（在原油拉运工作中实行“五步法”和“五不卸”措施），通过制定“标、定、查、验、押”五步法，规范日常原油拉运工作。“标”，即制定标准工作制度、标准工作流程和各级岗位工作职责；“定”，即罐车装卸油必须定点停放、定点取样；“查”，即查“五证”是否齐全，在装油点和卸油台对罐车分别检查，通过查时间、查油罐、查铅封、查油票并详细核对装油时间、地点、方量与规定是否一致；“验”，即每辆罐车必须实行验罐、验票、验铅封、验含水、验含盐；“押”，即机关人员和民警队员轮流对原油拉运全过程跟踪押运，生产运行组利用GPS实时监控。“五不卸”，即铅封不符不卸、油票涂改不卸、含盐含水超规定不卸、罐口悬空尺寸不符不卸、铅封有异常不卸。通过“五步法”和“五不卸”措施的实施，较好地解决了原油运输过程中容易出现的矛盾和问题，有效地实现了原油从装车、运输、卸油的全过程受控管理，确保所产原油点滴归仓。

2）在考核上

主要突出原油拉运过程的“三点式考核”，将原油拉运工作分为拉油点、中途取样化验和卸油台三个关键点。在拉油点考核储油罐的液量、油量及罐车的拉油量、铅封、尺寸、含水；在中途取样化验中，考核化验工的职责履行情况、罐车拉油尺寸和含水；在卸油台考核化验工、卸油工的职责履行情况、罐车行驶时间、拉油量和含水。

3．“结点”二

原油交接计量的管理与考核。原油交接计量是方山作业区原油生产的最后一道关口，也是确保作业区利益不受损的关键环节。

1）在管理上

一是与交接方签订《原油交接协议》。经过与项目部相关科室及交接方多次研究协商，本着公平、公正的原则与交接方签订《原油交接协议》，确保原油交接工作在一个公平、公正的条件下有序进行，最大化的维护作业区利益。二是注重交油人员的管理。从法制教育、油品化验、计量交接等方面强化交接人员技能培训，提高素质，并结合原油交接工作实际，制定详细的原油交接制度，以制度约束交油人员爱岗敬业，认真履行职责。三是加强对交接双方的监控。不定期抽查交油人员，查交油人员是否履行职责、是否按照交接协议执行等，并要求交接人员在原油交接中严格监督对方，确保《原油交接协议》执行到位。四是加大误差的分析排查力度。对原油交接情况，要求交油班每天第一时间上报作业区调度室，一旦出现误差或交油波动大的情况，作业区则安排生产副经理带领技术人员进驻交油班分析查找原因，直至交接正常。五是对交油班员工实行定期轮岗制。

2）在考核上

制定《原油交接考核办法》，主要以交油班人员职责履行考核和交油误差考核为主，对不认真履行岗位职责的或人为造成交油误差的，双重处罚交油班和当班员工。

4．“结点”四

在各“结点”中，以生产调度室为中心，将各“结点”连点成线，使各全区各项工作与各“结点”紧密结合，并使各“结点”始终处于受控状态。

一是以调度室为中心连接各点成线。以生产调度室为中心，将单井、原油拉运、交油班及相关岗位连成一条直线，利用每天的生产碰头会和周度生产例会，收集信息，全面掌握工作开展情况，安排部署重点工作。

二是建立科学的生产运行工作计划体系和督导问责机制。以年度生产运行重点工作规划、季度专业生产运行重点工作安排、月度生产运行重点工作计划为主线，辅之以年度设备维护保养、月度油水井措施执行计划及月度设备检修计划，形成“年度有规划、季度有安排、月度有计划”的管理体系，使各项常态工作、例行工作纳入计划体系，减少事务性管理。

三是建立生产组织“三大体系”，使日常生产组织处于受控状态。形成单井—班点—井区—调度室—组室长—主管领导—主要领导系统流畅的“双向”工作汇报安排流程，逐步理顺生产组织管理体系；准确掌握基层各种生产信息和各项工作落实情况，形成信息反馈、信息组织、过程跟踪动态分析体系；建立岗位监控、班站考核、井区分析、作业区监督“四个层面”的生产动态监控体系。

四是全面推行总分倒减考核制和日写实考核制，每季度综合考核各井区、机关组室重点工作完成情况，考核与奖金直接挂钩，形成有效的奖罚体系。

（三）推行“四心”安全管理法，为各“结点”的顺畅运行奠定安全基础

（1）“一线指导有爱心”。深入推进“有感领导”理念，领导带头深入一线，通过可视、可感、可悟的个人安全行为，引领全员对各自岗位进行“危害识别与风险评估”。把安全生产理念传递给每一名员工，形成干部员工“共同参与、人人讲安全、人人落实安全”的浓厚氛围，保证安全生产“三零”目标的实现。

（2）“安全培训有耐心”。本着“重点突出、分类实施”的原则，引导员工时刻讲安全，谈教训；同时通过即发安全学习资料、举办安全知识答题竞赛、制作安全警示牌等多种载体，组织开展“人人争当安全员”等活动，不断增强员工安全意识。

（3）“隐患整改有狠心”。结合生产实际，进一步细化岗位员工日常工作、现场和生产资料的管理内容，将设施、生产区域、周边环境区域细分到岗位员工，切实从细节入手加大基础工作的管理力度，杜绝“跑、冒、滴、漏、渗”等现象的发生，坚持每月把存在的隐患问题做成多媒体的形式，专项剖析。

（4）“安全考核有铁心”。认真完善安全生产管理制度，深入推进“直线责任追究制”，把安全管理工作层层分解，建立分级负责、相互监督的机制，加大奖罚力度，按照月底检查结果严考核。对于机关组室，与承包井区挂钩考核、硬兑现，确保安全管理“横向到边，纵向到底”的落实。同时，由员工回忆发生在身边的安全案例或不安全现象，统一修订汇编成“我的安全历险记”印发学习，通过“借花献佛”，反思事故，把别人的事故当成自己的事故来抓，从而达到用身边的事来教育身边的人，提高全员安全意识的目的。

（四）完善各项配套制度，为各“结点”的顺畅运行做好支撑

（1）通过对以往工作的反思和今后工作的前瞻性研究，结合作业区实际，找出目前制度体系中存在的问题和不足，理出制度建设的整体思路，全面修订和完善《方山作业区管理制度》，涵盖生产、经营、党群等工作的各个方面，使其成为一套完整的、符合作业区实际运行的制度体系，在制度执行上做到“有法可依”。

（2）针对作业区边探井多、社会化员工多的实际，在《方山作业区单井看护点管理手册》中纳入油水井基本情况、岗位职责描述、工作流程描述、标准作业程序、危险源的辨识与消减等内容，方便社会化员工边工作、边学习。

（3）针对作业区各单井均为柴油机带动的实际，开发出适用于单井看护的《柴油机应用管理制度》，全方位加强生产管理，使单井看护点管理更具有规范性、针对性。

（4）制定机关人员问责管理办法，建立机关人员月度述职制度，全方位了解机关人员职责是否履行到位、工作是否有思路、工作态度是否认真，并接受员工的评议和监督。对于测评靠后的人员，降低奖金系数；连续测评靠后的人员，调离机关工作岗位。

（5）多次修订完善《原油拉运管理办法》和《原油交接管理暂行办法》，使之更加切合实际、更加具有可操作性。各项规章制度的建立和完善，保障作业区各项工作的顺利进行，更为“结点”式管理模式的顺畅运行提供了强硬支撑。

三、“结点”式管理模式的运行效果

（一）作业区整体管理水平大幅度提升

在以前的管理中，由于各种客观因素的原因，方山作业区的管理主要还是以“人管人、人管事、人管物”为主。在 “结点”式管理模式推行后，作业区各项规章制度得到健全和完善，各项工作流程不断清晰明了，作业区实现制度化、流程化、规范化管理。

（二）原油拉运工作运行顺畅，油品经济安全实现“零”发案

由于方山作业区的特殊地理位置和特殊管理现状，不少不法分子将犯罪目标瞄向方山作业区，偷、抢石油和石油物资的现象时有发生。自实行原油拉运“五五”管理法之后，在内部杜绝了内勾外联等苗头的出现，在外部切断了不法分子的犯罪途径。

（三）原油生产实现有序运行，原油产量保持平稳

推行“结点”式管理模式后，彻底解决了管理中的盲点和死角，原油生产组织井然有序，各项工作能有条不紊地开展，原油生产组织能够在计划内顺畅进行，原油产量持续保持平稳，与2010年同期相比，日产提高13t。

（四）社会化员工工作压力减轻，工作效率得到提高

针对住井工都是社会化用工的现状，自对单井点实行“一页纸”管理法之后，社会化员工只需了解、掌握与自己岗位相关的制度及知识，时间一长，单井点各项制度、操作流程、安全知识等都被熟记，而且养成习惯，员工的工作效率也随之提高。

以系统化为目标构建原油拉运管理体系

王崇安　张新科　黄　杰
（超低渗透油藏第四项目部）

系统优化管理就是把事物发展的全过程看成一个相对完整的系统。集输系统是由若干相互联系、相互作用的要素所构成的具有一定结构和功能的整体。原油拉运作为集输系统的重要组成部分，从原油拉运的各个环节分析，并用系统观念考虑计划、组织、控制、检查等基本职能，都是为了达到一个共同目标而组成的子系统。通过各个环节的相互作用，不断调节和优化，以规范化为基础、以过程管理为重点、以控制措施为保障，重点从罐车准入需具备的条件、拉油车辆调派管理、装车管理、拉运在途管理、车辆GPS监控管理、卸车管理、拉油票据及资料管理、铅封及条形码管理、拉油罐车标定管理等九个方面进行整改，提高原油拉运工作效率，消除风险环节，堵塞管理漏洞，不断调节和优化，构建一套切合超低渗第四项目部实际的原油拉运的管理体系。

一、构建原油拉运系统化管理体系的重要意义

负责开发镇原油田的第四项目部成立于2009年8月12日，管理区域横跨庆城、镇原、环县、勘探面积达4807.5km^2。由于新井投用速度快、集输系统不健全、交接油口分散、单井点数量多、点多线长面广，最远的拉油井距卸油点280km，而且道路状况复杂，作业区原油输送主要是靠86台油罐车拉运，每天液量为1860m^3，内部有镇四增、镇一卸两个卸油点，外部卸油点依托采油二厂中集站和北集站。因此，为进一步加强原油拉运环节管理和过程控制，规范原油拉运管理程序和监督程序，加强对原油拉运过程的日常监督检查力度，建立健全管理制度，堵塞管理漏洞，实现原油拉运的精细化管理，确保经济运行安全，构建以系统化为目标的原油拉运管理体系是非常必要的。

（1）构建系统化管理体系是保证原油拉运管理有效运行的必然要求。构建系统化管理体系是原油拉运顺畅运行的保证，在体系建设不断完善的同时，必然要求构建完善的机制，为集输的系统正常运行和原油生产任务的按时完成等目标提供科学、合理的保证。

（2）构建系统化管理体系是适应油田快速发展的客观需要。近年来，长庆油田作为发展西部的主战场之一，油气当量以每年500×10^4t的速度跨越式增长。第四项目部作为长庆油田快速发展的重要组成部分，产能建设速度不断加快，企业规模不断扩大。因此，构建系统化管理体系是适应大油田管理、大规模建设，保障企业又好又快发展的客观要求。

（3）构建系统化管理体系是提高企业管理水平的内在要求。建立科学系统的管理体系是确保企业各项工作统一、规范、有序运行，最大限度地减少或规避风险，保证企业协调、持续、快速发展的举措，是促进企业完善企业制度，规范企业管理行为，保证经济安全及信息真实、准确，进一步提高企业管理水平的内在要求。

二、以系统化为目标原油拉运管理体系的构建

（一）规范化管理是构建原油拉运系统的基础

（1）明确管理责任。进一步明确各职能部门、作业区、保安大队所承担的相应职责。生产运行科负责重新修订原油拉运罐车的配属准入管理办法。作业区负责本单位配属罐车拉运原油的全过程监管，确保运输过程油品安全。保安大队负责检查和督查各作业区原油拉运车辆，对油区重点路段、部位设卡、布控、设防，排查可疑拉油车辆，查验核对内部转油罐车油量、铅封和票据。

（2）建立和落实各项规章管理制度。相关部门重新审定、修改和完善《超低渗第四项目部原油拉运管理办法》，对准入公司及配属原油罐车提高准入门槛，实行《原油拉运罐车风险抵押金管理办法》，印发《超低渗第四项目部关于加强油品拉运交接管理实施细则》。作业区结合原油拉运实际，制定切实可行的原油拉运管理制度、实施细则和特别管理措施，保证油品在交接各个环节的有效监督监控，确保油品安全。

(3) 加大源头治理力度，进一步削减油品安全风险。一是车辆准入环节。进入项目部的拉油车辆，必须持有生产运行科、计划科发放的《超低渗透油藏第四项目部原油拉运证》，长庆公安分局消防科发放的《油气区出入证》，地方运管部门颁发的《道路运输许可证》（危货运输资格）、司驾人员《从业人员资格证》（危货运输资格），车辆保险证、行驶证和罐体检验合格证。作业区对罐车进行验罐、标罐，如遇罐体损坏需拆固定铅封维修，必须报生产运行科同意后方可拆除，维护完毕后由生产运行科、保卫科负责重新封打固定铅封，确定符合规定后，方可拉油。二是油品运输环节。保安大队全程跟踪监控内部原油拉运车辆，对油区重点路段、部位设卡、布控、设防，排查可疑拉油车辆，查验核对内部转油罐车油量、铅封、票据数据。生产运行科对配属的所有原油拉运罐车安装GPS监控装置，对于没有安装GPS监控装置或者GPS无法正常运行的车辆一律停运。作业区统一管理原油拉运罐车，对重车、空车统一指定地点停放、专人管理，无调度派遣，不得随意离开停放点。同时加快数字化建设速度，建立数字化管理平台，对油区道路重点路口、段、点，设置视频监控摄像头，利用科技手段，实施原油罐车装卸油环节和油品运输环节的监督监控。三是重点监控卸油环节。在镇四增、镇一卸分别设立保安门卫岗，严格执行夜间不准转油的规定，特殊情况需请示上级部门，对拉油车辆进站前进行安全检查、教育，严格审查核拉油车辆车号、司助人员、所持油票、铅封、《原油拉运证》、《油气区出入证》等进行确认无误后方可进站。卸油前有保安人员监督，与卸油台卸油岗、化验岗人员共同根据油票，核对上、下铅封号码，检验罐尺，提取单车油样化验，并与单井或井组资料对比，检查核对无误后方可卸油。如出现误差立即扣车，并迅速报告本单位核对处理。罐车卸完油后，计量人员对比卧式罐液位计指示量与实际卸油方量，由保安人员和卸油岗人员查验，确认无误后，共同对空车打铅封，并由卸油工、计量工、罐车司机和保安四方确认签字，车辆才能离开。

(4) 加强内外部关系组织协调。加强兄弟单位之间的统一协作和企地联动关系，纪检监察科会同保卫科、地方政府等相关部门积极开展综合治理工作。为了加强罐车督查力度，惩治非法贩卖原油的车辆，经第四项目部社会治安综治合理领导小组研究，专门成立油区整治小组，开展油区治安集中整治活动，24小时不间断地对原油拉运运输环节实施督查，通过该项活动的开展，保证项目部油区平安稳定。

（二）注重过程管理是原油拉运管理体系建设重点

为了规范原油拉运车辆管理运行程序，提高车辆综合利用率，确保原油集输系统安全顺畅运行。第四项目部重点从规范原油拉运管理制度、加强原油拉运车辆的管理运行、原油装卸车管理、在途管理、铅封及条形码管理、对拉油站（点）生产动态及库存管理和对拉油票据及资料管理等7个方面进行有效控制。

（1）建立原油拉运激励考核评价机制。第四项目部在审定、修改和完善各项规章制度的同时，明确规定对原油交接重点岗位人员实行人员准入、轮换、培训和奖励制度。一是准入人员必须是第四项目部所属基层单位的在册合同化、合同制员工，要求人员素质高、无不良记录，化验岗、计量岗人员学习岗位职责后，持有效资格证上岗，准入须在项目部备案；二是第四项目部每季度对各作业区化验及计量人员一次岗位调整，作业区每月在各卸油台之间进行一次内部岗位调整，化验岗、计量岗人员实行交叉调整；三是作业区每月平均组织集中培训12课时，不定期组织岗位员工轮训，并将该项工作纳入各单位年终考核范畴。

（2）加强原油拉运车辆的管理运行。进入第四项目部配属的拉油车辆，必须具备准入条件，进入程序必须符合规定。基层单位拉油罐车相对固定，若需换车，作业区必须以书面形式报请生产运行科同意。新到罐车需验罐、标罐，符合要求后方可拉油。同时，在作业区建立健全拉油罐车档案，内容包括车型、车号、吨位、司助人员姓名、车辆所属单位等基本信息。

（3）原油装车、卸车管理。在装油过程中，装油人员在车辆进站前进行安全教育，严格审查车辆车号、司助人员、油票、铅封及相关证件，确认无误后才能进站装油；装油过程做到严格审核把关，站内值班人员操作时，押车人或司助人员履行落实监护职责，装车完成后按照油票注明的位置打好铅封，并填全油票及附票中的相关内容；车辆到达卸油台后，卸油人员对油票登记的信息认真地一一核对；卸油人员卸油时，司机、押车人进行现场监护；卸油结束后，由押车人员确认罐内原油是否卸净，并检查铅封是否打好到位。

(4) 原油拉运在途管理。在原油拉运过程中，每辆拉油罐车必须有一名押车人，同时定期轮换押车人，并加强职业道德和法纪法规教育。正常情况下，装满原油的罐车必须在规定的时间到达指定的卸油点。作业区车辆调度要对原油拉运在途车辆实行GPS实时监督，遇到特殊情况，押车人应及时电话通知作业区调度及主管人员，做好记录。由保卫部门负责在油区道路上，对原油拉运在途车辆实行不定期督查、巡查，重点检查原油拉运车辆油票、铅封以及相关证件。

(5) 铅封及条形码管理。铅封及条形码的定制、发放统一归质量安全环保科管理，作业区根据实际拉油情况提前上报、领取铅封、条形码，并在生产运行科和保卫科备案。质量安全环保科对作业区领取和交回的铅封、条形码及领取单位、数量、人员、时间、编号等造册备案。作业区领取的铅封统一由生产组保管、发放，并登记造册发放和回收的铅封进行。在拉油时，由调度值班人员在开油票的同时给跟车人配发应打的铅封，在油票上注明应打的具体位置。作业区对当天发出的铅封在当天或次日回收核对一次，对回收的铅封妥善保管，每月向质量安全环保科上缴一次，安全部门核对检查发放和上缴时的铅封数量和号码。

(6) 对拉油站（点）生产动态及库存管理。各单位指定专人负责拉油单井的生产动态、站点库存变化情况，及时分析动态变化的原因，并作为产量分析的重点内容。同时建立单量和监督检查制度，定期检查各拉油点的库存情况、现场资料、设备运行情况，提高单井拉油点基础管理水平。

(7) 对拉油票据及资料管理。由各单位生产组开具当天拉油票，实行一车一票制，在油票上注明拉油点名称、车型、车号、标定方量、上下铅封号等信息。装卸油过程中，装油信息由装油人员填写，卸油信息由卸油人员填写，装油人、卸油人、司机、化验人等都由本人签字，他人不得代替。当天拉油结束后，生产组调度值班人员及时回收整理油票，与装油点、卸油点核对装卸油量，确保资料对口。各单位生产组建立健全油票、铅封发放回收记录及装卸油记录，在装油点建立《原油拉运综合记录》、卸油点建立《卸油综合记录》，并通过各种措施保证资料填写规范、数据真实可靠。

（三）靠实各项保障措施是原油拉运系统化管理的关键

（1）抓好分阶段重点工作。相关部门人员第一阶段通过听汇报、查资料、现场核实和走访了解等方式，检查各单位原油拉运管理制度、拉油过程监管、资料录取及存在的问题，形成调研报告，提出整改措施。第二阶段复查现场存在问题的整改情况，跟踪检查整改效果，及时反馈信息，总结经验，拓宽思路，对检查中发现的典型问题，作业区深入解剖，查找根源，针对管理上存在的漏洞和薄弱环节，进一步完善各项管理措施和制度。第三阶段验收项目实施情况，形成验收检查报告。

（2）信息反馈及时有效。调度室当班人员每天及时收集原油拉运车辆动态信息，做好原油拉运派车记录、原油拉运GPS监控、押油人员登记台账、当天原油拉运报表等台账，于当晚20：00上报主管领导；出现台账记录不清，信息、报表上报不及时等现象，一次处罚调度室当班人员200元；调度室对当天返回待派的车辆，及时收缴前一车次使用的铅封、油票，每出现一次铅封油票收缴不及时、无司驾人员签认等现象，处罚当班人员50元；交油班卸油信息上报不及时、数据不准确，每出现一次处罚100元；拉油车辆到站后，卸油台罐满或特殊情况，须将车辆停放在卸油台门口，由交油班负责督察，一经发现不按规定或不到站停放，每次予以停车两天处理。通过实施相应的处罚手段，使各类信息及时而有效地反馈，保障了原油拉运过程中各类问题的处理和解决。

（3）推广先进经验、做法。由于从拉油点到采油二厂北集站300多千米，距离比较远，第四项目部制定“标、定、查、验、押”五步管理法，规范原油拉运日常工作。“标”，即制定标准工作制度、标准工作流程和各级岗位工作职责；“定”，即罐车装卸油必须定点停放、定点取样；“查”，即查“五证”是否齐全，在装油点和卸油台对罐车分别检查；“验”，即每辆罐车必须实行验罐、验票、验铅封、验含水、验含盐；“押”，即机关人员和民警队员轮流对原油拉运全过程跟踪押运。在运行过程中坚持“五不卸油”措施，即铅封不符不卸、油票涂改不卸、含盐含水超规定不卸、罐口悬空尺寸不符不卸、铅封有异常不卸。通过在全项目部范围内推广“标、定、查、验、押”五步管理法和“五不卸”管理法，较好地解决了原油运输过程中容易出现的矛盾和问题，有效实现原油从装车、运输、卸油的全过程受控管理，确保原油生产过程的正常运行。

通过一系列制度和工作措施的落实，对发现的问题提出整改意见，严肃处理发现的违纪违规行为，认真分析研究管理中的薄弱环节，查找根源，从源头上建立健全各项管理制度，规范运行，有效发挥各项工作职能，确保原油拉运安全。

三、认识与体会

通过以系统化为目标构建原油拉运管理体系，促进了技术、安全、环保、管理升级，提高了原油拉运管理效率，提升了企业核心竞争力。

（1）强化各个环节的控制是原油拉运管理体系的保证。第四项目部在规范原油拉运各个关键环节的同时，由纪检部门牵头，各部门及基层单位紧密配合，通过各项措施的顺利实施，进一步缓解原油集输系统不畅的问题，避免了原油流失、被盗及油品损失。在重点抓好技术措施、管理措施、监督措施的基础上，加强生产环节管理和过程监控，规范了原油拉运管理程序和监督程序，为第四项目部原油上产提供了重要的保证。

（2）加强各级管理人员、关键岗位和重点岗位人员的责任意识是建立原油拉运体系的重要环节。项目部认真组织相关人员学习有关管理制度，不断提高管理人员制度执行力，逐步形成用制度管理、用制度办事的良好氛围。工作中严格按照“谁主管谁负责”的原则，安排素质良好、能力突出的人员到重点岗位工作，一旦发现问题，追根溯源，除追查当事人责任外，还要追究当班领导的责任，有效地加强了各级管理人员、关键岗位和重点岗位人员的责任意识。

（3）不断削减风险环节是原油拉运管理体系建立的目的。加大源头治理力度，削减油品安全风险、消除各类安全隐患是原油拉运的最终目的。项目部通过组织原油拉运管理体系的运行，较好地解决了原油运输过程中出现的诸多问题和矛盾，确保了油品安全，原油拉运效能监察项目建设进一步规范。同时，原油拉运管理体系的创建，对油田企业在发展过程中，实现原油拉运过程规范化、精细化、系统化管理具有一定的指导意义。

“4+4”应急抢险工作体系

李　豪　陈新闻　王学军　刘文军
（第一采油厂）

采油一厂地面维修抢险大队是安塞油田唯一一支应急抢险专业队伍，在油田应急抢险中发挥了抢险主力军的作用。作为油田生产建设的抢险排头兵，在厂专业部门的指导下，按“塑造品牌、和谐发展、快速响应、全力保障”的工作主题，在油田生产抢险中实施的“4+4”应急管理体系，经过近几年的探索和实践，在大队上下戮力同心、团结协作下，构建了顺畅有效的应急抢险工作体系，为采油一厂原油生产任务的完成提供了坚实的保障。

一、“4+4”应急管理体系产生的背景

（一）油田发展的迫切需要

近年来，随着采油一厂原油产量的不断攀升，根据采油一厂站多面广、油水管网错综复杂、油区道路路段艰险、电网系统覆盖面广、新井投产逐年增加等实际情况，每年的油田维修抢险工作量也在进一步递增。因此，保障顺畅的应急抢险机制对原油生产有着重大的意义。

（二）提升抢险能力的保证

近年来，油田应急抢险事件频发，快速、安全的处置能力就显得尤为重要，这就需要一套与现行发展形势相匹配的应急抢险机制来完成。在多年的应急抢险中，逐步探索，并形成适应安塞油田日常抢险生产的“4+4”应急管理体系。

（三）服务原油生产的基础

近年来，通过多次抢险实战，“快速响应、全力保障”的工作主题已深深

地印刻在抢险员工的心中。2008年以来，通过不断完善现有的十余类应急抢险预案和各类工作制度，逐渐探索出一些适合油田服务的保障措施。通过具体实施，取得明显成效。

二、“4+4”应急管理体系的应用

“4+4”应急管理体系，即构建“四项应急工作机制”，发挥“四项职能”。

（一）构建“四项应急工作机制”

（1）构建科学完备的应急预案机制。分别制订油气泄漏、火灾爆炸、防洪防汛等10项三级预案。在各队开展道路抢险、集输管网抢险、电力抢险、水上应急救援抢险，保证了遇突发事件时应急工作忙而不乱。并不断总结好的经验和做法，结合生产特点、工艺流程、地理环境等因素，修改和完善预案，使预案更加贴近实战。

（2）构建顺畅有效的生产组织机制。为确保生产组织秩序平稳有序，从生产实际出发，将全年生产组织工作作为一个系统工程来抓，具体实施以下几项措施：

① 进一步强化生产调度室在生产指挥过程中的中心地位。制定《生产管理制度》、《生产信息反馈制度》、《工程质量管理制度》等规定。

② 坚持每旬一次的生产例会制度。对生产中出现的各类矛盾及技术问题，及时分析解决，保证了各项工程的顺利进行。

③ 实行重点工作督办制。将抽油机安装工作当作上产工作的重中之重，每次安装都由队干部亲自跟班指导工作，确保了生产组织的顺畅有效。

④ 建立生产运行奖惩机制。加大对生产过程的正向激励与处罚力度，极大地调动了广大员工的生产积极性，确保了生产组织的顺畅有效。

（3）构建全面受控的安全监管机制。不断采取属地管理、直线责任等有效措施，确保了生产组织的安全平稳运行。

① 建立健全HSE委员会，逐级签订《安全环保责任书》，实行领导分片承包生产要害岗位。

② 组织全体员工反复学习“反违章六条禁令 ”，与每位员工签订《反违

章承诺书》及遵守六条禁令承诺书。

③ 实施安全管理精细化考核，每月综合考核各基层单位的安全制度落实、设备安全管理、交通安全、员工培训、应急管理、施工作业等。

④ 明确划分安全监督实施职责，确保了大队各类施工作业“全员、全过程、全面”受控。

(4) 构建全员参与的员工培训机制。积极引导全员树立“态度决定状态、状态源于心态”的学习观，大队利用冬季休整，每年举办为期40天的综合技能培训班，组织电工参加第一采油厂电力春检培训班，外出培训焊工、电工等特殊工种，打造一支能打胜仗，敢打硬仗的维修抢险队伍。

（二）发挥“四项职能”

(1) 发挥电力保障职能，实现油区低压电网供电平稳。认真编制每年的电力春检运行方案，把春检任务指标分解到班组，落实到人头。在油区较为集中的地域设置值班点，实行倒班制。河庄坪地区、谭家营两个自备电站人员，精细保养、定期检修每台机组，使5台发电机组始终处于最佳运行状态。河庄坪开关站工作人员严格执行工作票制度，确保全年供电安全平稳。

(2) 发挥油维抢修职能，确保地面采输系统平稳高效运行。全力做好油田管网抢险常用料的预配工作，利用空余时间焊制储油罐，在发生紧急抢修情况时，能够随时调用。针对油区管网系统普遍老化，油水管线腐蚀破裂状况频繁发生，接到抢险指令后，切实做到“快速响应、全力保障”。加强油维抢险工器具的管护，保证抢险工作的顺利进行。

(3) 发挥道路保障职能，确保油区道路舒适畅通。加强与相关部门及兄弟单位的联系和沟通，及时做到道路维护信息畅通，维护处理问题及时。坚持道路养护回访制度，加大对道路养护队伍的日常管理，提高道路维护质量，切实发挥油区道路管理职能，对道路养护设备、车辆做到勤检修、勤保养，杜绝以任何理由拖延道路施工现象的发生。

(4) 发挥水上应急救援职能，确保王窑水库万无一失。王窑水库水体安全是长庆油田安全环保工作的重点区域，大队采取了多项措施来加以保护。

① 在水库的两条支流上各建3道固定式围油栏。

② 加强维护保养延安环保应急库所存放的设备和物资，使其始终处于最佳备用状态。

③ 适时开展水上应急预案演练，2009年以来成功实施3次水上原油泄漏预案演练。

④ 运用数字管理，实现王窑水库全面监控。

三、取得的实际成效

(1) 确保应急工作机制的畅通。通过完善10项三级突发事件应急预案，开展多次专项应急预案演练，制定各类管理制度，构建全面受控的安全监管机制，树立全员“态度决定状态，状态源于心态”的学习观，提倡全员参与的员工培训等，打造了一支能打胜仗，敢打硬仗的维修抢险队伍。

(2) 有效地发挥了生产保障职能。认真组织年度电力春检，在油区设置电力抢险值班点，确保供电安全平稳。接到油区水管接到抢险指令后，切实做到“快速响应、全力保障”。加大对道路养护队伍日常管理，提高道路维护质量。运用数字管理实现王窑水库全面监控和固定式围油栏防御拦油，并多次成功实施水上原油泄漏预案演练，做到为原油生产保驾护航。

(3) 以品牌工程提升大队影响力。第一采油厂首届“好汉勋章”获得者刘荣、第一采油厂首届“安全卫士”安海东、十大“员工之星”常怡立已成为大队品牌形象的代言人。在近年多次油田抢险中，迅速出动，履行职责，受到油田公司和第一采油厂的多次表彰，并先后参加兰－郑－长成品油泄漏抢险、洛川污油泥泄漏抢险等大型抢险，得到上级部门的一致认可。水上应急中心还成功地迎接了国务院国有重点大型企业监事会、陕西省政府、省人大、环保厅、中国石油天然气集团公司、各油田及长庆油田各兄弟单位的参观，成为油田开发环保示范的“前沿阵地”。

后勤服务保障的管理化物业模式

杨 毅 张建军 马玉宾 孙永刚
（第二采气厂）

管理化物业模式作为后勤服务的一种全新模式，是第二采气厂在“专业化管理、市场化运作、社会化服务”理念的引导下，通过多年摸索与改进，形成的后勤服务管理方面的全新模式。

一、管理化物业模式产生背景

油田公司建设“西部大庆”及实现年产油气当量5000×10^4t宏伟目标逐步实现，低成本战略等六大系统工程不断深入推进，油田公司在后勤服务方面以“创新矿区服务理念、引入现代物业管理模式、提高矿区管理和服务水平，打造平安、和谐、高品质的石油矿区”为指导，提出“提供优质服务、服务职工群众、创建和谐矿区、促进公司发展”的目标，采气二厂积极调整后勤保障服务工作布局，坚持市场配置资源，降低成本投入，通过不断摸索与创新，建立后勤服务保障的管理化物业模式，使传统企业的物业管理向新型企业管理物业优质转型，使管理效力明显提升，服务水平向专业化迈进，控制了物业服务人员增长，使有限的人力资源充分发挥到生产之中，切实发挥服务保障作用，顺应公司整体发展的需要，从而真正落实“以人为本”理念，为企业、为员工提供更专业、更优质的服务，为构建模范和谐矿区奠定了管理基础。

二、管理化物业模式的释义

管理化物业模式是结合采气二厂后勤物业工作实际，摸索总结出的一套全新管理模式，即将企业办公楼宇及相关物业工作内容，以合同承揽方式，全权委托社会物业管理企业开展管理及服务，物业管理企业量体裁衣地制定物业管理实施方案，为企业提供办公服务、食堂服务、公寓服务、房屋维修、卫生保洁、绿化及综合服务等一体化物业服务，企业主管部门实施监督管理的方式。对后勤物业进行业务剥离，实行管理化物业，既是油田公司发展的必然所趋，又充分解决油气生产单位用工矛盾，符合低成本战略发展的要求。同时，以专业化的服务，提升后勤服务水平，更好地发挥生产保障服务职能。

三、具体做法

（一）建立制度保障体系

整合出台《第二采气厂后勤事务管理细则》和《第二采气厂非生产性物资管理细则》等制度，作为纲领性文件，制定《物业管理实施细则》和《物业管理考核办法》等配套管理制度，并要求承包商依据采气二厂相关制度，制定《物业服务岗位说明书》和《物业服务标准化工作流程及工作标准》等相应文件，建立健全管理化物业配套制度体系。

（二）管理化物业具体业务实施

1．业务范围

采气二厂根据实际情况，将物业服务区分为倒班点、集气站运行。倒班点物业服务涉及倒班点场地及楼宇内的卫生保洁、员工餐厅厨服操作人员的输入、会议服务、专家公寓服务、物业维修、绿化养护等业务；集气站物业服务涉及绿化养护、垃圾清运、厕所清洁等业务。

2．管理方式

通过社会公司输入人员，甲方实施质量管理，具体由事务管理站负责制定物业服务相关管理制度，并依据行业标准制定工作质量标准、监督考核办法和细则，检查考核物业服务工作质量，履行监督考核职能。社会物业服务公司根据甲方的管理意见，按标准开展日常物业服务具体工作。具体如图1所示。

（三）围绕“四化四法一准则”展开管理化物业模式

采气二厂在管理化物业模式推进过程中，围绕“管理效果以凸显根本减少管理运行成本和提高服务水平为衡量准则”这一核心，在实际工作中以“四

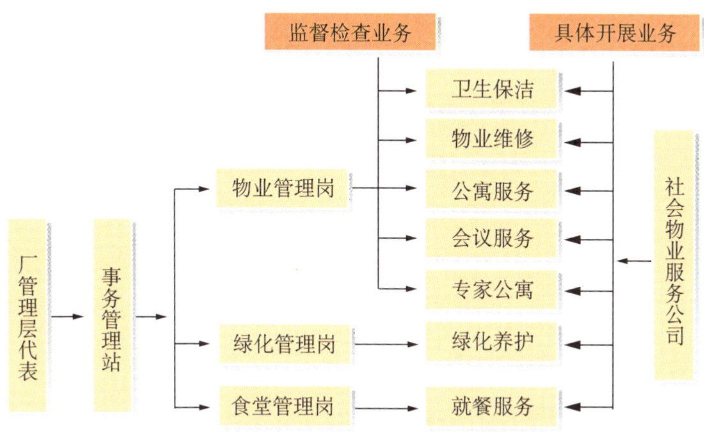

图1 第二采气厂“管理化物业”具体业务实施

化”为指导，坚持“四法”，持续改进，细化服务，定标准细衡量，查落实看效果，员工看部门管，勤反馈共提高。

（1）突出“四化”的纲领性作用。实际工作中，明确“制度建设指向化、服务标准职业化、检查考评经常化、服务提升常态化”的指导方针。具体工作开展时，首先搭建管理化物业标准体系。从食堂服务、专家公寓服务、内勤服务、物业服务、绿化养护五个方面出发，依据国家标准和行业标准，结合采气二厂实际，编制管理化物业标准体系文件，制定工作规程、服务标准、服务内容及责任制度，逐步整理形成管理化物业标准体系，明确40个制度、28个工作标准、120个工作程序。建立专人定期巡查机制，即岗位管理人员对照《物业管理工作标准》每日抽查，每周普查，每月组织员工代表巡查，将检查结果作为考评物业公司的依据，通过考核发现问题，督促物业公司制订解决方案，实现服务质量与水平的长效提升。

（2）注重“四法”的实用性效果。以“服务标准动态跟进法、事务例会综合考评法、管理层定期联席座谈法、服务质量跟踪回访法”为主要内容的“四法”，一是通过日常意见汇总，甲乙双方共同总结研究现有服务标准的适配程度，重新标定失衡标准，采用动态跟进的方法，建立“对标—失衡—提升—标定”的循环推进机制，使服务标准始终迎合广大员工需求，适应发展需要。二是每月定期组织基层单位员工代表和物业公司代表召开事务例会，一方面征集员工意见，使员工参与物业管理，提供更具代表性和广泛性的意见，另一方面使物业公司及时掌握第一手的意见反馈，综合考评物业公司，进一步督促物业公司提高服务水平。三是事务管理站与物业公司建立管理层定期联席座谈机制，沟通协商物业服务的质量、工作水平、工作困难等问题，同时对工作中的失误和存在的问题，共同研究改进方法和措施，提高服务整体水平。四是通过向重点单位和公寓住户发放质量回访单，开展服务质量跟踪回访，调查服务满意度及存在的问题和意见，逐项整改存在问题和意见，实现“需求—解决—满意”的闭环链接，保证服务质量。

四、取得成效

（1）有效地降低成本支出。实行管理化物业，不但实现后勤服务工作人员的零增长，精减人员，同时降低直接费用支出，以最小化的财力、人力投入，保障全厂生产建设的快速推进。近三年来费用测算平均节约22%～23%，是目前采气二厂尝试探索出的符合公司低成本发展战略、适应现代企业发展管理需要的成功模式。

（2）提升物业服务水平。自从采气二厂推广应用管理化物业模式以来，由于物业管理公司提供高品质专业管理及服务，为广大员工营造安静舒适的工作生活环境，使员工能够安心、舒心工作。同时，也大大提高了员工对后勤保障服务的满意度，通过测评员工满意度达到84%。

（3）树立良好企业形象。通过物业管理向管理化物业的切实转变，使后勤服务走上职业化道路，对内打造优质服务，对外树立形象窗口，尤其是倒班点管理，在油田公司上下及驻地社会各界普遍受到好评，为采气二厂树立了良好的社会形象。2006年以来，采气二厂先后荣获陕西省“园林式”单位、榆林市“双创”工作先进组织单位、榆林市卫生一类单位和餐饮B级企业等称号。

员工队伍建设篇

长庆油田基层管理案例集萃（第三辑）

等式文化在吴一联合站的实践与应用

谢银伍　袁俊平　罗开军　王淑琴　刘尧刚　黄　晶
（第三采油厂）

新寨采油作业区吴一联合站在落实采油三厂执行文化的过程中，在“五自管理”的基础上，将落实执行文化的措施进一步细化，形成吴一联合站的“等式文化”，即“注好水=采好油、无隐患=零事故、爱岗位=爱自己、小创新=大收益、行相同=心相通”，并以此为切入点，不断夯实各项管理根基，促进班组基层建设水平的整体提高。

等式文化在不断发展中，延伸其特有的文化内涵：以提倡员工在工作中务实高效、执行有力，不找借口、完美执行；在自己的职责范围内，圆满地完成各项工作任务，不推诿、不拖拉，以完成工作为最终目标，即“工作执行好+工作方法好=工作完成好”。使员工立足岗位以“言必行、行必果”为行为指导，在行动中实现新的诠释。

一、注好水等于采好油

针对超低渗透油藏开发的特点，作业区对吴420区块制定“注水先行”的开发技术政策，通过实施超前注水、精细注水、管网优化等措施，保证油藏注够水、注好水，为采好油提供了充足的能量保障。

（1）严格落实油藏差异化管理，丰富超前注水技术，提高注水井的吸水厚度和水驱效率，实现油田开发的良性循环。

（2）以强化油田精细注水为主要工作，通过实施分层注水开发技术政策，开展注水管理提升月活动，提高注水精细化水平，确保注好水、注够水、精细注水。吴一联合站所有注水井都实现数字化数控稳流自动调节注水，避免了因系统压力波动造成注水不平稳的情况，实现平稳、精细注水。

（3）不断优化注水管网，有效缓解了吴一联合站注水系统满负荷压力，优化系统运行，为精细注水创造了条件。

（4）实施注水井健康管理，吴一联合站建立注水井“健康”档案，掌握注水井的生产史，使井下管理全面走向规范化、量化。由技术员从井史到结垢腐蚀的位置和程度，以及治理措施等情况，准确完整的做好记录，为调整注水参数和井筒治理提供了充分的依据。通过反复的前后对比、分析，提出相应的治理措施，有针对性地加强日常井筒管理，减少上修频率，确保注水井“健康”注水。

（5）不断完善注水技术的适应性，形成以超前注水为主的油藏阶段性相适应的开发技术系列，各项油田开发指标逐年变好。

二、无隐患等于零事故

吴一联合站将安全管理工作作为一项重点工作，从安全意识、安全行为、安全技能等方面全方位预防、控制、消除隐患，保证了联合站的安全、平稳运行。

（1）借鉴杜邦安全文化理念，树立隐患必治的意识。联合站全面推行“杜邦安全文化”理念，学习借鉴“杜邦安全文化”中好的经验和做法，向员工深入灌输“杜邦”安全理念，使员工牢固树立“一切事故都是可以预防”的理念。在每次生产会前，组织员工学习《中国石油天然气集团公司安全经验分享知识读本》，通过图文并茂的形式为员工灌输安全思想。同时，每个管理者、班站长都时刻监督岗位员工的操作行为，发现违章及时制止和纠偏，形成“人人都是安全员、人人都来查隐患”的良好氛围。

（2）加大标准化操作培训力度，在学习过程中强化安全意识。吴一联合站始终以标准化操作为重点，修改完善所有岗位的工作流程。同时，以作业区开展干部员工“双百轮训”工程为契机（员工100%实现脱产到基地培训一次，干部100%实现离岗到基地培训一次），干部轮训由作业区领导担任授课老师，员工培训由作业区培训技师担任授课老师。通过培训，使员工在学习过程中强化安全意识。

(3) 推行危险源显现化“三分管理”，最大限度地预防隐患。吴一联合站为了确保安全管理工作时刻处于受控状态，推行危险源显现化“三分管理”，用直观的方法揭示安全管理状况和管理方法，让危险源“显现化、直观化”，让岗位员工能够看出工作的进展状况是否正常，并迅速做出判断、制定对策方法，从而预防或减少隐患发生，增强员工安全意识，纠正员工操作行为，推进标准化作业程序实施，实现安全生产。

(4) 实施设备“1241”管理法，在管理过程中消除隐患。设备“1241”管理法是吴一联合站自行总结的一套适合联合站运行的设备管理办法，具体内容是“1制”，即实施设备点检制。“2卡”，即设备PSRT卡、设备管理健康卡。“4定”，即定人，每台设备都对应相应的管理人；“定机”，根据每台设备的运行状况和运行原理，制定相应的维护保养措施；“定时”，明确设备维保的时间；“定责”，明确设备管理的责任和标准。“1评估”，即采集设备完好率、故障排除率、保养到位及时率、运转参数正确率等方面数据，评价设备现场管理的效果。设备“1241”管理法的施行，为设备的管理提供了全过程、全方位的保障。

(5) 落实属地管理原则，保证全员参与隐患治理。联合站在施工管理过程中，推行施工队伍标准化管理，成立施工管理小组，规范标准化管理程序，在联合站历次的施工改造和外单位施工作业过程中，均实现安全零事故。为了进一步根除人为隐患，联合站在站门口设置安全宣誓台，员工每次换班、休息后上岗都要以“六条禁令”为主进行安全宣誓，不断深化员工对“六条禁令”的理解和安全生产认识。

三、爱岗位等于爱自己

吴一联合站倡导“我的岗位我负责、我的安全我负责”的理念，强化员工的责任心，严格落实员工的岗位责任制，从资料录取、报表填写、巡回检查、产量监控等日常工作入手，通过理念引导、制度激励、岗位轮换等措施，不断强化员工爱岗敬业的意识，实现岗位员工从“要我做好”到“我要做好”的转变。

（1）严格落实岗位责任制，充分发挥岗位职能。联合制对站点注水系统、原油集输系统、伴热系统等运行参数，实行24小时的不间断监控采集，当班产液量（或日产液量）波动5%或以上（或根据实际情况确定合理警戒线）时为异常，及时落实波动原因，向下追踪到相关站点、直至井组，向上及时汇报至采油作业区，并将异常波动原因的落实情况做好记录。联合制还推行设备的“点检”管理（点检管理将设备日常管理分为定点、定标、定期、定项、定人、定法、检查、记录、处理、分析、改进和评价等12个环节），突出设备的主动定期检查、主动发现异常、主动分析检修、持续评价改进，提高设备的利用率和完好率，实现设备的受控运行，保证联合站的平稳运行，促进岗位职能的最大限度发挥。

（2）实施员工“一对一”交接班工作法，保证行动一致。吴一联合站实施“一对一”交接班工作法，交接班员工彼此将本岗位需要交接的事项当面交接清楚，有效地避免了工作交接遗漏、不清的状况，使员工在明确责任中形成相互信任、互帮尊重、相互帮助的合作文化，提高了工作效率。

（3）实施绩效量化考核，激发工作积极性。为了强化员工的责任心，联合站将岗位绩效量化考核作为落实岗位责任制的重要手段，严格按照绩效量化考核的指标和要素考核，对每个岗位员工，都根据其完成工作的质量和表现，每月考评一次，实行岗位晋级，合格的“上台阶”，不合格的“下台阶”。并从收入上激励员工，形成人才梯队，优胜劣汰，使一些综合能力强、工作责任心强的员工走上班站长岗位，建立起适应生产管理的“人才成长模式”。

（4）实施岗位对换，提升员工爱岗的能力。为确保员工的综合技能的有效提升，联合站对不同岗位员工实行相对灵活的对换安排，让每名员工都能在多个岗位工作，熟悉更多的岗位操作流程和不同的运行要求。岗位对换制实行以来，有效地历练了员工的互助精神，提升了员工的岗位责任心。

四、小创新等于大收益

为了进一步提升联合站管理水平，联合站探索形成一系列管理创新方法，为联合站的管理注入了新鲜活力；同时倡导员工积极参与创新活动，集思广益，发挥个人聪明才智，涌现出了不少经济、实用的“小创新”、“金点子”，取得很好的收益。

(1) 创新“五自”管理法，提升自主管理能力。吴一联合站多元化用工较多，为了有效管理多元化员工队伍，提升员工的自主管理能力，结合“五型”班组创建目标，探索形成 “五自”管理法（自强促学习、自律促安全、自检促清洁、自觉促节约、自爱促和谐），使员工自主管理的意识明显增强，自主管理能力得到提升。

(2) 实施“228”产量预警管理，保证产量时刻受控。“228”产量预警管理模式是站点员工对2小时内产进量不正常情况，及时上报班站长；班站长分析上报全井区2小时产量波动情况；联合站干部查找分析8小时（每班）内产量不正常的原因。联合站积极落实“228”产量预警管理模式，不断完善产量监控网络，采取“干部承包制”，建立面向单井、站点、联合站的“三级产量监控网络”，由联合站干部、站长、岗位员工组成产量监控分析小组，及时分析原油产量出现波动的原因，提出有效地应对措施，及早组织实施。

(3) 多举措创建综合治理“三道防线”，确保油区平安。针对油区恶劣的外部环境，吴一联合站进一步发挥“三道防线”的作用，形成井区、经警中队、作业区组成的防范控制网络，实施联合巡护。同时，进一步突出“人防、物防、技防”的防护力量，先后创新“井口防盗箱”、“阀组连环锁”等一系列行之有效的防盗措施，并在全区推广。

(4) 应用“1+2”管理模式，促进队伍稳定。吴一联合站按照市场化运作机制，实行1个油田合同用工加2个或多个公司化用工的用工组合，即“1+2”用工管理模式，淡化不同用工之间的比较、攀比，便于多元化用工相互交流沟通、相互学习、相互提高，有利于员工队伍的稳定。同时也进一步优化了人力资源的配置。

(5) 创新数字化联合站运行机制，实现精确制导。吴一联合站目前已成为吴420区块数字化建设的总枢纽。吴一联合站撤销传统的分岗位、分班组运行模式，实行调控、运行有机分离的运行模式，建立数字化联合站的管理新机制，为后期建设数字化采油作业区建设打下了坚实的基础。

(6) 积极开展各类创新创效活动，为企业节支创益。吴一联合站已形成“小书柜长知识、小药箱保健康、小超市行方便、小舞台展才华、小广播传佳音、小练兵长技能”的“六小文化”和《吴一联合站岗位技术操作指南》，“6S”办公、生活标化管理，“水表供电集约化改造”等一系列创新“金点子”。同时，大力倡导修旧利废，利用废旧材料制作“操作台”、“多功能拖把架”、“抽油机皮带张劲轮”等，既节约了成本，又方便了生产。

五、行相同等于心相通

吴一联合站以打造精干高效的员工队伍为目标，探索实践团队建设新方法，形成强劲的团队凝聚力和向心力，提高了队伍整体战斗能力，营造了“团结协作、铸就团队、成就自我”的良好氛围。

(1) 推行党支部“五同”工作法，发挥党支部的战斗堡垒作用。在党支部工作中，联合站提出“五同”工作法（队伍形象“同树”、思想目标“同心”、基础管理“同抓”、执行落实“同促”、自身建设“同学”），以提升管理凝聚力和执行力为目标，加强学习、交流和沟通，充分发挥集体的智慧作用，互相帮助、互相信任、互相支持、互相尊重，进一步发挥党支部战斗堡垒作用，促进了队伍的整体和谐。

(2) 倡导“行同心通、合作双赢”的团队理念，统一员工思想。联合站提出“行同心通、合作双赢”的团队理念，营造和谐的团队氛围，确保员工以统一的行动向着共同的目标迈进。同时不断深化青年品牌，充分发挥“青年突击队”的作用，深入开展青年创新创效、青年示范岗等活动，保证联合站各项工作都在充满朝气和激情的氛围下开展。

(3) 召开交心恳谈会，促进员工心灵相通。为了确保员工心平气和地在岗位上安全操作，联合站每半月召开一次“交心恳谈会”，让员工畅所欲言，说出自己的心里话，说出自己的工作困难，说出自己的工作愿望，让他人了解对方需要的帮助，让需要帮助的人及时得到他人的协作，让愿意帮助别人的人有机会伸出帮助之手。恳谈会不但使许多具体问题得到有效的解决，同时也化解了许多矛盾，促进了员工之间的交流与沟通，使员工能更好地投入到工作中去。

(4) 开展文化娱乐活动，增强队伍凝聚力。吴一联合先后成立“新天地”篮球队、乒乓球队、文艺小分队、书画协会和文学创作协会，定期举办卡拉OK比赛、个人才艺展示等文体活动，丰富员工的业余文化生活。同时在生活区悬挂张贴员工制作的手工艺作品和书法绘画作品，体现员工爱站如家的思想。

“等式文化”在吴一联合站的实施过程中，通过不断地拓展，取得明显成效：安全管理基础进一步夯实，管理创新持续深入，打造出高效的和谐团队，油藏实现高效开发，自然递减由初期的25.5%下降至目前的7.8%，综合递减由初期的25.5%下降至目前的5.73%，为采油三厂超低渗透油藏的开发提供了经验和借鉴，充分发挥了“超低渗透油气田勘探开发先导试验区”的作用。

目前，吴420油藏正朝着建成“高效开发示范区”和“延长油井免修期示范区”的目标迈进。并以“等式文化”为引导，着力打造高效、卓越的基层建设示范井区，实现新的跨越。

强化基层建设 增强团队合力

徐生辉
（机械制造总厂）

一、案例产生的背景

压力容器制造分厂是长庆油田公司机械制造总厂下属的专门从事各类数字化撬装式设备、油气田加热炉，以及一、二类压力容器制造的单位。压力容器的制造具有生产制造过程要求严、标准高，生产组织上有别于机加工行业的单机定额作业，需要一个生产小组内的铆、焊、管、钳等工种密切协作、配合，才能完成的集体作业特点。

多年来，由于生产一线经过系统、正规专业教育的员工流出大于流入，导致分厂整体技能水平下滑、员工综合素质差异加大；部分员工归属感、向心力出现弱化；运行管理、激励政策落实不规范、执行不严格，员工队伍的精神面貌涣散，工作、学习的热情不高，致使基础管理工作薄弱，员工队伍的凝聚力、战斗力，管理人员的执行力出现不升反降的不良态势。

二、案例的内涵

在一个团体中，价值观要整合，才能共同做一件成员都同意的事。因此，团队中的成员必须互相沟通，以理说服或妥协让步，以求达成一致的行为。而同一个规章制度，认为其合理的人就会认真贯彻执行，认为其错误的人就会设法不执行，这两种截然相反的行为，将对组织目标的实现起着完全不同的作用。

为此，压力容器制造分厂以创造良好的人文工作环境，建立公平、公正、公开，得到广大员工充分认可的制度机制，营造团队整体合力为抓手，通过实施“培育鹰一样的个人，雁一样的团队”的队伍建设目标，使压力容器制造分厂三基工作得到显著提高。

三、员工队伍的现状调研与分析

2010年初，压力容器制造分厂经过深入细致地调研，认为目前存在的问题主要有以下四个方面：

（1）对压力容器制造分厂现行的分配机制认可度不高。由于受企业用工制度所限，现有的合同化、合同制和社会化用工的收入分配较难协调，尤其现行的分配机制对社会化员工的激励作用有限，而目前一线队伍中的骨干力量多数是社会化员工。社会化员工的归属感不强，和企业的关联度降低，导致普遍具有临时栖身的心态，当个人感觉自己的付出和回报有落差时，工作的主动性、积极性下降。

（2）员工对制度及执行的认同感不高。由于基础管理制度的不完善，工作流程的不明晰，制度的执行和落实效果欠佳，员工对制度及执行的认同感不高，致使内部纪律较为涣散，员工和员工之间，生产一线和管理团队之间的沟通、联系缺乏，不良情况得不到及时梳理，不良行为没有及时有效改善，队伍整体士气低迷。

（3）员工的工作主动性不强。压力容器制造分厂管理程序不够规范，职责不够明晰，尤其是各管理岗位缺乏应有的权责设置和配套管理措施，只局限于一般的说教，管理人员、班长普遍存在管理方面的畏难情绪，班长管不住、员工不服管、管理人员管不细，工作组织决断的主动性不高，独立决策、开展工作的意识不强，致使内部指挥、调度效果欠佳，整体生产能力受到限制。

（4）员工的思想融合度不高。近年来受地域、条件变化的影响，员工8小时以外的情感联络、思想沟通明显减少，员工和员工之间情感、思想的疏离，造成员工对企业、地域心理上的融合度不高，情感上的归属感不强，员工之间似乎仅剩下工作中的协作、配合关系，相互较劲、斤斤计较，无形中影响了团队合作及潜能的发挥。

四、案例的具体做法

（一）调整、优化一线生产组织，理顺管理及辅助岗位管理权责。

人的个性、行为方式都会有所不同，搭配不好，就容易发生纠纷，以致影响工作。为此，压力容器制造分厂仔细分析每一名一线员工的特点，并优选出3名班长，将所有员工按照技能水平分为骨干人员、一般员工，依照生产规划设计，确定每个生产班组的具体工种职数。

(1) 重组压力容器制造分厂人力资源。采用班长一次选一名、往复循环的模式，将不同技能等级、不同个性的员工均衡地分配到不同班组，既有利于班组内员工彼此良好协作关系的建立，又保证了各班组基本技术力量的配备。

(2) 打破既有的管理模式。将员工工时分配、物料计划、生产组织调度等权力下放给班组，管理岗位的职能由以往的具体指挥向任务下达、制定进度目标、业务协调、服务、监督考核转变，并制定各管理岗位的职责、权限、管理流程，工时分配的指导原则和具体工时分配各项目的权重系数，以此规范、明晰基本管理活动。

（二）调整分配机制和政策，调动员工工作积极性。

压力容器制造分厂的生产特点是需要合作完成，在一个团队中，如果出现能者多劳而不多得，就会使成员之间产生不公平感，在这种情况下也很难高效合作。要想推动合作，管理者必须制定一个被大家普遍认同的合作规范。因此，在油田公司和机械制造总厂宏观政策指引下，压力容器制造分厂结合现状和实际，经过认真测算、分析和研究，制定出合理、公正，被广大员工充分认可的分配机制和政策。

(1) 合同化、合同制、社会化用工的月基准工作量定额执行统一标准，超出部分同等待遇分配超额工时收入。

(2) 取消社会化员工基准工资，依据当月完成工时总数核算收入总额，实际完成工作量和个人收入完全对等，下不保底、上不封顶。

(3) 对未完成当月工时的员工，实行不同用工性质的薪酬核算制度。对合同化、合同制员工，有工作量而没有完成定额工时的，按照完成总工时的百分比发放工资和各项津贴；对社会化员工未完成当月定额工时，采取倒扣差额工值50%的办法考核工资和完成总工时的百分比考核奖金。这一办法改变了以前只考核合同制、合同化员工，而社会化员工干多少拿多少，没有月度基准工作量的制度缺陷，从而调动了一线员工的生产积极性。

（4）按细分职能，拆解管理辅助岗位奖金系数，设置各项具体工作的权重系数，谁承担工作，谁拿此项奖金系数，使压力容器制造分厂各方面的工作得到全面兼顾，职责清晰，权责到位。

（三）加强能力建设，提高团队执行力。

在搭建科学、合理的内部组织架构和建立健全内部运行机制之后，提高队伍士气、培育管理人员的执行能力、创建具有执行力的团队，是制度落实、机制运行以及高质量完成工作目标的关键。为此，压力容器制造分厂从五个方面努力培养、锻炼管理人员、班组长的执行力。

（1）提升感悟能力。充分的交流、沟通，让管理人员适应领导的性格、理念，提高彼此配合的默契度，管理人员就能够迅速领会领导的意图，知道自己需要做什么，以及工作的标准、执行的速度和完成的效率。

（2）提高计划能力。工作千头万绪，需要掌握工作的轻重缓急，合理计划，掌握关键，实现有效管理。

（3）增强指挥能力。运行模式的改变、组织指挥权力的下移，对分厂管理人员，特别是班长的指挥能力提出了更高的要求。一方面通过明确责权、规范流程、建立奖惩体系保证；另一方面通过班组之间的比、学、赶、帮、超，促使管理人员主动思考、体会。

（4）增强协调能力。生产作业中，需要沟通、协调的具体事务很多，重视协调，既能提高解决问题的能力，又能促进员工、班组之间的相互理解与配合。

（5）培养判断能力。容器生产过程复杂，管理人员要随时调整生产项目，分配内部资源，直接关系到工作目标能否高效实现。

（四）营造民主和谐氛围，激发员工队伍士气。

在日常管理中，压力容器制造分厂始终关注员工士气的高低，并想方设法提升、激发员工队伍士气。

（1）落实民主管理。在事务处理上，坚持做到广开言论，诚心征询并乐于接纳员工意见，公开、公正、公平的管理，使员工充分感受到被尊重。

（2）重视营造和谐的内部环境。通过举行一系列活动，营造互相体谅、认同、信任、赞许的和谐人际关系，工作中的愉快合作增多了，对抗减少了。

（3）力所能及地解决改善员工工作、生活中的各种问题和困难。

五、案例实施的效果

两年来，在构建组织架构、健全运行机制、提升员工基本素质等方面的不断实践、不断总结、不断完善的过程中，始终贯穿“以人为本”的思想，取得了以下四个方面的成效。

（1）生产组织能力得到提升，制造方案编制、实施的科学性、合规性、灵活性得到有机地结合。2011年，在机械制造总厂下达的所有重大产品试制，紧急项目制造任务上，压力容器制造分厂均优质、高效地完成或提前完成，受到厂领导和业主单位的充分肯定。

（2）内部基础管理绩效明显提高，各项管理制度和流程运行顺畅，管理骨干队伍的执行力、能动性显著增强。开工前统筹谋划、制订备选施工方案；施工中分项灵活组织、项目间有机穿插结合、重点环节验证复核即刻跟进，已成为压力容器制造分厂各管理口和生产班组的共识和工作习惯。

（3）一线操作队伍的整体素质得到提升。干中学、学中干的氛围日趋浓厚，严格执行工艺纪律，安全防范意识和能力有所提高。2010年以来，先后有3名员工转入生产一线，员工队伍的有效焊接资质逐步增加，探伤一次合格率由2010年初的83%提高到现在的93%。经数次体系和《容规》审核，符合性也显著提升。

（4）人文管理环境显著改善，风正、劲足的局面初步形成，保稳定、促和谐的基础更加牢靠。由于科学合理的配置人员，做到人尽其才，使压力容器制造分厂团结、合作、信任、尊重的氛围更加浓厚，钻空子、混日子的人大为减少，人人感受到被关注、被关心、被尊重，从而调动了员工工作的积极性、主动性和创造性。

“五化”培训法让基层岗位培训工作充满活力

路永扬　李德权　李　川
（第八采油厂）

采油八厂铁边城采油作业区铁三联合站位于陕西省吴起县新寨乡王河沟以北锅扇子峁，是该厂2010年地面建设的重点工程之一，也是铁边城区块的中心骨架站，占地面积30亩，于2010年6月31日建成投运，日接收、处理液量1000m^3，日平均外输净化油800m^3，日注水200m^3。站内主要由集输、加热、消防、原油脱水、采出水处理等五大系统组成，总库容0.4×10^{4}m^3，年处理能力30×10^{4}t，主要负担铁边城油田三叠系长4+5段原油的集中处理和对外输送。该站按照新型劳动组织架构定岗定责，目前共有员工55人，其中男员工38名、女员工17名，平均年龄为30岁，大专以上学历25人，党员13人，党员占员工总数的24%。

一、背景分析及思路

（一）背景分析

员工培训是现代油田人力资源管理的一项重要内容，其目的在于立足现有的人力资源基础，通过分析油田发展中存在的问题，针对性地设计出相关的团队合作、个人潜力拓展、岗位技能、管理技能等课程，对员工进行培训和提高，以最终达到提高油田核心竞争力的目标。在铁三联合站的建设过程中，始终坚持“服务发展、人才优先、以用为本，创新机制、高端引领、整体开发”的长庆人才队伍建设方针，以“三基”工作为基础，牢牢把握员工基本素质提升的核心内容，不断更新理念、优化内容、完善机制、创新方式，增强岗位练兵和员工培训的针对性和实效性。尽管当前的数字化管理已大大改变了传统油田生产组织方式，优化了劳动组织架构，提高了用工效率，简化了工艺流程，极大地减轻了劳动强度，提升了企业现代化管理水平。在“大油田管理、大规模建设、快速发展”的油田新形势下，抓好“三支队伍”建设，持续加快人才规模和结构调整优化，打造规模合理、优秀可靠的人才队伍，对于油田的长远可持续发展就显得尤为重要。

（二）工作思路

根据员工队伍的实际情况，铁三联合站把员工的教育培训作为人力资源开发与管理的重点工作来抓。以实现员工素养职业化为目标，坚持“按需施教，突出技能，讲求实效，提高质量”的原则；按照“内外结合，强化培训，突出重点，全面提高”的培训思路，以培养“精一门、会两门、懂三门”、一岗多能的复合型人才为目标，通过建立健全员工培训技术档案、培训手册和考核激励机制，推行“星级员工”和“模块”培训法，充分调动广大员工参加培训的积极性、主动性，实现员工培训的制度化、系统化，规范化，提高了员工队伍的整体素质，为油田的高效开发和创建基层示范点奠定了人力资源基础。

1．细化培训内容

员工培训的终极目标是提升企业的核心竞争力，但是在具体的培训安排与实施过程中，必须对目标进行必要的细化分解，每项培训安排必须针对具体的目标进行。具体目标有以下几个方面：

（1）传递油田文化和企业价值观。

（2）提高油田战略目标。

（3）提高员工岗位工作技能。

（4）协助油田发展、解决实际问题。

（5）推广新的观念、知识和技能。

（6）提高团队整体素质水平。

（7）规划个人职业生涯发展。

2．完善培训机制

用制度说话、按制度办事是员工培训工作务实高效开展的根本保障。铁三联合站按照“统一规划、统一标准、分级培训”的模式，进一步明晰培训工作的责任和目标，强化培训工作的“主管领导”负责制，形成“系统抓、抓系统和分层抓”相结合的目标责任体系。同时，根据实际需要制订培训计划、设置培训课程，将培训活动与“标准作业程序”、“五型班组创建”结合起来，注重解决日常工作中的实际问题。从而使培训管理更加科学化、制度化、规范化。

3．制定培训操作流程

（1）实施培训需求调查，其中包括员工年度培训需求、阶段性培训需求和课程中的培训需求，有助于制订完善的培训计划和切合实际的培训内容。

（2）制订培训实施计划，对培训种类、培训对象、培训课程、培训目标，按照员工岗位划分进行详细规划。

（3）加大培训计划执行力度，严格按照计划规定的培训时间、培训内容、培训人员、培训要求，定期定点培训岗位员工和班站长。培训方式灵活，注重岗位实践的体验学习，采取解决问题现场培训、案例分析启发培训等授课方式，真正做到员工缺什么就补什么。

4．引入员工职业化培养方法

从“专业知识、技能提升、思维观念、心理态度”四个方面入手，逐步引入以工作状态的标准化、规范化、制度化为内容的员工职业化培养。

（1）促使员工形成“诚实、正直、守信、忠诚、公平、关心他人、尊重他人、追求卓越、承担责任”等最基本的职业化素养。

（2）通过作业区、厂部及油田公司各类规章制度，使员工严格按照行为规范来要求自己，培养员工的职业化思想、职业化语言、职业化动作和自律意识。

（3）培养员工对自己进行有效管理，通过时间的管理、心态的管理、突发事件的处理，以及形成团队意识，使每位员工的能力价值都得到充分有效的发挥。

（4）强调从人心规律出发，尊重人的人格，承认人的价值，挖掘人的潜力，启迪人的智慧，激发人的活力，为员工提供展示自我的平台，充分发挥一线员工的智慧、特长。

5．培训效果的反馈

（1）反应层面：在培训结束时，通过问卷调查和面对面交流的方式，了解受训岗位员工对培训工作的满意度和意见建议。

（2）知识层面：在培训结束时，以考试、现场演示、讨论等方式，了解受训员工在知识、技能、态度、习惯等方面的提高和改善。

（3）行为层面：在培训结束到下一个考核周期，通过绩效考核，了解受训员工是否能在实际工作中应用培训所学的知识、受训员工的行为有何改进。

（4）结果层面：在每期阶段培训结束后，通过培训效果考核，了解员工培训为原油生产、经济效益的提高做出了多大贡献。

二、主要做法

（一）实施员工培训网络化

2011年以来，针对新分转岗员工采油业务技能素质普遍较弱的现状，铁边城采油作业区在铁三联合站大胆探索创新员工培训新机制，并坚持把员工培训当作一种福利和文化，细心经营，使其渗透到班站、井组的每一个角落，让所有员工都认识到培训工作的重要性和紧迫感，促使员工由“要我学”向“我要学”的转变，自觉地参与到员工培训中来，逐步形成“事事学、时时学”的好风气，使员工培训工作真正成为提高员工技术技能和自身素质的主要途径。

1．构建员工培训网络

在以往的培训工作中，铁三联合站主要采取以集中培训和现场培训为主的方式，也取得了一些好的效果。但随着油田深化改革和创建基层建设示范点工作的深入开展，对员工素质要求的进一步提高，培训工作也暴露出诸多不足：一是班站岗位员工培训的作用没有得到充分的发挥，存在井组岗位员工培训依赖班站的现象；二是员工文化程度、理论积累和技术素质参差不齐，接受能力不同，培训的针对性较差，收效不明显；三是油区点多面广，站点分散，现场培训仅限于了解认知程度，实际操作能力的培训因培训时间短而受到限制。

为了克服以上培训工作中存在的诸多弊端，充分发挥班站在员工在培训中的主导作用。铁三联合站从完善员工培训网络入手，逐步形成站点、班组、井组“三级立体培训网络”，实现员工培训从单一的作业区送外培训走向班站培训与岗位培训有机结合的多元化培训，提高了员工培训工作的灵活性，保证了培训的质量。

联合站成立以站长为组长，由技术骨干、班组长组成技术培训领导小组，主要负责实习技术员、操作员工的理论培训；由站点大班员工组成以班长为组长，由经验丰富的老师傅组成井组培训小组，主要负责单井点员工的实际操作技能的培训。同时，井站主要采取岗位练兵、一日一练、师徒结对等形式，侧重本站、本岗位实际操作能力的培训。

现在，铁三联合站已形成 “全员、全面、全工龄”的“三全”员工培训网络，员工培训覆盖率达到100%。

2．落实员工培训责任制

为了有效地传递压力，明确各级培训网络的责任，铁三联合站各班组根据培训网络，制订各级员工培训责任人的职责，并将每年的培训任务、指标分解到班站培训小组、井组、各岗位，将培训工作任务逐一落实到责任人，实行严考核、硬兑现。

正副站长主要负责培训制度的建立、培训计划的审核和检查、指导培训工作；培训组技术人员主要负责各类培训材料的收集整理及编订、培训任务的下达、考核和员工理论知识的培训、培训档案的建立与保管。要求所编订的教材合格率达到100%、档案全准率达到100%；班组长主要根据上级下达的培训任务，制订相应的培训计划，全面落实培训工作。要求培训覆盖率达到100%，及格率达到95%；井组培训组主要负责井组岗位员工培训任务的落实，要求培训覆盖率达到100%，及格率达到95%。

（二）实现培训教材可视化

1．编写培训教材，增加培训内容的丰富性

为了进一步提高员工培训的质量，针对培训教材比较单一、缺乏针对性等问题，铁三联合站在调查、摸底的基础上，由技术骨干牵头，组织班组长，结合井站生产实际，编写《铁三联合站员工培训手册》。该手册由资料、工具、HSE、岗位标准作业程序、理论知识五部分组成。内容涉及采注输工艺流程、员工岗位应知应会、设备维护、操作原理、HSE应知应会、消防知识等。并将说明文字与生产现场图片相结合，使内容生动、具体、条理清晰、可操作性强。《铁三联合站员工培训手册》既贴近井站生产实际，重在培养员工现场操作技能，又图文并茂、通俗易懂，深受员工的喜爱。

2. 引入电教教材，增强培训内容直观性

为了提高员工培训的质量，铁三联合站根据各班站、井组大都配有电视、电脑等先进电化教学设备的实际，把直观、形象、易于接受的电化教学引入员工培训。一是根据培训工作的实际情况，为各井站购置关于员工培训的教学VCD光盘；二是结合铁三联合站的实际情况，把部分培训的内容如碰泵、憋压、修井过程、管阀识别等制作成VCD光盘，配发到大班、井组，便于员工从感观上掌握操作步骤、要领，提高实际操作技能，深受广大员工的好评。

（三）探索培训方式多样化

铁三联合站在继续抓好传统的“师徒结对、岗位练兵、以老带新、现场巡回施教、集中培训、技术比武和个人自学”等行之有效的培训方式的基础上，不断拓展培训方式。

1. 实行岗位培训“六步走”模式

在培训的过程中，铁三联合站实行“定制度、建档案、选教材、强实践、勤考核、重激励”的“六步走”模式。一是紧扣送外培训、脱产培训、集中培训、技能鉴定四个环节，有针对性地延存旧制度，增加新制度；二是建立所有新、老员工的人事和培训档案；三是从“专业知识、技能提升、思维观念、心理态度”等方面入手，素质培训、技能培训同步出发；四是把现场实践作为提升培训效果的最佳手段，在各井站相继开展“把考场搬到井场”、“标准化月月考人人会”等现场培训活动；五是建立“111”培训考核激励体系，通过“每周员工自测、月度统一测试、半年综合考试”，并将岗位标准作业程序作为培训的工作重点，达标率持续上升；六是设置月度“明星员工”和“五型”标兵两个奖项，通过荣誉激励、物质激励和与奖金考核相挂钩等方式，在铁三联合站形成“比、学、赶、帮、超”的良好学习氛围。

2．注重培训过程的自主化

铁三联合站在选派人员参加厂部送外培训和定边培训站采油工培训的基础上，系统分析员工知识结构和培训需求，坚持开展“岗位大练兵，实践比真功”活动，通过开展不同规模、不同形式的技能竞赛，切磋技艺、找出差距、取长补短、赛出干劲；二是将培训与数字化建设推进工作紧密结合，以轮岗、换岗的方式让所有员工都能学会和掌握井场数字化操作系统应用；三是深入开展“精一门、会两门、学三门”的素质提升活动，根据转岗员工自身的业务能力，拓展设备维修、电、氧焊等培训，形成人人争做“岗位多面手”的良好风气；四是坚持在各个班组开展“我讲我站”、“今天我主讲”、班前“分享安全经验”5分钟、上技术课和各种实战练兵活动，力求打造出一支结构合理、爱岗敬业、素质过硬、执行力强、热情饱满、关系和谐的一线员工队伍。

3．建立员工实践操作培训室

在铁三联合站内建立员工实践操作培训室，把生产中常用的工具、仪表、各种管阀、流程图等陈列其中，让员工现场辨认、现场操作。并组织一些操作经验丰富的技术能手现场讲解、当场示范；青年员工当场练习，不懂之处大胆求教，老师傅现场指导；最后现场考核，直到达到规范操作。

4．制作员工培训现场答题卡

为了方便员工学习，铁三联合站根据油田生产实际，为各井站制作员工现场培训答题卡。答题卡正面为培训题目，背面为答案。员工在上班空闲时间通过“一问一答”的形式学习，既充分利用了的上班空闲时间，又提高了学习效率。

（四）实施培训考核模块化

1．不断改进考试办法

铁三联合站在权衡以往培训考试考核办法得失的基础上，对员工培训实行百分制考试、学分制考核的新方法。把培训内容分为资料、工具、HSE、基本操作、理论知识五大模块，每个模块及格(60分以上）可积20学分，全年总学分120分，80学分以上为及格。

(1) 对每月考试成绩低于60分者，视为不及格；凡全年考试有3次不及格者，则全年累计学分不及格。

(2) 对因其他原因未参加考试者，可申请一次补考。

2．不断改进考核办法

铁三联合站将员工的培训与考核纳入基层干部业绩考核内容，推行“两个挂钩”（各生产单元员工的培训成效与班组负责人的业绩挂钩，与岗位员工的薪酬挂钩），增强了全体员工对员工培训的重视程度。

(1) 把培训目标与班站长、技术人员的年终业绩考核挂钩。年终业绩分为每月及格率×100%。对年终业绩高于900分者，给予奖励；对年终业绩分低于850分者，扣发奖金、解除其班组长职务。

(2) 对月考试成绩高于95分的员工奖励300元。对成绩低于60分的员工暂扣发奖金，待补考及格后，再补发奖金。若补考仍不及格者，扣罚当月奖金。

(3) 对月考试及格率高于95%的井站，给予奖励；低于75%的井站，与当月奖金挂钩，给予惩罚。

3．建立积极向上的导向机制

铁三联合站在选拔任用班组长时，将以往“伯乐相马”的做法改为“赛马场赛马”，将那些在工作中、在技术比武中涌现出来的技术能手、技术尖子，选拔到班组长岗位，极大地调动了广大员工参与培训的热情。同时也为油田的长远发展储备了大量人才。

三、取得的效果

(1) 构建了“学习型组织”的基本雏形。全体员工已将学习作为企业和个人共同发展的重要手段，通过不断学习，促进了企业、员工利益的共同发展。

(2) 员工队伍素质有了明显的提高。员工独立解决问题的能力都有了很大的提高，培养出多名青年岗位能手；所有员工都能熟练掌握本岗位的操作技能，达到独立上岗的要求。

“三分一卡两评”员工培训模式

齐尔和　南青青　张　珊
（第四采油厂）

一、实施背景

2008年，采油四厂白于山作业区结合培训工作实际，针对各石油院校毕业的青工无现场操作经验，培训教师力量不足，作业区点多面广，难免出现漏洞，且周期性长，员工素质提升缓慢，培训时集中讲解基本常识，不同用工形式、工种，导致培训工作流于形式等方面现状问题，探索形成“三分一卡两评”员工培训模式。“三分”，即分阶段、分岗位、分重点；“一卡”，即员工培训监督卡；“两评”，即培训需求评估和培训效果评比。

二、具体做法

坚持“企业发展靠员工、员工发展靠技能、技能提升靠培训”的工作思路，在员工培训教育工作思路上不断求“活”、求“变”，以“三分一卡两评”员工培训模式，使员工培训更加具体有效，为作业区的生产建设提供了保障。

（一）分阶段

针对采油生产一线工作季节性强、要求不同的特点，分夏季培训和冬季培训。

夏季培训内容：一是防雷击、防洪防汛、防坍塌的应急培训；二是防中暑常识培训；三是消防安全宣传培训，制订灭火、应急疏散预案并组织演练；四是加强站内流程走向、站内设备、装置的操作规程、工艺参数、工艺性能和工作原理的培训。

冬季培训内容：一是设备、管线的防冻堵及保温培训；二是根据不同岗位的操作特点，培训冬季安全防护知识；三是培训真空加热炉、常压加热炉、人气分离炉的结构原理、点炉操作、气体泄漏等注意事项及伴生气的使用等知识；四是加强冬季注水管理，开展注水系统流程管网、配水间、注水井井口及井口的常规操作培训。

（二）分岗位

根据人员不同岗位，本着“干什么、学什么、缺什么、补什么”的培训原则，制订培训计划。

按照计划对岗位员工必须掌握的岗位共性：一是用电、灭火器、安全带、防毒面具、正压呼吸器的使用；二是工用具、量具及管阀配件的识别与使用，熟知。

采油工：一是采油理论知识与岗位标准作业程序文件及操作卡的培训；二是采油设备、注输设备、加热炉结构原理及点炉操作；三是站内流程、设备操作规、应急预案演练。

注水工：一是注水知识与岗位标准作业程序文件及操作卡的培训；二是常用高压注水设备结构、工作原理、维护保养及操作方法；三是防洪防汛的预防及事故处理，风险辨识及事故案例分析、应急预案演练全方位的培训。

修井大班：一是大班维护岗位标准作业程序文件及操作卡的培训；二是抽油机维护保养及故障判断排除、防火防爆、油气中毒预防及事故处理，风险辨识、应急预案演练的培训。

（三）分重点

把技能培训作为培训工作的重中之重。重点之一是对文化层次低、理解能力差的群体，通过通俗化培训，即以员工能够理解的语言和方式进行培训。重点之二是对习惯性违章和风险源辨识，通过实际化培训，即结合岗位实际，针对易发生的习惯性违章和存在的安全隐患进行培训。重点之三是对岗位标准作业区程序，实行重复化培训，即围绕岗位标准作业程序，针对实际掌握情况反复强化培训。

（四）“一卡”

“一卡”，即建立员工培训监督卡，及时记录培训内容与考核结果，培训考核人员与被培训、被考核人员现场共同签字确认，一式两联，确保培训监督到位和培训实效性，建立有效的学习激励机制，形成全员学习的良好氛围。

（五）“两评”

“两评”，即评估、评比。培训需求评估：每季度印发、收集和整理员工培训需求评估表（表1）。同时，根据员工实际操作状况、生产周期及现场具体情况，召集各级技能带头人评估各辖区的培训效果，针对员工需求修改制订月度培训计划，做到有重点、有层次和循序渐进，增强培训计划实效。

表1　第四采油厂白于山作业区员工培训评估表

<table>
<tr><td rowspan="3">评估内容</td><td>培训方式是否有效</td><td></td></tr>
<tr><td>培训内容是否实用</td><td></td></tr>
<tr><td>培训效果是否理想</td><td></td></tr>
<tr><td colspan="2">存在问题</td><td></td></tr>
<tr><td colspan="2">您对作业区的员工培训有何好的建议和意见</td><td></td></tr>
</table>

培训效果评比：一是井区每月25日前向作业区上报各井区当月员工培训考评表(二级技能带头人完成，表2），考核内容包括：岗位标准作业程序文件及操作卡内容，所占权重20%；岗位技能操作内容，权重30%；岗位风险识别能力，权重30%；一月一考成绩，权重15%；规章制度、文件精神学习情况，权重5%。

二是每季度进行一次综合评比并予以激励。根据各井区站点分布及操作人员数量，在月度考核的基础上，每月由井区给作业区上报站、点（站点数不少于全井区站点的三分之一）参加评比（表3）。作业区通过综合评比后，排名在前10名员工，授予“岗位学习明星”称号，并在季度奖金中给予奖励；排名在后3名的员工，由井区督导与帮促，直到成为掌握岗位应知应会、清楚岗位风险、遵章守纪的优秀员工。

表2 井区员工月份培训考核表

序号	姓名	所在站点	考核内容（满分100分）					综合得分(满分100分)	备注
			岗位标准作业程序文件及操作卡内容（权重20%）	岗位技能操作内容（权重30%）	岗位风险识别能力（权重30%）	一月一考成绩（权重15%）	规章制度、文件精神学习情况（权重5%）		
1									
2									
3									
4									
5									
6									
7									
8									
9									
10									
备注	1．岗位标准作业程序文件和操作卡内容、岗位技能操作内容和岗位风险辨识能力，按不同岗位，每月考核三项内容，并在考核表内写明是哪些项目； 2．规章制度和文件精神学习以厂和作业区下发为主； 3．一月一考以井区考试成绩为主，做好试卷的存档和成绩的登录； 4．井区每月对在岗的操作人员进行一次考核，当月不在岗的人员，在备注栏说明不在岗原因； 5．每月25日前给作业区培训岗上报各井区考核表，延误不报者每次予以处罚100元。								

表3 第四采油厂白于山作业区2011年员工季度培训考评表

序号	姓名	所在站点	井区考核得分（权重30%）	作业区考核内容（权重70%）					综合得分(满分100分)	备注
				岗位标准作业程序文件及操作卡内容（权重20%）	岗位技能操作内容（权重30%）	岗位风险识别能力（权重30%）	一月一考成绩（权重15%）	规章制度、文件精神学习情况（权重5%）		
1										
2										
3										
4										
5										
6										
7										
8										
9										
10										
备注	1．井区考核得分为员工三个月(一个季度）考核成绩的总分； 2．井区月度考核的内容的合计(一个季度）即为作业区考核项目，作业区从井区每个月的考核内容中抽取一项共三项作为考核内容； 3．综合得分的计算方法：员工一个季度的考核成绩合计（权重30%）+作业区季度考核成绩（权重70%）=员工综合得分。									

三、取得的效果

（一）从“差异化”到“标准化”的延伸

通过长期的工作和实践，形成与员工需求和岗位要求相适应的培训体系。明确作业区、井区、班站、井组四个层面的培训责任体系；划分培训“四大”模块（岗前职业培训、在岗技能培训、转岗专业培训），实现了“五化”（技能鉴定实现了培训管理精细化、培训过程标准化、培训方式多样化、培训内容模块化、培训效果实用化）。

（二）从“单一化”到“多元化”的递进

岗位员工把安全技能知识的培训与理论实际结合起来，使培训工作更具有针对性，适应性和实用性。同时，组建由8名技能带头人组成的培训师队伍；加大硬件配套力度，在XP18井区修建实训基地，内部网页上开辟员工培训专栏，从“单一化”的模式步入 “多元化”培训模式。

（三）从“笼统式”培训方法到“层级化”的过渡

同一知识点，作业区一级技能带头人逐点培训；井区二、三级技能带头人到各站、单井点现场培训，再由班站长、点片长巩固培训。岗位员工将培训内容与日常工作相结合，在实践中相互交流学习，由“笼统式”培训方法逐步过渡到“层级化”培训方法。

（四）从“被动化”到“自觉化”的转变

采油四厂第三届员工职业技能大赛中，白于山作业区获得采油工团体第二名，8人获得单项奖，9名员工先后被厂部抽调参加集训，代表采油四厂参加油田公司技术比武。同时，员工自觉学习的氛围逐渐浓厚，有效助推了培训工作的开展。

“四分”循环培训法

宋连银　朱玉峰　索金龙　金　静　贾　黎
（第五采油厂）

姬四计量接转站地处陕西省定边县樊学乡境内，隶属于第五采油厂堡子湾作业区耿32井区，2005年10月建成投运，占地面积5182m^3，最大库容量1400m^3，设备20余台，承担着周围7个井组的原油进油、脱水、计量、输送等任务。现有员工22人，平均年龄27岁，是堡子湾作业区原油产量较高、规模较大的转油站。

一、“四分培训法”产生的背景

随着采油五厂生产建设的规模迅速发展，原油集输任务的不断增加，但是采油五厂绝大部分员工年纪轻，技能水平较低、工作经验不足，收入参差不齐，以前的培训模式已不能满足现状，为了达到快速有效提升员工的整体技能，更好地为生产建设提供支撑，为此，堡子湾采油作业区在采油五厂机关相关业务部门的指导帮助下，按照采油五厂“11556”员工培训目标的要求，以提高员工队伍技能素质为队伍建设的重点，强化员工培训工作。主要针对员工轮休制度，用工形式的多元化、薪酬待遇不同、员工本身素质参差不齐等问题，不断推进管理创新，探索员工培训的方法。通过长期现场调研，立足实际，反复研究，姬四计量接转站总结凝练出一套独具特色的“四分培训法”，将“培训内容上分岗、培训时间上分期、培训方式上分类、培训考核上分层”有机结合为一体。通过执行此种行之有效的培训方式，充分激发了员工学技能、学知识的工作热情，使得员工培训工作取得了长足的进步，为堡子湾采油作业区的高效长久开发提供了有力的人才支撑。

二、“四分培训法”的内涵

“四分培训法”是从培训对象、培训内容、培训形式、考核兑现四个方面入手，以培训内容上“分岗”、培训时间上“分期”、培训方式上“分类”、培训考核上“分层”，为满足本岗位工作需要而建立的一种PDCA动态循环培训模式。

构建四分培训法的目的是为了进一步提高员工的自身技能和素质，满足本岗位工作需要。它既是一种全新的培训体系，也是建立一种长效的激励机制，把员工的技能水平与薪酬考核密切挂钩，最终实现“由被动学习向主动学习转变、由被动工作向主动工作转变、由短期激励向长期激励转变”，从而提升员工的个人价值和队伍的整体素质。

三、“四分培训法”的具体做法

（一）培训内容上“分岗”，提高员工整体素质

姬四计量接转站监管耿32试注站及周边井点，针对油水站、井组的不同特点，员工的需求不同，培训内容有差异等情况进行分岗位、逐点位培训，培训内容主要涉及：设备的“四懂三会”、标准化作业操作、安全风险辨识及消减措施、应急预案的演练、资料录取等内容。

姬四计量接转站主要岗位有计量岗、维护岗、注水岗、油井看护岗。结合岗位的不同，姬四计量接转站编制了相应的培训内容，并对员工实行“分灶吃饭”，重点培训，提升技能。具体岗位的培训内容如下：

1．计量岗

技能培训：储油罐量油、缓冲罐运行操作、真空加热炉操作、气液分离器运行操作、功图量油、收球筒操作、生产日报表的填写标准、产量的计算。

安全培训：岗位风险源辨识及消减措施、安全消防器材的使用、应急预案演练、安全防护器材使用、2小时巡回检查制度、安全警示教育。

综合素质：“三禁一反”及警示教育、典型事故案例的分析学习、树立产

量意识、厂区重点会议精神的学习、站内文化建设。

2．维护岗

技能培训：过滤器清洗操作、离心泵密封填料更换操作、真空加热炉的烟道和燃烧机的清理清洁、阀门密封填料更换操作、多级离心泵的操作和日常保养、站内流程各连接处的“跑冒滴漏”整改、设备的“四懂三会”。

安全培训：岗位风险源辨识及消减措施、安全消防器材的使用、应急预案演练、安全防护器材使用、2小时巡回检查制度、安全警示教育。

综合素质：“三禁一反”及警示教育、典型事故案例的分析学习、树立产量意识、厂区重点会议精神的学习、站内文化建设。

3．注水岗

技能培训：岗位标准化作业程序、流量的调配、加药量的执行、往复泵等设备的使用操作、水质的过滤、资料报表的准确填写。

安全培训：岗位风险源辨识及消减措施、安全消防器材的使用、高压刺漏及机械伤害等相关的应急预案演练、危险化学药品的管理和使用、安全防护器材的使用、2小时巡回检查制度、安全警示教育。

综合素质：“三禁一反”及警示教育、典型事故案例分析、树立产量意识、厂区重点会议精神的学习、站内文化建设。

4．油水井看护岗

技能培训：油水井取样及油井投球、加药和憋压、量油、井场标准化建设、设备的日常巡护、抽油机的例行保养、工具的使用、配水间的操作、报表的填写标准。

安全培训：岗位危险源辨识、安全消防器材的使用。

综合素质：“三禁一反”及警示教育、典型事故案例分析、树立产量意识、油品安全培训、厂区重点会议精神的学习、站内文化建设。

效果：实行分岗培训后，充分调动了员工学技术、钻业务的积极性。由于培训内容针对性强，紧贴岗位实际，提高了岗位员工分析和解决实际问题的能力，有效保证了每位员工的业务技能得到了快速提升，并持续稳定，达到了预期的效果。

（二）培训时间上“分期”，巩固员工业务技能

为规范员工培训工作，姬四计量接转站严格落实班组“四个一”即：一日一题、一周一练、一月一考、一季一复。确保倒休员工及在岗员工能够开展定时、定期培训，形成了在培训时间上的“分期”。

（1）一日一题。主要针对员工的自我学习情况，每日安排一题进行练习，内容涉及岗位标准化操作、劳动纪律、安全意识等方面，要求做好相关学习笔记。学习时间结合个人情况自行安排，每日由站长组织检查，并将检查结果记录在培训档案中。

（2）一周一练。每周结合在岗员工的实际情况，由站长组织集中练习，内容涉及现场操作、业务技能教学等，使员工将理论知识与实践得到完美结合。

（3）一月一考。每月针对倒休回家上岗前的员工由站长组织岗前集中培训，培训结束后进行考试，考试成绩合格后方可上岗，考试不合格的员工由站长单独对其制订培训计划，并安排补考，考试合格后方可上岗。

（4）一季一复。针对在岗员工在从事一定时间相同的岗位工作后，会渐生惰性，操作由熟练而变得机械、麻木，甚至将规定的程序简化。为了解决这一难题，姬四计量接转站紧密结合生产实际，按需施教，进行岗位复训，要求每位员工定期提出其在实际工作中遇到的实际困难或具体案例（在实际工作中处理成功或失效的事例）进行交流讨论，相互启发，从而不断积累岗位工作经验。

效果：通过分期培训，丰富了培训计划，实现了岗位复训，巩固了员工的业务技能，也促进了员工操作、管理、处理复杂问题能力的快速提高，员工适应岗位的速度也不断提升。

（三）培训形式上“分类”，拓宽员工培训形式

为了使员工更好地掌握业务技能，针对站点岗位人员分散，组织培训难度大的现状，遵循因材施教的原则，在培训形式上分为“集中类”和“分散类”开展全方位的培训活动。

1.“集中类”培训

（1）集中授课。为更进一步培养员工现场解决问题的能力，姬四计量接转

站将培训工作重点放在现场实践操作上，根据站内实际情况，专门挑选出1至2名技术过硬、实践经验丰富的技术骨干，以站为单位，集中站上员工进行培训；以片为单位，集中相邻井点员工进行培训，现场讲解、示范，指导员工进行正确操作和演练，解答员工在实际工作中遇到的难点问题。

（2）小型对抗赛。为了提高员工的竞争力，拓宽员工发展的空间，姬四计量接转站利用练兵场，以站为单位，每季坚持开展一次小型对抗赛，以实际操作和理论笔试相结合的综合考评办法。对成绩突出的员工给予经济奖励，对比赛中成绩不理想的员工结合实际情况，制订特殊培训计划，确保员工操作技能不断提升。

（3）人人争当讲解员。以站为单位，要求每位员工都熟悉站内流程和标准化操作，组织员工开展“人人争当讲解员”活动，最后评选出活动中的优胜者，作为上级领导到站检查时的讲解员。

2．“分散类”培训

（1）师徒传帮带。姬四计量接转站为使新入岗员工能够快速适应岗位工作的要求，通过积极开展“师徒传帮带”活动，师傅在岗位上教，徒弟在岗位上学，一对一展开培训，定期进行验收，使其在较短的时间内熟悉岗位知识和技能操作，尽快达到岗位要求，实现岗位互帮互助、共同进步。

（2）你问我答。通过开展模拟课堂和“你问我答”活动，号召岗位员工共同参与、互问互答，积极营造“人人当老师，人人当学生”的学习氛围，人人登台亮相，人人传授技艺，搭建学习工作化、工作学习化的互动式学习平台。通过互动，全体员工就其授课内容及方式展开集体讨论，总结经验，改进不足，不断完善，共同提高。

效果：通过方式多样的培训，激发了大家学知识学技术的热情，体现以培训打牢基层建设基础、以培训夯实安全生产基础、以培训优化人力资源基础。同时，也造就了一支攻坚啃硬、勇挑重担的员工队伍，形成吃苦耐劳、敬业爱岗、拼搏进取、无私奉献的团队作风。

（四）培训考核“分层”，提升员工工作绩效

姬四计量接转站实行岗位职责与薪酬挂钩考核，不但为基层单位工作量

化考核搭建了平台，确保了对基层单位绩效量化考核的高效运行，而且进一步激活了员工的积极性，充分发挥员工争先创优的潜能。对员工在某一阶段综合技能测试结果，通过制定“四分培训法”管理考核办法，将员工分为A层、B层。A层为在册员工；B层为社会化用工，从工作业绩、业务技能、工作表现三个方面进行综合考评，并建立员工考试题库，建立考评档案。

1．考核内容

（1）工作业绩完成情况考评。由班（站、组）长对当班员工按照岗位职责落实程度、工作数量完成、工作质量验收情况进行日考核制。

（2）业务技能考核。由班（站、组）长依据岗位管理描述内容，分理论基础知识和操作技能两部分对员工进行考核，实行一月一考。

（3）工作表现考核。主要对员工基本素质进行综合评价。重点考评三部分内容：一是对相关制度、标准、形势任务教育的掌握程度；二是由班（站、组）长考核的工作业绩考核情况；三是从思想素质、劳动态度、安全意识、协作能力、劳动纪律、工作创新、文明公益活动等方面，实行一月一考。

（4）对单井、井组的考核，每月至少3次，考核内容按照基层建设工作要求中标准化井场考核标准进行考核；对站内的考核实行日考核，班站长对当班员工每天的工作进行一次考核，将现场考核的结果填写在考核内容、扣分及说明栏内。

2．奖惩办法

（1）制定了员工培训奖惩管理办法，每月对两个层面的员工进行考评，将员工考试成绩与每月的薪酬挂钩，严考核、硬兑现，激发了员工学习技能的主动性。

（2）奖励不分员工A层、B层，考试成绩达到90分以上的员工，每人每次奖励100元。A层员工第一月考试不及格罚款50元，第二月考试不及格罚款100元，第三月仍不及格的员工给予待岗处理，待岗期间薪酬按有关规定执行；B层员工第一月考试不合格扣罚20元，第二月考试不及格罚款50元，第三月考试不合格给予待岗处理，待岗期间薪酬按有关规定执行。

（3）根据考试情况，对表现突出、成绩突出的员工除给予相应的精神与物质奖励外，结合工作实际将其安排在重点岗位，并将培养方向确定为管理型生产骨干的岗位员工，培训方式除鼓励通过自学拓宽知识和提高技能外，优先考虑外出学习培训，作为评先选优的后备人选；对考核成绩较差的员工在自学、授课、岗位练兵为主的培训基础上，依托培训基地进行集中轮训，缩小岗位技能水平与岗位需求之间的差距。

效果：通过“分层”考核的开展，鼓励了业绩优秀者，鞭策了业绩不佳者，增强了员工的危机意识、责任意识和竞争意识，员工对学习的重要性和紧迫性明显增强，员工学习热情空前高涨。进一步激发员工学习业务技能的积极性和主动性，在全站形成了你追我赶的大好局面，形成了人人争当岗位技术标兵、技术能手的良好氛围。

四、“四分培训法”取得的成效

自“四分培训法”在姬四计量接转站实施以来，通过开展扎实有效的培训，该站培训工作不断走向规范化、制度化、精细化。员工学习的积极性、主动性被有效激活，责任意识、竞争意识得到明显增强，员工的业务理论知识和实际操作能力得到有效的提高，初级工持证率92%，中级工持证率35%，多次获得“巾帼建功示范岗”和“先进班组”的荣誉，发挥了模范带头作用。

塑造新风的“六化”管理

谢银伍　冯彦田　卢胜利　曾振宇　牟　瑾　杨　俊
（第三采油厂）

郝坨梁作业区盘六接转站位于陕西省靖边县新城乡境内，是一个集原油计量、加温、外输及注水为一体的女子接转站。该站本着“不为问题找借口，只为成功找方法、勤学苦练强技能、标准操作保安全”的班组管理理念，采取“班组培训多元化、岗位练兵严格化、标准操作程序化、明星评选擂台化、日常考评制度化、风采展示个性化”的“六化”管理方式，激发岗位员工自主学习的积极性，提高了“学习型”班组的创建水平。

一、班组培训多元化

盘六接转站结合自身特点，打破以往“班长授课—员工笔记—集中考试”的单一培训模式，将日常培训与标准化操作、设备维护保养、安全生产等知识结合在一起，采取课堂学习、讨论学习、互动实践、师徒帮教、应急演练等培训方式，在站长集中培训的基础上，将课堂设在机泵旁、大罐旁、消防器材前，开展“你说、我做、他点评”的流动课堂培训，使员工取长补短。为了让广大女工有更多实践机会，站内制作一整套抽油机井深、井口流程模型，制订“一本、一台、一卡、一角”的“四个一”练兵计划。

“一本”，即人手一册岗位练兵本。由站长随时出题，女工们现场笔答，不定期地开展练兵本评比。

“一台”，即岗位练兵台。每当工作闲暇之时，小小的操作台前就变成为女工们施展技能的大舞台，她们在这里学习剪法兰垫片、拆装闸阀、识别管阀配件等实践操作知识，强化个人的操作技能。

“一卡”，即答题卡。结合“安全事故ACT卡”、“反违章六条禁令”、采油工专业等知识，制作成综合知识答题小卡片，摆放在岗位上，方便岗位员工随时学习；

“一角”，即学习角。将员工的专业技术书籍、业余文化书籍以及其他书籍统一归类，收藏在活动室内，建立班组图书柜，积极好学的女工在学习各类知识的同时，精心建起学习园地、巾帼风采、光荣榜，使活动室不仅成为新员工的培训基地，也成为广大女工的学习天地。

二、岗位练兵严格化

学习知识从日常抓起，强化技能从练兵抓起。2009年，盘六接转站把岗位练兵作为一项素质提升重点工作来抓，每月按照作业区以及井区下发的培训试题，结合近期工作重点，有计划地开展“每日一题、每天一练、每周一考、每月一评、每季一查”的岗位练兵活动，并遵循“按计划、练什么、懂什么、会什么”的原则，每天由站长抽时间按照“仔细说、现场做、严格考、及时纠、认真教”的方式，考核点评员工当天岗位练兵本上的内容，真正将岗位练兵“动”起来，有效地解决了岗位员工只写不做的难题。在学习标准作业程序的同时，该站拓宽培训内容，将迎检、员工礼仪、产量分析、急救知识等内容纳入日常岗位练兵范围，由站长出题，岗位员工现场作答或者实际操作，不仅丰富了岗位练兵培训载体，而且营造了浓厚的学习氛围。

三、标准操作程序化

只有规定动作，没有自选动作。在标准化操作培训中，盘六接转站狠抓“说、教、练、考、纠”五个环节，从设备的操作规程、隐患排查、安全操作步骤等方面入手，反复培训、逐项操作，积极开展“讲标准、知操作，讲流程、知步骤，讲原理，知性能，讲案例、知风险”的“四讲四知”活动，改变以往员工死记硬背、死搬硬套的学习方式，使标准程序入脑、入心、入行。该站还结合“早检查及时防范、早发现及时排除、早培训及时演练”的安全管理原则，将标准化操作与安全管理、隐患排查等工作有机地结合在一起，在运用标准化操作教材、挂件、危险源点辨识消减、设备PSRT教材培训的基础上，从纠正习惯性违章入手，由站长担任标准化操作监督员，从每一个不规范的操作行为、每一个细小的不安全因素抓起，培养员工良好的操作习惯。

四、“明星”评选擂台化

让“明星”亮起来，让“明星”成为员工学习的典范。盘六接转站结合日常岗位练兵、每周考评、月度汇总的实际情况，采取标准化操作对抗赛的形式摆设擂台，以标准化操作流程口述、实际操作、安全防护措施演示、模拟设备故障排除、采油工中高级试题等内容为比赛项目，由井区干部、大班班长、员工代表作裁判，开展岗位“明星”评选活动。

五、日常考评制度化

良好的习惯需要合理的制度作支撑。盘六接转站在成立员工培训小组、制订员工培训方案、建立月度员工培训运行大表的基础上，按照“岗位练兵20% + 理论考试30% + 实际操作50%”的考核标准，每月考核班组员工，并有针对性地制定帮教措施，使各项培训制度化、规范化。

六、风采展示个性化

幸福走过每一日，快乐工作每一天。工作之余，盘六接转站女工充分发挥自身特长，自己动手装扮家园，她们或是在门前的小菜园里种菜、除草，或是坐在一起做十字绣、折叠丝袜花，或是钩织各类小挂饰，原本单调的井站生活，在她们的调配下变得丰富多彩；小小的生活区域，在她们精心的装点之下变得温馨美丽，展示出年轻女工的靓丽风采，涌现出巾帼能手马军萍、漫画高手苏兰芳、文艺明星尤爱菊、电脑高手王静、厨艺高手张花、手工制作高手陈向丽等才艺高手。该站还坚持开展“众姐妹手拉手、创业路上一起走”的互助活动，激发女工勇挑重担，乐于奉献的工作热情。

通过实施“六化”管理，盘六接转站员工素质显著提升，安全意识不断增强。同时，激发了班组的活力，调动了班组每个成员的生产积极性和创造性，引领她们立足岗位、爱岗敬业、刻苦学习、忘我工作、甘于奉献。该站被油田公司授予“巾帼示范岗”称号，并先后获得采油三厂“先进班组”、“HSE先进班组”、“先进女工小组”和“优秀五型班组”等称号。

提升纪律保障能力的“5353”工作法

贺军生　周峰者　朱忠敏　李晨阳

（第一采油技术服务处）

第一采油技术服务处自2008年业务转型以来，现有员工1258人，机关职能科室14个、机关附属9个，主管合水油田原油开发业务，矿权范围位于甘肃合水、宁县及正宁县境内，矿权面积5796.8km^2,开发区块有庄36、庄73、庄9、张20等，主力含油层系为长8段、长6段、长3段和延安油层组。目前提交三级储量2.1×10^8t。

一、“5353”工作法实施背景

自业务转型以来，工作区域划分为两地，给员工在思想、工作、学习、生活上都带来一定的阻碍和困难，新的业务、新的环境，使干群从思想上和工作节奏上处于熟悉和认知的过程。第一采油技术服务处结合实际现状，多措并举，开展形式多样的活动，不断加强干部队伍廉洁从业素质教育，为整体工作的有序廾展提供了纪律保障。

二、“5353”工作法的基本内容

“5”，即抓好“五个环节”。

“3”，即突出“三个层面”。

“5”，即开展“五小温馨警示教育”。

“3”，即强化“三个防范”。

三、“5353”工作法的具体做法

（一）抓好“五个环节”

（1）责任分解。细化党风建设责任书的内容，突出四个层面管理干部的工作职能。按照行政分工，处级领导突出责任区内的全面管理职能；按专业分工，科室突出服务、指导职能；按具体工作分工，单位正、副职突出管理、执行职能；按工作性质分工，操作层面突出具体落实职能。

（2）责任签订。层层签订党风建设责任书，明确责任，发挥一级监督一级、一级对一级负责的作用。第一采油技术服务处主要领导、分管领导与科室负责人、基层单位主要领导，单位领导与队站负责人分别签订了党风建设责任书，进一步明确责任主体，共签订党风建设责任书154份。

（3）责任考核。为有序开展各项工作，及时调整处党委和领导班子成员的分工和党风建设责任区，各基层单位相应划分领导成员责任区，进一步明确责任区对应的领导、工作职责和有关要求，形成一级对一级、层层有责任的“责任链”。

（4）责任追究。印发承包人和承包点党风建设责任区承包手册100本，记录承包人对承包点的履职情况，汇总承包点工作成效和纠错整改情况，形成“一对一、面对面互帮共学”的局面，实现过程的有效控制。

（5）责任落实。以领导班子及其成员履行职权的作为和不作为为主题，开展季度巡视调研和检查评比，定期通报检查情况，实施责任追究，确保责任制的有效落实。

（二）突出“三个层面”

按照“目标引领、层级互动、分类实施”的思路，创新推行“层级教育”模式，大力开展党风廉洁教育活动。

在副科级以上干部层面上以赠送书籍、发送短信为方式，开展“知廉传廉，讲廉促廉”教育活动；组织井区骨干层面人员35人次学习《党纪政纪处分规定》、《集团公司管理人员违纪违规行为处分规定》、《油田公司关于处理侵占、受贿、违反财经纪律、失职渎职等违纪人员办法》；对关键要害岗位管理人员组织36人次的专题辅导教育，学习《集团公司“三重一大”制度实施办法》和《管理人员违规违纪处分规定》，开展 “勤勉敬业，廉洁从业”、“恪职尽责，干净做事”作风教育活动，收集心得体会文章38篇，通过专题教育增强了广大干部员工的党纪意识、责任意识和服务意识，树立了公正廉洁行使权力的良好形象。

（三）开展“五小温馨警示教育”

（1）读书思廉。针对人员分散、生产建设任务重、难以集中组织教育学习的实际，给基层单位和党员领导干部配发《新时期领导干部反腐倡廉教程》、《反腐镜鉴录》、《学会感恩、承担责任》、《警示教育读本》和《廉政日志》，在集中组织教育学习的同时，突出领导干部自学思廉。

（2）台历展廉。为全处90多名副科以上干部配发内容涉及廉政典故、廉政人物、廉政诗词、廉政格言、廉政漫画、廉政语录和廉政词典的案头廉政台历、廉政日志，展廉警醒。

（3）短信寄廉。连续5年自编廉洁短信、警语，并建立短信发送平台，将廉洁教育寄于手机短信。

（4）说教警廉。为对使员工进行法纪条规的教育防范，各级领导深入井站，宣讲《集团公司管理人员违纪违规行为处分规定》，对近几年提拔使用的36名正副科级干部举办两期警示教育培训班，观看《居安思危》、《忏悔录》等警示教育片，以说教方式警廉。

（5）测试知廉。开展政策法规知识答题、调查问卷、撰写心得体会文章、合理化建议征集、理论研讨论文撰写等系列活动，累计参加1689人次。通过各种测试，了解掌握干部员工对法纪条规熟知程度，使干部员工知廉。

（四）强化“三个防范”

员工转型到采油岗位后，针对合水油田外部环境复杂、偷盗原油现象严重，住单井站员工远离组织、远离家人、生活单调，大部分员工对涉油违法行为的处罚规定不了解，在利益诱惑驱使下，很有可能发生涉油案件的实际情况。第一采油技术服务处采取三条措施突出法规条例教育防范，确保员工涉油不违纪。

（1）教育引导，强化思想意识防范。第一采油技术服务处将油田公司近几年涉油违纪违法案例汇编成册、刻录光碟，与保卫部门、作业区联手，逐个井站宣传法规条例，将“盗卖原油、天然气、石油物资器材”开除厂籍的有关规定制作温馨警示卡，员工人手一卡；与员工交心沟通，引导员工算好人生的“政治账、经济账、名誉账、家庭账、亲情账、自由账、健康账”等7笔账，与员工签订廉洁从业承诺书。通过法规条例和忠诚企业职业道德教育，使员工明白涉油违法的事不可做，也不能做。

（2）加强监控，强化源头技术防范。在开展经常性法规条例宣传教育的同时，第一采油技术服务处对重点井站配备油井单量仪器车、数字化监控摄像头、专用铅封、GPS监控。在原油外输和交接过程中，严格测量、化验核定。针对个别井站出现的产量液量波动，作业区领导及时深入现场了解原因，从源头上防范涉油违法案件的发生。

（3）优化环境，强化工作过程防范。第一采油技术服务处和作业区与地方公安、检察等政法部门联合成立预防职务犯罪协会，不定期开展油区环境整治。在主要站点设立廉洁从业监督员，定期收集反馈意见。以党风建设巡视、内控体系测试、内部审计、巡视调研、关键环节、关键岗位人员监督检查、效能监察、群众来信来访等多渠道收集案源线索，增设举报录音电话、举报邮箱，拓宽信息线索掌控渠道。

四、“5353”工作法取得的效果

（1）实现三个“确保”。党风建设责任制得到全面落实，各项制逐渐完善，领导干部廉洁从业，恪尽职守，确保第一采油技术服务处重大决策部署的有效落实、确保经济运行安全、确保各级领导人员廉洁从业。

（2）点亮“三颗心”，即爱心、信心、决心。三年来，通过围绕“三基”工作全面开展教育，实现干部员工从对业务转型的迷向热爱采油岗位转变，从日产不足500t到日产1000t的突破，从年产13×10^4t到55.5×10^4t的攀升，逐步产生了爱岗位、爱专业、爱事业的赤诚，坚定了为油田公司实现年产油气当量突破5000×10^4t做贡献的信心和决心。

(3) 突出“四个好”，即理论学习好、团结协作好、作风形象好、工作业绩好。坚持中心组理论学，坚持定期汇报沟通等制度，开展专题教育活动，干部员工爱岗敬业意识增强，职业道德素质全面提升，心往一处想，劲往一处使，连续三年圆满完成原油生产产能建设目标，在油区内外树立了良好的企业形象，使原油生产不断向更高的目标迈进。

(4) 提升“四种力”，即能力、动力、合力、感召力。党员干部自觉认真学习领会各级反腐倡廉文件精神，讨论解决发展中的瓶颈问题，不断提高业务能力和解决问题能力及拒腐防变能力，在工作中不断突破创新，为发展注入强劲动力。各级领导、部门坚持“情况在一线掌握、问题在一线解决、工作在一线创新、难点在一线突破、水平在一线体现、能力在一线提高、作风在一线转变、形象在一线树立”的工作方法，团结协作，在发展建设中形成强大的工作合力。“四好班子”建设在发挥战斗堡垒作用的同时，增进了成员之间的关心互助，干群关系亲密无间，政令畅通，党组织纯洁无瑕，清正廉洁，领导干部的感召力不断增强。

创建和谐井区的“五字”工作法

谢贵谦　田小强　朱忠敏　王　丽
（第一采油技术服务处）

第一采油技术服务处（超低渗透油藏第一项目部）试采作业区宁51拉油注水站党支部现有党员3名，平均年龄33岁，文化程度均在大专以上。目前管理油井31口、水井13口，日产液量65m^3，日产油35t。2010年，荣获油田公司“优秀五型班组”称号；第一采油技术服务处“先进集体”称号。

一、“五字”工作法的实施背景

宁51拉油注水站员工普遍存在主观接受新生事物意识不强、等靠要思想较为突出的情况，不能适应作业区快速发展的需要。作业区用工形式中，社会化劳务用工占近三分之二，缺乏应有的责任感和归属感，使井站管理、安全生产承担较大风险。

针对以上问题，宁51拉油注水站党支部结合工作实际，丰富思想政治工作内涵，拓宽工作形式，以群众“个人”为单元，借助“党员群众连心卡”，通过“联、看、谈、报、访”五字工作法，营造党员群众和谐关系、同频共振的良好氛围。

二、“五字”工作法的具体做法

“党员群众连心卡”就是通过党员对被联系群众日常生产、生活中一些细节的了解，形成对发现问题上报、解决、反馈这样闭合式链条结构。目的是通过面对面交心、谈心的方式，掌握队伍思想动态、密切干群关系、及时化解员工思想“症结”，在一定程度上使隐性问题显性化、复杂问题简单化，增强员工对企业的认同感、归属感，确保队伍稳定。“五字”工作法发挥了很好的作用。

(1) “联”，即联系群众。宁51拉油注水站党支部根据群众分布情况，个人特点和性格，有针对性地指定党员，并征得被联系人的同意，和其结成联系对象。在“党员群众连心卡”中，填入联系人和被联系人的基本资料，并公示。

(2) “看”，即仔细观察。通过观察被联系人在日常工作、生活中的点点滴滴，如上班前的情绪情况、工作中的状态等，及时发现苗头性的问题。

(3) “谈”，即促膝谈心。不受时间，地点，形式限制，即被联系群众可随时直接向联系人反映问题，联系人也可主动同被联系人交流。在充分信任、充分沟通的前提下开展工作，并将谈话地点、时间、内容记录在“党员群众连心卡”上。

(4) “报”，即汇报情况。联系人通过对被联系人各种情况的了解，以及对反映问题认真梳理、归纳，形成初步的解决方案或意见，并将意见向党支部汇报，党支部形成统一意见和最终处理方案，并分别填写在“党员群众连心卡”和党支部反馈意见栏上。同时，由联系人向被联系人反馈所反映问题的处理意见，并做好解释工作。

(5) “访”，即信息回访。联系人通过对被联系人所反映问题的处置意见和落实情况，回访被联系人，征求意见，确保问题得到彻底解决。

三、“五字”工作法取得的效果

通过“五字”工作法的实践开展，有效调动每个员工的工作积极性、主动性和创造性，充分发挥了党支部的桥梁纽带作用，疏通了党员联系群众、维护群众利益、解决群众疑难问题的通道，促进了和谐井区建设。

(1) 党群关系进一步融洽。宁51拉油注水站党支部在开展“党员群众连心卡”过程中，针对被联系群众反映问题的及时、准确回复和处置，在尊重被联系人的基础上，使被联系群众迅速放下包袱，全身心投入工作，使党群关系和谐，形成“支部搭台、党员领唱、员工合唱”的团队氛围，党员的旗帜作用更加凸显。

（2）工作形式进一步拓宽。宁51拉油注水站党支部，拓宽连心卡方式，由过去单一的面对面谈心、交心拓宽到电话谈话、意见征集等，方法更为灵活实用，应用范围更加广泛，与各项工作同频共振。

（3）员工队伍实现持续稳定。党员群众连心卡活动实施后，宁51拉油注水站党支部在及时掌握员工思想动态的同时，还根据每位员工的实际情况制定相应的措施，调整员工的情绪，稳定了队伍，方便了工作。

（4）党组织活动形式进一步深化。借助“党员群众连心卡”的形式，通过总支抓支部、支部联系党员、党员联系群众，将党员的责任由干好本职工作，延伸到带动员工，培养懂技术、会管理、提升队伍整体素质上来，达到责任、目标、方向上下对应，使管理动态化、显性化、统一化。

练兵千日强“三基” 抢险危时有“保障”

——生产保障队的“222”工作法有序推进“三基”工作

张 瑄 朱忠敏 朱新军 王 鹏
（第一采油技术服务处）

第一采油技术服务处生产保障队于2009年5月组建，下设综合办公室、经营管理组、生产运行组三个组（室）和油建队、道路队两个基层队。管理筑路机械、生产指挥车辆、电气焊设备16台（套）。主要承担合水油田管线应急抢险、道路维护和日常生产保障。现有员工31人，平均年龄36岁，正式党员13名，预备党员2名，青工21人（其中团员5人）。下设两个党支部，3个工会小组，两个团小组。

一、实施背景

生产保障队组建初期，“三基”工作一清二白，面临着组织构架、管理制度、工作程序需要确立，技工素质、抢险意识、队伍合力需要提升，工作环境、硬件设施需要改善等一系列问题。为了尽快把“三基”工作落实到平时演练、培训、管理之中，以保障战时的有力表现，担负起夺油上产的保障责任，该队深入落实油田公司、第一采油技术服务处“三基”工作要求，以保障原油生产为中心，以夯实管理基础、规范操作程序、强化自主管理为主线，坚持“一手抓建设、一手抓练兵、一手抓抢险”，形成“222”工作法（二个明晰、二个提升、二个着力），有力地提升了基层管理水平。

二、主要做法

（一）二个明晰

(1) 明晰工作体系，让基层能管、会干。为了不断提升队（室）自主管理能力，变被动执行为主动干事，生产保障队首先加强基层支部建设，按照生产所需和党员分布调整设立油建队和机关两个支部，公推直选两名能力强、经验足的支部书记，配齐支委成员，规范加强了支部力量；扎实开展 “六个一”党支部创建，明确党员先锋岗、党员责任区，开展党员“一带一”活动，通过活动使党员“五带头”作用得以彰显；针对队伍中存在的日常保障与应急抢险难以兼顾的现状，缩减道路队编制，补充油建队干部和技工力量，保障应急抢险的能力；针对党群对口部门多、业务集中繁忙的现状，下发《公务通知》，将党建、工团、文化、宣传、综治、信访等合理分工，分解到人事、经核、办公室多个岗位，明确专人，解决了分工协作和交接传承问题；针对队（室）工作体系不清、工作职责不明的问题，按照《标准化体系》要求，明晰岗位流程，并专门制作党建、工会、共青团等工作体系简明框架图，各项工作及关联以图表形式展示，一目了然。组织干部反复学习，提升队（室）自主工作能力；针对基层干部责任心不强、动力不足、管理缺节的现状，按照“业绩导向、充分授权”的运行机制，完善《经营业绩考核制度》，加大基层管理权限，加强对队干部支持力度，强化了基层队自主管理能力。

(2) 明晰管理制度，让其定型、见效。坚持着眼于让管理沿着规范化的轨道运作，变人情管理为制度管理。针对生产保障队基础工作薄弱、管理制度不健全、操作不规范的现状，参照第一采油技术服务处《管理制度汇编》，制定《生产保障队管理制度汇编》，分上、中、下三册，包括生产、行政、党群等管理制度，其中岗位职责21项、实施细则120余项，使各组（室）、基层队、各岗位、每名员工都有章可循。对管理制度中重要的部分，该队分批制作标准化“岗位职责”匾额17块，在各组室张贴上墙，时时指导和规范日常管理行为。针对员工劳动纪律散漫的现象，着重修订轮休假、人事考勤、员工考核等规章制度，在员工大会上一一解读学习，令行禁止，起到立竿见影的效果。针对机关组室基础资料不全、记录不准、标准不一等现状，该队下发公务通知，对党政工团等工作应建资料内容以资料盒（文件夹）形式，用标签要求等一一明确规定，分学习、执行、检查、整改四个阶段组织机关人员落实，各组室一次性建立资料盒26个，完善各类记录本、资料50余份。

（二）二个提升

(1) 提升员工素质，让其想事、干事。生产保障队开展两个层面的教育培训：一是加强理想信念和奉献意识教育。以集中学习为主，结合个人自学、观看视频、社会实践等形式，加强党员理想信念教育：该队中心组集中学习“七一讲话”、《国家脊梁、负重致远》、务虚会精神等文章15篇；观看“建党90周年纪念大会”、“光辉的历程”视频资料4次；组织党员参观宁县“五八”烈士陵园，重温入党誓词；还集中半个月时间学习《做最好的党员》一书，撰写心得体会15篇，并在党员民主生活会上深入开展批评和自我批评。通过学习实践，进一步坚定了党员干部理想信念，增强了责任意识。在员工方面加强形势任务教育，组织学习油田公司、第一采油技术服务处务虚会、工作会精神，持续开展“感恩长庆”主题教育活动，组织员工观看电视专题片“大美长庆”和“鄂尔多斯盆地记事”，让员工感受长庆大发展的喜人形势，增强自豪感、责任感和创业意识；重点学习《学会感恩、担当责任》一书，员工撰写心得体会31篇，找差距定措施明方向，把员工思想凝聚到提升素质、练好技术、保障生产上来。二是加强员工技术培训和应急演练。以“缺少什么补什么”为指导，加强员工培训，全年培训91次，累计授课245课时，外派学习取证21人次。开展“创护油标杆”、“创新创效金点子”、“创管理平台”和“争练技术绝活”劳动竞赛活动，着力加强员工岗位练兵、事故应急预案演练，让员工既做理论知识面的佼佼者，又掌握一手操作绝活，更在事故应急演练出行家。在油维、应急抢险等任务中，实行练战结合，特别在中集站抢险、庄73管线流程装置改造施工、庄一联—西一联输油管线投运中掀起高潮。

(2) 提升硬件条件，使其有序、有样。生产保障队结合实际情况，不断改善工作和生活条件，营造规范有型、整齐有序的工作场所。针对办公设施不足，资料全靠手写，盒、夹无处展放的现状，添置电脑、打印机、文件柜及文件盒、资料夹、记录本，改善办公条件。为了丰富员工生活，先后购置一套多功能音响设备、无线话筒和DVD播放机，方便员工演唱和活动。为办公场地制作展板、楼厅添置盆景、张贴“合水油田美如画”装饰画，营造温馨生活环境，增强了员工以队为家的归属感。加强员工宿舍管理，组织定期的卫生检查。设置意见箱、公示栏、展板，疏通员工反映问题的渠道，认真听取员工建议，及时有效地解决了员工施工现场及宿舍饮水问题。

（三）二个着力

（1）彰显“企业文化”，让其入脑、入行。生产保障队深入开展“团队”主题文化实践。一是深入学习展示企业文化理念，集中组织“长庆油田企业文化理念体系”学习宣讲两期，闭卷考试两次，为员工印发包含理念体系、职业道德规范等内容的小册子30余份，在员工培训中插入宣讲企业文化内涵和释义内容，让企业文化理念入脑、入心。制作摆放“长庆理念体系”、“处2011年工作措施”、“队工作园地”等展板，半年更换一次，营造文化氛围。二是积极开展企业文化实践活动，以油建队为企业文化试点单元，将团队文化贯穿于各项工作。举办“沉船浮冰”、“市场60秒”、“接力投篮”等反映团队沟通与协作的文化游戏，召开员工座谈会，畅谈团队与个体关系的心得体会，在“七一红歌会”、拔河比赛等集体活动中，注重营造团队氛围，展现团队合力，让员工从中体会和谐团队的温馨。三是依托横幅、宣传栏、展板阵地，把“做好每件事，成就每个人”文化理念融入员工思想，以“感恩长庆”主题教育活动为载体，通过学习《学会感恩、担当责任》一书，组织全员座谈，增强了员工责任意识和团队意识。

（2）争创“五型”班组，构建安全、和谐。生产保障队下发《“五型”班组创建活动实施办法》和《评分考核细则》，分三个阶段明确 “五型”班组创建进度。重点开展“安全型”、“和谐型”班组创建。一是以人为本，安全第一，构建“安全型”班组；树立“安全第一，生命至上”的安全理念，将“六条禁令”融入员工日常工作行为。加强员工应急预案演练力度，按9个类别单项应急预案组织5次演练，确保员工对预案熟悉掌握。油建队推广应用“6S”管理法，对各类抢险物资、设备、设施、材料规范整理定点摆放，使每个员工熟悉记清，确保应急抢险实效性；道路队加强日常维护、保养车辆和装载机，严格执行车辆回场检验制度，建立“车辆运行”台账。生产保障队每月召开一次安委会，基层单位以班组为单元每周召开一次安全例会。深入学习《安全始于细节》一书，制作安全管理知识手册，组织员工开展安全经验分享、安全大讨论等活动，全面提升员工的安全意识和自我防范能力。开展HSE信息收集活动，给基层队，各组室发放“ACT卡”，及时收集HSE改进建议80条，逐步形成“全员参与安全管理”的良好氛围。二是以人为本、关爱员工、构建“和谐型”班组。健全民主管理制度，落到队务、班务公开，及时公示员工工资、奖金发放情况和上级文件、会议精神、通报、通知，让员工对上级精神掌握到位，对自己收入清楚。三是加强民主管理，维护员工权益，完善制定新时期《工会职责》，组织召开员工大会，畅通员工知情、参与、监督、议事的民主管理渠道，接受监督。组织员工问卷调查，收集员工在生产、经营、生活、管理中的各类意见20余条，采纳实施11条，使员工民主权利得到了充分的保障。四是公开、公正、公平评比，表彰鼓励优胜班组。对表现好的员工，优先上报推荐为处级先进分子，让员工有成就感、自豪感，为他们提供更好施展才华的平台，从而推动了整个班组建设。

三、实施效果

（1）基层组织建设得到加强。生产保障队以“三基”建设为抓手，规范基层党的组织机构，以党支部为核心，逐步完善团组织、工会组织机构。充分发挥党员先锋模范作用，通过开展党员“一对一”活动，发挥党团员、积极分子在学习、生产、纪律中的领头作用。

（2）员工思想素质得到提升。思想素质决定工作质量，工作质量保证安全生产。良好的习惯能够提升人的素质，整齐清洁的工作环境可以提升士气，从而保证安全生产。一旦所有的日常管理都成为大家的自主习惯，也就自动地减少了人为管理因素，使工作效率得以大幅提高，同时也为员工创造了更好的工作环境，从而促进了员工的个人发展。该队通过“强素质、夯基层、促保障”，努力提升员工思想觉悟，优化环境，从而使队伍整体素质得到较大提高。

（3）员工素质得到提高。生产保障队狠抓培训，培训计划的实施率达到98%以上。特殊工种持证上岗率达到100%。标准作业程序取证合格率达到100%。专业技术人员、技师、高级技师的带徒率达到100%。骨干人才培养计划的实施率达到100%。

(4) 安全环保管理力度加大。生产保障队推行HSE管理体系，加强排查、整改各类安全隐患，截至目前，未发生一起安全环保事故。操作员工标准作业程序取证合格率达90%。通过现场检查，基层班、队的员工违章违纪现象明显减少，员工的安全意识得到明显提高。

(5) 设备管理得到加强。虽然关键设备长周期运行天数逐年提高，主要设备完好率指标仍高于95%。设备事故数、各类密封点泄漏率均明显下降，静密封点泄漏率低于0.5‰，动密封点泄漏率低于2‰。设备润滑做到 “专油专具、专具专用、记录齐全”。到期特种设备及压力容器的检测率达到100%。

(6) 现场管理得到强化：主要生产场站基本做到 “一平、二净、三见、四无、五不缺”；主要检修现场做到 “三不见天、三不落地”。

在“四大融合”中践行“以人为本”

李 令 陶章文
（第八采油厂）

在油田大发展的同时，采油八厂始终坚持“以人为本、和谐发展”的价值理念，将“个人的发展离不开企业、企业的发展依靠员工”作为推动厂部大发展和实现员工自我价值的战略思想，从关心员工的生产生活入手，想方设法为员工办实事、谋福利，员工的幸福生活指数大大提高，取得明显的社会效益和经济效益。

一、实施的背景

（一）复杂外部环境的基本要求

面对黄土高坡沟痕纵壑、梁峁交错的复杂环境，“春季风沙弥漫、夏季水患严重、秋季干冷异常、冬季鸟兽无踪”成为一年四季自然条件恶劣的真实写照。石油行业特殊的工作性质，就要求企业要投入更多精力关注一线员工的生活，形成强大的向心力和凝聚力，让员工有归属感和眷恋感的同时积极投身石油事业，更好地服务生产。

（二）个人和企业发展的必然选择

由于发展速度快，人员数量少，加之人员年轻，接受新鲜事物的能力强，展现自我、寻求实现自身价值渠道的愿望越来越强烈。同时，企业要增强核心竞争力，需要员工更用心工作，立足岗位，奉献企业，这就需要实行人文关怀，最大限度地激活员工潜力，凝聚思想，推动企业科学和谐发展。

（三）落实“以人为本”的根本保障

科学发展观的核心是“以人为本”，只有保证“人”这个根本的要素，突出抓好“发展、转变、和谐”三件大事，有力促进员工队伍的和谐稳定及精神文化生活水平的提高，形成“企业关爱员工，员工、奉献企业”的良好氛围，才能保障企业生存和健康发展和落实“以人为本”的发展理念。

二、实施的内涵

“四大融入”是突出“以人为本”的重要思想，以形成先进的观念意识为出发点，注重思想教育和意识塑造，旨在让员工形成进取有为的价值取向，以“形成进取有为的思想意识—创造舒适的生活环境—提升个人综合能力—实现企业和个人互利双赢”作为推动个人和企业发展的有机体，其本质是让员工在工作中享受生活，将“企业的关爱和温暖”转化为“为发展自我和为企业做贡献的实际行动”，创建“关爱—奉献—发展”三者相辅相成，循环发展的良好氛围，最终实现“我与长庆同发展”的发展模式。

三、主要做法

（一）融“意识”于心，增进认识的先进性

1．准确定位，搭建思想和行动结合的桥梁

观念意识只有根植在员工的脑海里、融入员工的血液里、落实在员工的行动中，才能达到塑心的目的。为从思想上感化员工，采油八厂以主题教育、讲哲理故事、发放名言警句书刊、进行漫画彰显、宣传报道、橱窗展示等方式，激发对人生的认识和思考，让员工认识到自己的命运和企业的发展一脉相承，以及“发展长庆就会发展自己，奉献长庆就是奉献社会”，使他们自觉将自己的思想和行为统一到为油田做贡献的目标上来。

2．正向引得，激励人格和价值的升华

长庆油田会战四十多年来，长庆石油人凭着忘我奉献的精神，历经“跑步上陇东”、“三口石头支口锅”、“过压裂年、吃压裂饭、唱压裂歌”、“磨刀石上闹革命”的艰难创业岁月，取得了举世瞩目的成就。随着生活条件的改善，必须更加注重传统教育。通过发放企业文化读本、再忆峥嵘岁月座谈、参观历史文化展览馆等方式，让员工忆苦思甜，健全心理，树立“只有荒凉的环

境、没有荒凉的人生”的观念，以自强不息的精神鞭策自己、在艰苦环境中体现自我，实现人生价值。

（二）融“生活”于情，增进企业的影响性

1．医疗服务进一线，带来健康的福音

以关注员工身体健康为切入点，实行“三级护理”，第一级是厂部联手大型专科医院深入一线，每年对员工做一次全面体检，体检项目包括心肺彩超、胸片、心电图、血常规、脾功、肾功、TCD、AFP、CEA、颈部血管超声波等20多个项目，为及早发现和有效防止重大疾病创造条件；第二级是在作业区设立定点医疗诊所，在基层单位设置5个一线流动医疗点巡回服务，配置专业医务人员、医疗器械和各类药品，可以进行心电图、血检、尿检及内外科常见疾病治疗与护理，对急难杂症可以初步抢险治疗，为员工寻医问诊提供便利；另外，组织医务人员，每月定时义务巡诊，深入各应急班、站点及井组，了解员工生活状况，检查治疗，为员工答疑解惑，并发放健康知识书籍、传单等，普及健康知识；第三级是在班站点及井组设立医疗箱，装入常用药、医用棉球、消毒液、医疗手册等，对于深处大山的一线员工来说，身边有了常备的应急药品，再也不用为头疼脑热、手边没有药而焦虑。

2．科学健身练体质，塑造强健的体魄

为提升身体素质，培养健康生活的习惯，厂部为基层班站办起健身房，各班站自发组建体操队，以至于“每天早起十分钟，广播体操做两遍，快乐工作一整天”已成了各班站的一句顺口溜。在应急班建成的健身房，配置跑步机、动感单车、踏步机、综合训练器、臂力器等运动健身器材。为方便管理，各健身房还制定《管理制度》，发布“管理人员一览表”，在健身房的醒目位置张贴运动标语；制作 “健身器材使用全攻略”和“健身小贴士”卡片，从器材结构原理、功能特征、最佳健身程序、健身知识问答、注意事项等方面准确描述，以便让大家科学健身。

3．健康饮食是关键，享受生活的滋润

科学合理的营养是身体的保障，一线员工的饮食问题是落实“以人为本”

的基础。为提高生活质量，实行所有生活点配备专业厨师和后勤服务人员，采取服务外包和市场化管理。在餐厅建立餐厅文化，张贴温馨提示、食堂管理制度，将食堂管理者和服务人员及员工信息制作成“伙委会小档案”，根据营养搭配，制定“每周食谱”，并设立“饮食意见反馈表”，每周召开伙委会，公布账务，接受员工监督和提升饭菜质量和服务水平。

（三）融“文化”于形，增进团队的创造性

1．菜园工程：搭建和谐家园的平台

2010年，投资30万元在学三建立蔬菜种植基地，增加暖气设备、配置透光材料、引进滴灌技术、装备移动拆卸装置、采用恒温控制，满足了蔬菜的生长，不管是炎热酷暑的夏季，还是冰天雪地的冬季，蔬菜大棚依然可以发挥它独特的优势，实现从单一的“春种秋收”到“四季丰收”的转变。

同时，将“试验田”范围逐步扩大，在一线累计建成小菜园56个，种植面积约48亩，种植品种20余个，收获新鲜蔬菜约15万斤。针对每种蔬菜编印技术档案，说明生长规律、注意事项等，不但提高了育苗成活率，培育出一批种植能手，还丰富了餐桌，更重要的是大家亲自动手，享受从选种、培土、育苗、播种、施肥、除草、收获的每一个环节，搭建起以菜园子建设为纽带、培育共创和谐班站的平台，实现从“小菜园”到“大家庭”的转变，逐步走出一条节约、生态、持续、和谐发展的新路子。

2．阵地建设：突出特色文化的载体

阵地文化是特色文化的载体，也是展示企业形象的平台和窗口，厂部投资在各基层建立意义深刻、独具特色的文化阵地，如樊学采油作业区应急一班廉洁文化阵地、应急二班党支部文化阵地、学10增最佳实践文化阵地、学一联职工之家精品示范文化阵地，有力彰显了基层员工的精神风貌，促进了文化与管理的相互融合。强化文化传播，营造舆论氛围，形成一批展示业绩和形象的企业文化产品，以《油珠璀璨——画册》、《流金岁月——专题片》、《拥抱美好未来——企业歌曲》、《采八系列文化产品》、《定边通讯》、《吴定通讯》、《集输月报》、《数字樊学》为主的文化刊物，收集员工作品，成为员

工休闲娱乐的精神食粮，也鼓舞了士气，弘扬了主旋律。

（四）融素质于本，增进人才的适用性

人才是企业兴旺发达的源泉。企业的发展离不开人才的培养，发展成果惠及员工，实行人本关怀，不仅要从工作生活上给予特别关照，更应大幅提升员工的素质，让员工拥有真才实学，才能更好地服务企业和发展自我。

1．强化理论培训，练就专业技能

以坚持原理结构与思想熏陶相结合，组织专业技术骨干编印《应知应会手册》，汇集数字化、油藏、地质、工艺、采油、注水等专业知识，印发班站学习。并借助内部网络平台上，设立技术提问专栏，开通技术热线，方便交流解决实际问题。各基层单位设立岗位练兵室、员工培训室，师傅手把手教，员工学理论、看操作，潜移默化中提升了操作技能。

2．提供锻炼平台，练就实践能力

采取轮岗培训的做法，做到“五结合”（文理结合、机关与基层结合、普遍培训与重点培训结合、技术操作与安全培训结合、理论知识与实践技能结合），使员工不但要掌握一线技术绝活，提升安全防控技能，锻炼实践动手能力，还要学习企业文化建设、接人待物之道，以此提升内涵。

3．引进竞争机制，练就争优意识

“火车跑得快，全靠车头带。”管理者是一个团队的核心，发挥着中流砥柱的作用。以任人唯贤为指导思想，要求每个管理者在自己的管理岗位上，都能充分发挥自己的管理潜力，具备持续学习改造的能力、持续节点创新能力、发现和寻找管理问题的能力、化解和引导转化内部矛盾的能力、自我把握和调整基础管理态势的能力、自我认知和持续提高的能力。注重基层员工的成长，树立先进典型，搭建成长平台，让员工有想头、有奔头、有劲头。

四、取得的成效

（一）原油产量大幅提升，企业实力显著提高

从2005年的年产3×10^4t到2010年末跨越百万吨，仅用5年时间迈入百万吨

采油大厂的行列，日产原油水平突破3600t，原油年均增长幅度达25%，产能建设以每年30×10^4t递增，发展基础得到夯实，管理体系建立健全，企业管理走向正轨，经济效益逐年提升，安全环保得到保障，文化建设特色鲜明，党的建设持续深化，工团组织作用凸显，一线生产生活条件极大改善。

（二）员工队伍成熟壮大，班站更加温馨和谐

通过坚持人本关怀，创造良好的工作和生活环境，使班站充满着和谐温馨，员工思维观念得到极大转变，员工综合素质、工作热情和团队凝聚力得到了明显提升，为员工营造了“生活有滋味，工作有激情，发展有空间”的良好氛围，全厂上下人心所向，岗位员工以班站为家，在工作中享受生活，立足岗位，积极进取，乐于奉献，开创了员工和企业互利双赢、共同发展的新格局。

红井子井区的“爱心存折”

王玉民 赵满平 曾 东 辛 鹏 杨敬文 吴 瑛
（第三采油厂）

在采油三厂红井子作业区的红井子井区有这样一个“爱心基金”，体现了奉献爱心的精神，使井区遇到困难的社会化员工体验到集体的温暖，安心地在岗位工作。“爱心基金”主要来源于全井区干部、员工每月的爱心捐款。“爱心基金”的宗旨主要是关注井区社会化用工的员工，当他们或家人出现意外灾害（疾病）而使家庭遭受困难时，“爱心基金”就将用于救济这些员工。由于这部分资金全部存在一个专门开户的折子上，所以大家也亲昵地称之为“爱心存折”，虽然每月存到“爱心存折”的基金并不多，但是注入的却是每名员工的一片心和一份情。

一、“爱心存折”缘起汶川大地震

2008年5月12日，汶川发生大地震。井区有几名社会化用工的员工家正好在灾害地区，工资并不高的他们因为家乡受灾，心里万分焦急，一天只能守着电视找寻家乡的信息。同时，在井区组织的一次授课中，讲到红井子会战，受到红井子会战时期“家属、学生齐上阵，男女老少齐参战”团结一心、攻坚克难的启示，立刻就有员工提议井区设立“爱心基金”，集众人之力，专门帮助家乡受灾的困难员工。这个提议很快得到全体员工的支持，当时就收到60余人近3000元的捐款，由井区干部协调，为两名亟待回家的社会化员工支付了路费。虽然捐款数额不大，但每一元钱都凝聚着员工们的一片深情厚谊。

二、“爱心存折”的宗旨：“爱心的奉献”

“爱心存折”是红井子井区开展的一项爱心互助工程。主要针对收入较低、家庭困难的社会化员工，本着“救急不救贫”的救助原则运作。同时，也为井区员工搭建了一个互助服务平台，让有爱心献温暖的热心人和单位雪中送炭的行为有施展的空间。

三、“爱心存折”的运作：“爱心的传递”

春种一粒粟，秋收万颗子。一点点心意，羽化成一片片爱心，在人与人之间传递，在心与心之间交流，有善意更要有善举，一颗颗爱心的种子在红井子油田生根发芽、开枝散叶。

1．故事一：家有困难，就有“爱心存折”相助

2008年7月，来自宁夏盐池县青山乡的社会化员工李少翔，哥哥出车祸，严重受伤，年迈、身体多病的父母因此承受不了沉重的打击，也倒在病床上，加之其家中家境比较贫寒，高额的医药费使他不堪重负。为了照顾受伤的哥哥和处理家中事务，看单井的李少翔没有办法只能再三续假。井区领导得知其家中发生这样一系列的事情时，经过商量，延长了他的假期，并给员工说明情况，同时动用“爱心存折”给李少翔以帮助。当时，员工们热情很高，纷纷再次捐款，由井区书记代表井区66个员工将“爱心存折”中员工自发捐助的2500余元，送往李少翔家中。李少翔拿着这笔温暖的救助金，热泪盈眶，感到身后有个强大的集体和66名热心人的关注、支持，当即表示尽快处理好家事，努力工作，为井区多做贡献。

2．故事二：亲人有疾病，就有“爱心存折”献爱心

2008年9月20日，井区领导在与几个井站员工的闲聊中，得知宏田工江商敏家中1岁的孩子因为长期食用三鹿奶粉，查出患有肾结石。江商敏因参加吴起作业区护矿，暂时还不知道家中情况。井区领导急忙了解事情原委，商定尽快协调江商敏回家探望。同时，拿出“爱心存折”中的一部分钱予以资助，再发动员工自由捐助。井区共60来人，上班40人中有10人还在边远井点，在家休息的员工得知这件事情后，要求工友代捐。住在边远井点的老工人李晓平，听驻队司机说起这件事，立即捐出50元让司机带回队部。同为宏田工的龙岩看到大家热心捐助，深为感动地说：“帮助别人就是帮助自己，‘爱心存折’让

我深深感受到井区大家庭的温暖。”江商敏知道井区员工捐款献爱心的消息后激动得说不出话来，赶回家处理完家事后，立即回到井区，不善言辞的他表达对大家感谢的方式就是更加积极地工作，苦活累活抢着干，热心地帮助每一个人。

3．故事三：有突发事件发生，就有“爱心存折”解难

2008年11月2日晚12点左右，井区蓝田员工郇雨雨突然发高烧，体温高达39℃，井区干部知道后，立即组织驻队车把郇雨雨拉到大水坑医院治疗，井区支部书记冯涛一直陪护，直到凌晨5点才输完液，体温恢复正常。为郇雨雨看病的钱也由“爱心存折”支付。

2009年3月，井区社会化员工李刚的小女儿患肺结核病，情况危急。当井区领导得知后，立即从“爱心存折”中拿出800元钱捐助给李刚，并准假让他回去照看。女儿病好后，李刚不知如何感谢，就把家中种的苹果，拣好的带来一箱，一人一个分发给井区员工。苹果虽少，吃在大家嘴里，却甜在每个人的心中。

4．故事四：爱心捐款让寒冬不再冷

2008年12月22日，农历冬至，气温骤然下降了10℃。当时，采油三厂基层建设检查团正来井区检查工作，厂党委副书记、纪委书记、工会主席王玉民从“爱心存折”公示栏了解到“爱心存折”是红井子井区为了帮助有困难的社会化员工而设立的时，深受感动，认为这是一项关爱弱势群体、稳定员工队伍的好做法，立即倡议为“爱心存折”捐款。厂领导及各科室的人员纷纷慷慨解囊，带头为“爱心存折”献爱心，不一会就为“爱心存折”增添了1020元。

5．故事五：“爱心存折”感染了农民工

一个外来施工队到井区施工，几个农民工在院子里干活时看到井区的“爱心存折”公示栏，觉得很有意思，就向井区员工李向白打听这个“爱心存折”是用来干什么的。李向白说：“这是用来帮助有困难的员工的。”农民工又问：“你们收入那么高，又有各类保障，还需要大家的帮助吗？”李向白说：“这里面的钱主要是用来帮助一部分社会化员工的，他们的用工性质基本和你们一样，收入也不高，所以当他们自身或家里有困难时，我们就尽一点力。”

其中一个农民工感慨地说："哎呀，你们单位真好，员工也都是热心肠，我们在外打工，只能自己照顾自己，哪能感受到像你们这样的待遇呀！"

李向白笑着说："出门在外，都不容易，只有互相帮助，才能共渡难关，你今天帮助了别人，明天别人也会帮助你。"

几个农民工朋友感慨万分，说："是呀，这个道理谁都懂，可做起来却很难，主要是缺少像你们'爱心存折'的这种形式，既然这是帮助和我们一样的农民工兄弟，那我们也想献上一份爱心，可以吗？"没想到他们说干就干，让李向白带他们找到井区干部要求捐款，大家顿时被他们的热情所感染，并为他们举行了一个简单的捐赠仪式，几个农民工朋友虽然仅捐款30元（两个10元，两个5元），但在场的员工都感受到一份沉甸甸的深情厚谊。

四、"爱心存折"的收益，即"爱心的凝聚"

就这样，在井站员工持之以恒的爱心维护下，在热心人的爱的奉献中，"爱心存折"里存入了一笔笔"爱心存款"， 在员工需要帮助时，帮其渡过难关。也许那些曾被你帮助过的人不会直接帮助你，但是，被你的善行所感动的人会帮助你!

在汇聚爱心的同时，井区"爱心存折"还将大家的爱心撒播下去，为困难员工雪中送炭，用一笔笔爱的奉献温暖心灵。据统计，"爱心存折"建立两年来，共收到捐款9917元，到目前已用去4837元。但爱心的力量仍在继续传递，红井子井区也因此充满了温馨、和谐、团结、向上的气氛。众人拾柴火焰高，相信"爱心存折"在红井子井区员工的热心维护下，一定会更好地发挥这一服务救助平台的作用，让每个弱者都能感受到来自井区大家庭的温暖。

阿基米德曾说：给我一个支点，我就能撬动地球。红井子井区正是把其作为走向持续有效、快速和谐发展的支点，用先进文化凝聚员工队伍，使全红井子井区形成"和谐有序、积极向上"的文化氛围，员工之间形成"互助友爱、和睦相处"的兄弟情谊，企业也因此保持了旺盛的发展势头。

班站建设篇

“4+2”工作法提高班组自主管理水平

单吉全　韩　璐　曹彩云　蔡立峰　朱雯婷　麻艳青
（第三采气厂）

现代管理理论认为，人是可以自制并能自动激发的。如能给员工提供自主管理的机制，他们会自发地将个人目标和组织目标融合起来。管理者的作用就是调动个人的主观能动性，激发人的内在潜力，发挥员工的创造性。在这种趋势下，“人文管理”这一新型管理理念被引进并加以研究，其精华就是自主管理。第三采气厂作业二区经过不断探索实践，总结出“4+2”工作法，很好地激发了班组自主管理积极性，促进了班组管理水平的提高。

一、“4+2”工作法的内涵

（一）“4”

一学——学习理论知识。

二练——由班组站负责的全面操作知识练习和由技术员负责的专业知识练习。

三勤——勤动手、勤巡查、勤反馈。

四看——班前看情绪、交接班看程序、班中看隐患、班后看质量。

（二）“2”

一查一评——现场检查和考评。

二、“4+2”工作法的具体做法

自争创“五型班组”以来，作业二区紧紧围绕生产工作实际，不断探索，勇于创新，总结推行了“4+2”工作法，有效地促进了基层班组的和谐高效发展，现场安全生产工作得到夯实，使班组教育真正成为员工学知识、学技能、提素质的成才平台。

（一）“一学”

让员工学习标准化作业程序、安全规程和安全条例等理论知识，让员工首先通过理论知识武装头脑。

（二）“二练”

结合生产工作和岗位实际，一方面以班站长为中心，进行全面知识、技能辐射，先由站长集中讲解理论知识，所有站员集中学习，再由站长在现场演示操作，站员亲自动手实践；另一方面由作业区培训员负责安排专业技术人员，有针对性地培训岗位员工各类专项知识，并让员工运用安全知识进行实际操作演练，使职工熟练地掌握必要的安全技能、弄懂工作原理、增强操作能力、提高技术水平，能够处理各种生产工作中的突发情况。

（三）“三勤”

（1）勤动手：岗位员工能够及时处理跑、冒、滴、漏，生产现场整理、整顿、清扫、清洁以及阀门保养、设备维护不等不靠，积极主动。

（2）勤巡查：当班员工勤于按照巡检路线定时定点巡回检查、各班组勤于全面自检自查和隐患复查，对于检查出的生产异常情况勤于分析思考、总结规律、解决问题，便于出现问题时迅速处理，避免事故。

（3）勤反馈：班组自检自查的各类问题、重点设备的信息、各类现场作业的进度以及生产参数和计量情况的异常，要及时反馈给对应的部门。同时，班组长要将生产指令和处理意见及时反馈给岗位员工，对于班组解决不了的隐患和问题，及时向作业区领导反馈汇报，便于迅速采取相应的措施和办法。

（四）“四看”

（1）班前看情绪。班组长在每天召开班前、会中和会后，尽量观察在岗员工休息是否良好、情绪变化怎样，从精神状态和情绪变化中发现危及安全生产的因素。在分配工作时，有针对性地对情绪低落、精神不佳的人员分配安全系数高的工作，或者安排情绪高的人员提醒协助，对情绪低落、精神不佳的人起监护作用。随后，对工作上有思想情绪员工采用谈话、谈心、家访等措施减压，找出原因所在，帮助他们尽快解决问题。

（2）交接班看程序。班组长在检查交接班过程中，仔细查看员工交接班是否有序完好、是否按照交接班制度进行，如发现程序纷乱、数据不清，需按照作业标准特别提醒或考核交接班有关人员，并要求员工注意什么、调整什么、监控什么。

（3）班中看隐患。班组长对员工在作业过程中是否按操作规程作业、生产现场是否存在隐患、是否存在安全死角作为监控重点。如发现“三违”现象，及时制止，发现安全隐患及时消除，发现不安全死角及时采取措施。

（4）班后看质量。本班工作结束后，班组长要留心察看工作效果。看设备是否运行平稳，材料消耗是否在控制指标内，是否有浪费水、电、气的现象发生，当班员工任务是否保质保量完成，若有不符合生产要求的情况出现，则要求员工及时整改，做到交班不交活。

（五）“一查”

作业区不定期采取多种形式，现场考核每个员工，综合考核每个班组，对工作现场和岗位操作所存在的问题和隐患，及时帮助其分析原因，制定出相应的整改措施。

（六）“一评”

作业二区对各班组每月、每季定期进行检查评比考核，对比各班站当月和上个月的检查情况，对问题责任层层追究，并公示考核结果，与各班组和各岗位员工的月度、季度、年度安全生产评先评优直接挂钩。同时奖励每月评出的先进班组，做到奖罚分明。

三、“4+2”工作法取得的效果

“4+2”工作法将安全、和谐、管理型班组的理念融为一体，很大程度地激发了员工的工作积极性，各班组形成浓厚的比、学、赶、帮、超氛围，营造了一个和谐高效的工作环境，班组自主管理水平和能力进一步提高。同时，通过“4+2”工作法的实施，基层基础工作水平和员工整体素质明显提高，增强了基层员工队伍的整体战斗力，进而促进了企业整体实力的提升。

白十八增压站的“六化”管理

唐秉祥　蒋先发　马　腾
（第七采油厂）

一、“六化”管理产生的背景

第七采油厂白十八增压站位于陕西省吴起县白豹村境内，属于超低渗油田先导示范区的“小站模式”，主要承担周边油井的计量、加温、增压集输等任务。该站日外输液量约200m^3，负责13个井组、54口油井、3个配水间、18口注水井的日常生产及维护工作。

按照数字化油田建设思路，2009年建成数字化站控平台，通过应用电子巡井、参数采集、故障报警、连续输油、油井自动启停等技术，实现生产前端数字化油田管理。在此基础上，白十八增压站为进一步提升管理效率，将“五型”班组创建与人本化、自主化管理相结合，提出并推广“六化”管理新模式，通过坚持不懈地落实执行，收到了实实在在的效果，有效地提高了班站自主管理的水平。

二、“六化”管理的内涵

“六化”管理，即生产管理数字化、安全管理责任化、设备管理三定化、作业流程标准化、班务管理公开化、人员管理自主化。

三、“六化”管理的具体做法

（一）生产管理数字化

借助数字化站控管理平台，以不断提升生产过程的智能化水平为目标，按照与岗位相结合、与生产相结合、与安全相结合的要求，推行数字化站控管理，将所有生产参数通过数字化生产管理系统可控运行，应用电子巡井、参数实时采集、故障报警、连续输油、油井自动启停等数字化管理技术，实时采集生产数据，精确判断工作状况，及时调整生产参数，积极组织维护保养。实时全程智能管理，提高了生产运行的及时性和有效性，使生产组织的效率得到明显提高，实现生产前端数字化油田管理。

（二）安全管理责任化

“落实安全责任，夯实安全基础”是班组建设的最基本元素，也是“六条禁令”及各项安全生产规章制度所规范行为的实施载体。安全事故无大小，员工的安全意识是安全生产的基本保障。因此，白十八增压站从抓细节入手，教育员工牢固树立“安全为了自己，自己安全是对父母最大孝敬”的安全理念，通过开展员工教育，加大落实安全责任制，推进标准化操作，强化监督检查等，确保安全生产。

（1）按照“抓安全，首先抓思想”的工作思路，充分利用各种场所、载体宣传安全工作，通过签订安全责任书、开展安全教育、案例分析、预案演练、经验分享，实施温馨提示管理等活动形式，强化员工安全意识，提升全员安全防范能力，形成“我的岗位我负责，我在岗位您放心”的良好安全管理格局。

（2）建立应急预案制度，提高员工处理险情的能力。以往应急预案是把班站长作为险情指挥和处埋的人员，忽略了险情发现者。一旦出现险情，由于当班员工不熟悉应急预案，将会拖延事故处理时间，加剧事故的危害。建立员工主持应急预案制度，体现了员工是现场安全管理的第一责任者，假如现场发生突发事故，当班员工能够在最短的时间内处理和减少突发事故的危害。

（3）建立员工“安全经验分享”制度，由员工讲述自己工作中的不良习惯造成的安全隐患与危害，增强了全员的安全意识。

（4）全力推进实施班组“三汇报”制度，即出现问题汇报、解决办法汇报、遇到难题汇报，把安全隐患排查进行闭合处理，保障每个点都处于实时监控之中。

（三）设备管理三定化

设备设施作为生产资料最基本的构成元素，在日常的生产工作中占据极其重要的地位。白十八增压站从强调员工对设备维护保养在日常生产中起到的关键角色入手，将清洁型、节约型班组的创建通过对生产设备的良好运行管理来体现，推行“设备管理三定化”模式，保障设备始终处于良好的运行状态。

（1）对设备定人、定岗、定责管理，实行承包管理责任制的运行方式，为站内的每一台设备选定一位“贴心保姆”，明确设备管理的职责，细化管理的措施，保证设备管理工作有据可循、落实到位。

（2）在推进“设备管理三定化”的基础上，强化设备原理、维修保养等培训工作，采取制度约束、学习资料、作业区技师传授、现场实际操作问答、员工帮传带等形式，不断提高全站员工的设备操作、维护保养技能水平，为设备的良好运行奠定坚实的基础。

（3）注重生产设备的日常维护保养，将目视化管理和对标管理运用到日常的维护保养工作之中，使员工树立清洁生产的意识，严格落实好“十字”保养，加强设备巡检力度，建立设备维护对标卡，明确设备维护保养每一个环节中应该做什么、怎么做、达到什么标准，对发现的问题采取闭环销项管理，及时维修排查故障，杜绝设备“跑、冒、滴、漏”现象，延长设备使用寿命，节约单位生产成本。

（四）作业流程标准化

结合数字化班站管理新的生产工艺，依照厂部岗位作业规程，强化员工的现场培训，固化操作规程，持续推进班组标准化管理，实现作业流程标准化。

（1）在日常工作中，白十八增压站从注重培养员工“尊崇标准”的文化理念入手，通过开展“我的岗位标准我来讲”、“我的岗位风险我识别”、“人人上讲台、个个当考官”等活动，以及加强“说、教、练、考”等四种培训方式，提高员工自觉执行标准的意识，让员工较快地熟悉和掌握标准化操作程序，形成“崇尚标准、贯彻标准”的浓厚氛围，不断提升班站标准化管理水平。

(2) 实行岗位人员行为标准化管理，通过规范员工生产信息上传下达的程序、各类生产报警响应程序、各类生产记录报表填写规范等措施，明确规定各岗位在每个生产运行环节中“何时做、做什么、做到什么程度”，避免了因员工的工作疏忽造成各类生产事故的发生。

(五) 班务管理公开化

班务管理公开化的精髓在于借助站务公开、绩效考核等形式，排解员工在日常工作、生活中的困扰问题，激发员工的主观能动性，让员工自主地参与到班站管理建设中来，不断深化班站民主管理，从而推动整体班组建设水平上新台阶。

(1) 深化民主管理，突出站务公开。对考勤、奖金、工资及误餐费的使用情况等都在公开栏上公示，及时消除员工容易出现的有疑点和不明白的问题，通过设立员工自主留言板、合理化建议征集等形式，广开言路，集思广益，推进班组民主管理水平。

(2) 通过建立全面量化考核体系，坚持公平、公开、公正原则，细化考勤、考核管理，推行员工绩效量化考核，实行业绩奖金挂钩，坚持每月月底公布考核结果，形成“员工自主考核、站长检查、井区审核、员工监督”的机制，激发了员工的工作热情和积极性，实现班站民主管理，真正做到班务管理公开化。

(六) 人员管理自主化

班站构成的核心要素是人，班站管理其实质就是对人员的管理。白十八增压站在班站管理方面，以实现班组和谐为发展目标，以人为本，尊重人、理解人、关心人、帮助人，形成“员工关系和谐、工作协调、互助、互爱”的良好氛围。注重发掘员工个人潜能和特长，着力发挥员工的主观能动性，全员参与创建班组特色文化，培育和谐凝聚力，团结创造效益的班组团队精神，进一步提升班站自主管理水平。

(1) 坚持以突出员工个人特长的工作业绩自主考核、优化评优机制，用有效的机制激励员工。

（2）注重员工的成才培养，坚持因人而异、因材施教的方式，着力搭建学习平台，优化培训教育方式方法，提高全员综合素质。

（3）用感情管理模式营造“温馨小家”。利用“小家文化”拉近干部与员工的距离，及时了解掌握员工思想动态，采取面对面谈心交流、爱心互助等形式，对员工关心的热点、难点问题及时解决，消除员工的后顾之忧，提高员工积极性。

（4）通过为员工过生日、重大节日举行文体娱乐活动、员工才艺展示等活动，丰富业余文化生活，提升班组成员的凝聚力，凸显员工在班组管理中的重要地位，充分调动员工的积极性和创造性，营造“事事有人管、工作齐心抓”的良好氛围，从而推动班组建设，实现人员管理的自主化。

四、取得成效

白十八增压站自实施“六化”管理以来，员工的精神风貌发生了根本性变化，先后获得油田公司2010年度“优秀五型班组”、采油七厂2011年度“优秀五型班组”等称号。

（1）队伍素质全面提高。通过岗位练兵、师带徒、传帮带及实景互动等形式，调动了员工学习技术的积极性。坚持开展岗位标准作业程序培训，使员工树立“崇尚标准、执行标准”的意识，队伍素质有了显著提高，生产作业实现由以往的习惯性、经验型向规范化、标准化的转变，为推动班组标准化管理奠定了基础。

（2）工作水平不断提升。借助数字化管理平台，形成“井站一体、电子巡井、远程监控、精确制导、智能管理”的数字化油田管理新模式。站控平台实现前端生产数据自动传输、液位自动控制、变频连续输油、抽油机远程启停等功能，降低了生产管理成本和员工的劳动强度，提高了班站科技应用水平，提高了生产组织的及时性和准确性，提高了班站的整体管理水平。

（3）安全管理水平有效提高。全员重视安全生产意识较强，标准化操作习惯已经形成，员工的自我保护意识和处理突发事件的能力增强，实现安全生产无事故。在设备管理中，员工由被动地维护保养设备到主动依规做好设备的日常维护，发生了质的变化，设备使用中的故障率始终控制在规定范围内。

(4) 班站凝聚力显著增强。班务管理公开化的推行，积极消除因员工不知情而产生的矛盾，拉近了干部与员工的距离，增强了员工的向心力。人员管理自主化不仅体现尊重人、爱护人，也鼓舞了员工积极参与班站管理的热情，“事事有人管、工作齐心抓”氛围的形成促进了班站自主管理水平的提升。

采油班站危险源显现化“三分管理”

郑明科　曹继虎　冯守兵　柒喜军　宋中明　李　敏
（第三采油厂）

对采油企业基层班站而言，以往的经验表明，事故发生的最终根源往往都集中在“某一点”上，而这个点具有相当大的危险性，通常称之为危险源。它普遍存在于生产活动中，是安全生产的最大隐患。这些年来，采油三厂针对危险源做了大量的排查削减工作，取得积极成效，其中虎狼峁作业区柳三转结合生产实际，积极探索形成的采油班站危险源显现化“分管理”便具有借鉴意义。

一、危险源显现化“三分管理”的内涵及推广背景

（一）危险源显现化“三分管理”的基本内涵

危险源显现化“三分管理”就是以视觉管理为手段，使危险源点显现化，岗位员工可以通过目视方式，掌握危险源存在的具体位置、规避危险源的方法、注意事项和正确的操作规程等，使管理的状态能看得见，从而规范自己的行为。

显现化是指把危险源最大限度地挖掘出来，直观地告诉员工，并明确地标示消减措施、正确的操作方法、注意事项，使人一目了然，实现让危险源显现化。

“三分管理”就是把站内的危险源按照相关安全管理标准分级、对排查出的危险源分类、采用红、黄、蓝三色区分危险区域。一般危险源作为日常提醒注意事项，重点危险源作为目视化的内容，实行分区、分级管理。

（二）危险源显现化“三分管理”的推广背景

2006年以来，面对新站、新设备、新员工，员工安全思想麻痹、安全意识淡薄、安全观念不强，安全工作基础薄弱的现状，虎狼峁作业区积极探索井站

安全管理简单化的新途径，按照“把危险源当事故来管理”的理念，推行危险源显现化“三分管理”，将安全管理以最简单、最快捷的办法呈现给基层班站员工，使复杂的工作简单化，保证了企业的安全生产。

(1) 员工队伍年轻，工作经验不足，安全操作能力较差。由于作业区发展迅速，熟练工人紧缺，在实际生产中存在着早来3～5个月的徒弟做师傅带新徒弟的现象，这就使新员工的日常工作和学习过程不够规范，日常操作行为成为最大安全隐患。

(2) 员工安全意识淡薄，对安全隐患没有足够的认识。由于在思想上不够重视、对事故没有切身感受，新员工对“安全第一”的认识不明确，这种轻视心理、麻痹心理、侥幸心理，凭兴趣和想象决定安全管理活动的内容和行为方式，给安全生产带来不稳定的因素。

(3) 班站管理人员缺乏管理经验，安全工作基础薄弱。许多班站长由于缺乏工作经验和管理经验，在工作中以罚代管，引起员工普遍反感，使部分员工存在抵触情绪，工作热情不高，久而久之形成恶性循环，即“违章行为—遭受处罚—情绪对立—再度违章”。

二、危险源显现化“三分管理”的主要做法

(一) 推行“5S”管理，奠定目视化管理的基础

为创造良好的现场工作环境，虎狼峁作业区在基层班站开展“5S”管理活动，通过以“整理、整顿、清洁、清扫、素养”为基本内容，使工作现场的设备、工具、物品摆放定位有序化；设备、流程、水电讯线路安装规格化；井站场区干净整洁、工作环境协调舒适，实现了管理过程精细化，管理工作系统化、职工行为规范化，现场管理标准化，形成事事有标准、件件有规范的标准化管理格局。

(二) 以视觉管理为手段，使危险源显现化

作业区发动全员从日常操作细小环节和危险因素、设备的安全性能、现场的安全设施、应急设施等方面入手，对照标准作业程序，广泛开展“查找身边

的安全隐患”活动，并及时收集、分类、汇总各班组查找出的安全隐患，通过全员参与，使员工对危险源有了客观的认识。

1. 生产运行过程中危险源的排查（图1）

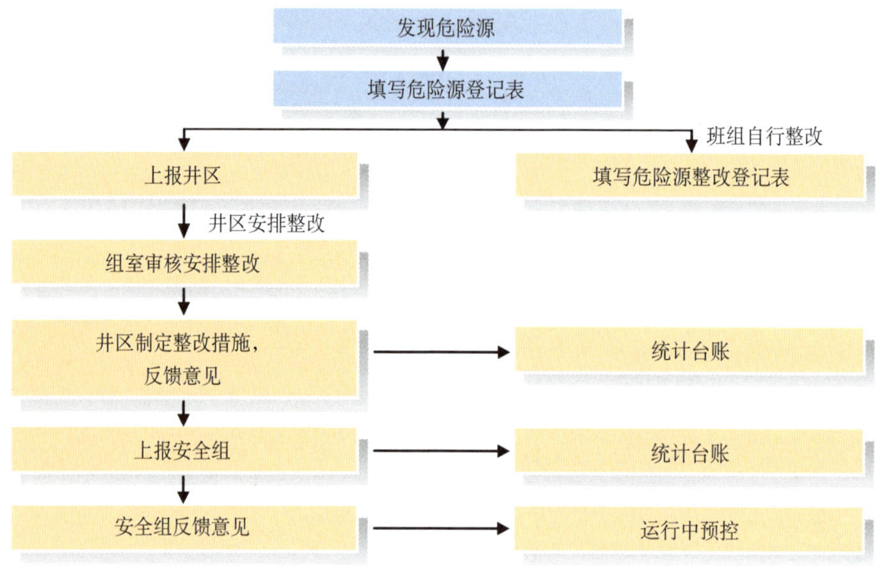

图1　生产运行过程中危险源的排查流程

2. 生产操作活动中危险源的排查（图2）

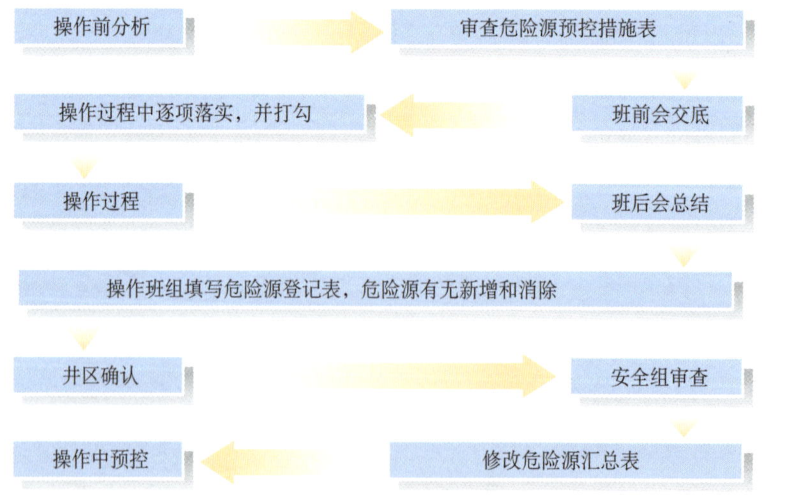

图2　生产操作活动中危险源的排查流程

3．对排查出的危险源进行分类

根据站内设备存在危险系数的程度不同，对于排查出的危险源，依据有关安全规范评价，划分危险级别，研究制定可靠的安全防范措施。具体讲就是把站内的危险源按照相关安全管理标准分级，一般危险源作为日常提醒注意事项，重点危险源作为目视化的内容，实行分区、分级管理。

4．对不同类别的危险源实行挂牌管理

根据不同类别、区域和风险等级进行显著的标示，即对红区的重点设备，不但挂危险源辨识牌，同时配备操作规程牌，不仅详细描述防范措施和监督检查要点，而且把正确的操作步骤用最简单明了的图片展示出来，使在现场的每一个人都能对危险源有明确的认识。这也就是所谓危险源的“一患一案一牌”安全操作看板。

根据危险源的等级不同，警示牌的颜色分为红、黄、蓝三种，提示的内容也会有所不同，红色内容最多、蓝色内容最少。红色警示牌内容包括危险源的具体部位、形成原因、可能造成的后果、操作规程、规避与削减的措施等；黄色警示牌内容只有危险源的具体部位和操作注意事项；蓝色警示牌根据操作实际，警示内容介于红色和蓝色之间。在重点设备旁，设立安全操作看板，主要发挥指导员工正确操作设备的功能。

5．丰富完善标准化操作载体

1）推行标准化操作挂件

把岗位设备、流程的标准化操作步骤用简单明了、直观易懂、形象逼真的图片流程展示出来，以标准化操作挂件的方式，呈现给基层员工，时刻提醒员工养成良好的操作习惯，确保标准操作、安全操作，实现安全管理工作的简单化、直观化、显现化。

2）丰富标准化操作辅助载体

一是推行设备PSRT卡管理。为了使新员工较快地掌握岗位设备流程的标准化操作程序，作业区在基层班站推行“PSRT” 卡设备管理法，即用目视卡的形式把设备的工作原理、内部结构、标准化操作规程和故障排除法张贴在各种大型设备旁，简洁、明了地对各种设备的操作原理以及操作步骤做出明确的指导说明。

二是建立隐患显形提示系统。对重点设备悬挂危险源辨识牌，详细描述防范措施和监督检查要点，时刻提醒员工按章操作。并在各岗位建立重点隐患提示记录，提示员工在交接班时重点交接、标准巡检。

三是建立可视化安全载体。创建温馨提示（分类归纳每一个操作间、每一台设备的操作规程和安全制度，编写成顺口溜的形式，做到简单易记、一看就会）、温馨告知、安全警戒线、人机私语、班前三问、班后三问温馨提示牌等可视化安全载体。通过“润物无声”的安全可视化载体，增强安全工作的吸引力、渗透力和感染力。

（三）推行标准化作业，提高员工自主安全管理能力

1．提高员工标准化操作意识

虎狼峁作业区注重把人的操作控制作为提升安全水平的主要途径，通过氛围熏陶、文化激励、警示教育、会议学习、观念引导、实战演练等手段，逐步使员工“安全标准入心、安全规范入脑、安全操作入行”，增强员工标准化操作意识。

2．提高员工标准化操作能力

以《采油三厂标准作业程序》为主要培训内容，突出“说、教、练、考、纠”五个环节，坚持“干什么、学什么、补什么”三个原则，积极组织标准化操作技能的教培，以期实现岗位标准化操作“人人出手都过硬”。

3．培养员工安全操作行为

员工标准化操作程度是影响安全生产的关键因素，虎狼峁作业区以采油三厂“三抓三管”（抓思想、抓基层、抓基础，管思想、管行为、管习惯）为核心，注重从操作习惯上纠正违章行为，从操作行为上控制生产风险，发起“向违章行为宣战”的倡议书，开展“反三违从我做起”等大众性的安全讨论，以及“重温操作规程、纠正违章行为”、“对照标准作业程序、全员反习惯性违章”的主题教育活动。

（四）严格落实安全管理制度

设立重点部位巡回检查签到表，配备站内安全监督员，定岗定责、责任到人，通过制定严细的监督考核细则等有效的过程监控办法，对问题比较突出

的，利用隐患问题红单通知整改；对影响面不大，问题突出，但不受人关注的不符合项，利用隐患问题黄单通知整改。使危险源控制人员在发现问题时，及时落实整改措施；一时不能整改的，要迅速上报并说明原因。凡是对存在的问题置之不理、不了了之的，加重考核。在日常交接班或者换班交接，都必须及时将隐患情况一并告知清楚，否则发生问题的，要承担相应责任。

三、危险源显现化“三分管理”实施后的效果评价

（一）使安全管理工作简单化

各种危险源的分类分析、红黄蓝危险区域的划分、安全隐患牌、标准操作提示挂件，使危险源的内容一目了然，安全系数的高低即刻辨认，设备操作规程熟记于心，一线操作人员在岗操作时身边无师胜有师，现场监控、现场操作、现场防范工作有了很大的进步，实现安全管理工作的简单化。

（二）提高了员工的安全意识

目视化管理充分利用指示牌颜色、语音报警提示仪等工具，直观地反映事物形态，使管理状态一目了然，员工对安全工作的认识提升到 “对自己负责、对他人负责、对企业负责”的高度，实现由“要我安全”向“我要安全”、“我会安全”、“互助安全”的转变，积极主动地参与到安全管理之中。

（三）养成了良好的操作习惯

员工看到提示牌，自觉形成需要认真对待、严格执行的意识，同时在第一时间能够看到正确的操作规范，无论是新老员工都能一看就懂、一看就会，养成了良好的操作习惯，各项安全管理制度在实践中得到有效落实。该管理方法实行以来，各类设备的故障率明显下降，员工的习惯性违章行为也大为减少。

（四）安全管理工作推陈出新

在“以人为本”的管理目标下，员工依靠自己的智慧，依靠自主管理的基础，结合岗位特征，创新管理方法，使安全管理工作不断推陈出新，安全工作水平不断提升，在荒凉的环境里，员工自觉形成良好的习惯，使复杂的工作简单化，使工作成为快乐，变岗位成为课堂，充满了温馨的色彩。

坚持“两抓三带五靠”工作法
推进班组自主管理

魏黎明　何　燕
（水电厂）

一、形成的背景

西峰水电大队是水电厂服务保障西峰油田油气生产的一个科级基层单位。主要承担西峰油田、超低渗透第一项目部、超低渗透第四项目部、输油二处以及采油三厂部分下属单位的供电、供水任务，服务区域辐射庆城、镇原、宁县、西峰区、宁夏彭阳两省（区）四县一区。大队设9个生产班组，共管辖变电所5座、供水站1座、10kV线路820km、水源井31口的运行、维护任务。年供电量达到1.8×10^{8}kW·h、年供水量达到$360\times10^{4}m^{3}$。

二、具体做法

西峰水电大队着眼实际，紧扣“三基”工作主题，紧紧围绕生产经营工作抓融入，坚持高起点谋划、高标准要求、高水平推进，在实际工作中创新实施“两抓三带五靠”工作法，推进班组自主管理，使队伍整体综合素质和管理水平得到新的提升，基层班站面貌得到新的改观。

（一）“两抓”规范班组管理

班组是企业的细胞，是企业一切工作的落脚点，而规范管理则是实现班组工作有效推进的根本保证。继周庄变、马集变荣获油田公司“优秀五型班组”称号后，大队以“优质服务西峰油田、确保水电供应及时到位”为目标，坚持“目标引领、制度约束、考核激励、典型带动、文化影响”的创建思路，解决班组“想干事、能干事、干成事”的问题，使班组、站所自主管理取得了实质性的成效。

(1）抓制度。按照“班组建设有目标、班组评价有标准、班组管理有制度、班组工作有考核、班组文化有特色”的要求，制订班组执行标准规范要求和《五型班组建设方案》，对照标准化建设内容，完善以岗位责任制为中心的8项管理制度，建立“班组培训学习管理制度”、“班组民主生活管理制度”、“班组班务管理制度”、“班组运行分析制度”、“文明礼仪规范制度”等10项“所规”，以制度为保障，增强了班组的“自转力”，使班站建设从一开始就走上正轨。

(2）抓机制。在班组日常工作中，把尊崇标准工作文化、星级评比、“一人一岗一设备”缺陷动态管理制度、违章曝光台，作为“五型”班组建设的延伸，实行“生产技术、安全运行、后勤保障”三人三联系服务点工作机制，明确分工，落实责任，全过程现场监督指导，做到“四个不干”，即风险识别不到位，工作不干；安全措施不到位，工作不干；设备保养不到位，工作不干；岗位交接不清楚，工作不干。消除了班组人员工作中存在的急躁、侥幸心理，改变了以往工作的随意性和盲目性，也进一步调动了班组的工作积极性，有效减少了安全隐患，提高了人员安全意识，消除了习惯性违章现象。形成大队总体部署、联系服务承包干部具体指导、基层班组具体实施、整体检查考核、整体推进的工作格局。

（二）“三带”推进班组自主管理

在班组自主管理过程中，分析班站现状，通过“周检查、月分析”，随时发现不足，及时制定改进措施，在承包领导干部的帮促指导下，带动班组不断进步，确保班组标准化创建工作按照既定目标有序推进，解决了班组“会干事”的问题。

(1）带能力。给干部压担子，明确领导干部、技术人员授课时间，确定4个领导干部业务帮带小组；明确帮带人员和具体帮带的“五个职责”，即带出班组的安全生产能力、超前组织能力、规范管理能力、严格执行能力。一对一地给班长教方法、教经验，使班长很快成长为能够独当一面的班组管理能手。

(2）带技术。重大操作在承包干部跟班作业中，亲自手把手地教，讲原理、讲性能、讲操作，通过“日训、周考、月兑现、年评优”的考核机制，提高班组人员的技术理论水平、岗位操作技能、安全防护技能。

(3) 带作风。通过承包干部和班长事事处处作表率，带出班组的过硬作风，即对待工作严谨求实的作风、执行制度不折不扣的作风、落实规程一丝不苟的作风、学习技术精益求精的作风、瞄准目标争创一流的作风、面对困难敢于拼搏的作风，进一步提高了队伍的整体作战能力。

(三) “四靠”打造尊崇标准工作文化的班组

班组是队伍的基本构成单元，班组强则队伍强。为激发班组活力，在班组建设过程中，西峰水电大队采取“人员联动”、“阵地联建”、“队伍联管”、“活动联办”的方法，明确分工，落实责任，全过程现场监督指导，帮促班组落实活动方案，使班组活力得到显现，“自治力”明显增强，解决了班组“干好事”的问题。

(1) 靠指导。充分发挥专业技术人员优势，实行对口帮促服务，随时指导班组搞好评各项工作，实现“在线指导”、“零距离”帮促。坚持每月一次生产运行分析会，共同探讨优化运行方式、强化班组管理的新方法、新途径，促进班组管理上水平。组织开展班组长现场观摩学习交流活动，由党政领导带队，到西33井区参观学习，吸取先进班组管理经验，以点带面，让“一枝独秀”变成“满园春色”。

(2) 靠典型。在创建过程中，西峰水电大队注重发挥典型的带动作用，抓住周庄变和马集变这两个“优秀五型班组”典型，选派悟性高、爱学习、接受能力强的员工周庄变跟班学习培训，吸取好的经验和做法，再结合各自实际，在继承中创新、在创新中提高，以点带面，使“五型”班组创建工作学有榜样、赶有目标，形成了班长抓管理、班员争达标，共同比、学、赶、超的创“五型”良好风气。

(3) 靠培训。培训是提升班组人员整体素质的有效途径。该大队将现场培训作为班组自主管理过程中的重要环节，创新班组安全教育活动形式，采取日常学习与交流学习、理论学习与实践学习、互动学习与参观学习相结合等培训方式，充分发挥曝光台、星级评比台的引导、激励作用，实现班组本质安全。

坚持一月一次班组政治理论学习活动，印发形势、目标、责任、任务辅导材料，引导班员树立正确的世界观、人生观和价值观，增强爱岗敬业意识，营造良好的班组文化氛围。严格按照“遵循集中培训、岗位现场培训、竞技比赛培训、师徒结对子培训、骨干拔高式培训”五种培训方式，落实“说、教、练、考”四个环节，充分发挥“小教员、小课堂、小课题”三小作用，按照“每日一练、月末小考、人人当老师”的岗位滚动培训方法，坚持“一日一题”、“一周一案”、“一月一考”跟踪培训效果，有效激发员工的学习热情，实现“工作学习化，学习工作化的”目标。同时，采取“请进来”、“走出去”等方式，开展班组长现代管理知识培训、专业技术培训，力求做到三个结合：即正规培训与日常培训相结合、辅导讲课与自学攻关相结合、理论学习与实践操作相结合，促进班组整体技能水平提升。

（4）靠载体。抓班站文化活动载体，在严格落实“八个标准化”的同时，注重实践与对标管理的结合，开展“安全教育培训、青年安全监督、见习安全员、班长安全述职”等活动，利用“安全文化墙、星级展示台”等载体，提高全员的安全意识，形成“我的岗位我负责、我在岗位您放心”的浓厚氛围。抓住“岗位练兵”活动载体，深入开展“应急演练”和“反事故演习”活动，把演练与实战、攻关与革新相结合，锻炼造就高素质的技术人才。以“五小”创新创效活动载体，根据变所生产、安全、环保、质量等实际情况，从大处着眼、小处着手，以“五点五节”（紧一点、省一点、挖一点、勤一点、细一点；节料、节电、节油、节水、节资）为主题，确立QC活动课题，按序推进，激励员工从身边小事做起，不断探求本岗位的节能挖潜点，通过提合理化建议、小改小革技术创新等活动，实现资源综合利用的“节约型”班组。靠读书交流活动载体，成立读书吧、读书沙龙、书友会等，围绕学理论、学文化、学科学、学技术、学管理、学法律等“六学”读书活动，将“读一本好书、写一篇体会、做一次交流、学一项技术、提一个建议、查一个隐患”的“六个一”读书实践活动贯穿始终，构筑了班组“学习工作化，工作学习化”的良好氛围。抓“温馨家园”建设载体，按照“6S”和“三清、四无、五不漏”的标准，要求员工做到“四个及时”（设备保养及时、室内擦扫及时、草木修剪及时、现场清理及时），不断增强员工清洁生产的自觉性和责任感，营造一尘不染、井然有序的工作环境。

同时，通过员工制作的手工作品、写感恩寄语、设计的精美花篮、精心策划的温馨家园，努力营造团结、和谐、宽松的人文氛围，提高班站管理水平，使班站成为员工爱岗敬业、奋发向上、团结互助的“温馨小家”，促进了班组与员工的和谐发展。

三、认识和体会

(1) 员工适应岗位的速度加快。通过“培训”的带动，使员工操作能力、管理能力、综合协调能力、处理复杂问题的能力有了明显提高，员工素质的提高紧跟油田发展，不断满足了在水电技术和操作岗位的需要。

(2) 班站的自主管理和自主创新能力增强。通过“三带”的推行，把个人目标与组织目标紧密联系在一起，激发了员工自主管理自主创新的积极性，新的管理思想、管理方法在基层不断出现，有力地促进了基层建设和企业文化建设水平的不断提高。在周庄变形成“双卡双监控”落实标准化操作、“两表四法三定”标准化巡检、“三全三净三整齐”标准化现场管理、“四个一”标准化交接班、“四齐全”标准化资料，在马集变形成“员工星级培训”管理法，在西一供水站形成“三点一线”供水法。

(3) 营造良好的学习氛围。通过“两抓三带五靠”工作法解决了基层班站干好干坏一个样、干和不干一个样的问题，增强了员工的危机意识、责任意识和竞争意识，员工对学习重要性和紧迫性的认识明显增强，极大地调动了员工自觉学习业务知识、努力提高工作技能的积极性。在班站中达成“以刻苦学习提高能力、以勤奋敬业发挥能力、以出色业绩证明能力”的共识。

基层班站的精细化管理

吴广洲 李 令 陶章文 董过平
（第八采油厂）

学一联合站位于定边县樊学乡张山村，于2006年9月投运，是采油八厂大规模开发、建产以来建成的第一个综合性集输站点，主要承担定边区块原油外输任务，日输液量1800m^3，年处理能力50×10^4t，是油田公司企业文化建设示范窗口和精品工程建设示范点，该站先后获得陕西省、中国石油天然气集团公司、油田公司、厂级荣誉31项，获得油田公司级、厂级个人荣誉12人次。

一、实施背景

学一联合站是采油八厂规模最大、数字化功能最全的站点。员工数量少，人员年轻，发展速度快，来液量急剧增加，集输压力大，工作头绪多，安全管理要求高。同时，作为数字化站点，面临着设备升级换代种类多，对员工素质要求高等实际问题。该站按照“培育特色文化，推行精细管理，创建一流团队”的工作思路，把精细管理作为强化“三基”工作的重点，从夯实发展基础和提高工作效率上下苦功夫，提升管理水平，实现场站本质安全，以“五项举措”培育了“四种特色文化”。

二、具体做法

（一）设备管理精细化——突出“结点”

细化管理单元，实行目标管理、程序化管理，以单台设备为生产管理基本结点，根据设备特性，制定每台设备日常管理的措施和对策，使日常管理的针对性更强，形成精细化管理模式。

将站库生产系统划分为集输系统、采出水系统、加热系统、消防系统，把每个系统细化为设备结点、设施结点、辅助三类结点管理。对每个结点从基本参数、操作规程、日常维护保养、安全附件、动态运行参数、管理标准、故障排除方法以及主要风险提示等8个方面详细描述，在现场制作结点提示卡，对员工起到潜移默化的指导和提示教育作用。

（二）安全管理精细化——突出“到位”

以开展反违章禁令活动为契机，切实做到安全管理“四个到位”，即认识到位、责任到位、措施到位、督查到位。

1．认识到位

通过制作展板、橱窗、横幅、印制安全文化手册等，大力宣传安全知识；通过在开关、踏步台阶等处制作安全标识，营造浓厚的安全文化氛围；通过开展安全劳动竞赛活动，引导全员参与安全生产。

2．责任到位

通过QHSE体系建设、运行，完善岗位责任制，做到“件件事情有人负责、各个问题有人解决”，使各项重点工作落实率达到100%；全面推行事故控制（ACT）卡，提高员工自主管理意识，引导员工在生产实际中发现可能导致人员伤害或发生事故的不安全行为或不安全状态，把安全责任落实到每一位员工。

3．措施到位

加强对各种施工作业的管理，全程监控作业过程。同时做好安全设施、安全附件的检测、校验工作，有针对性地开展应急演练活动，提高了员工应急处置能力。

4．督查到位

以查隐患、抓整改为重点，力求从根本上消除站场的各类不安全因素。纵向上，采取岗位员工每小时、班组成员每天、作业区每周的安全检查制度；横向上，实行班组与班组之间相互检查的方式，全员参与，及时发现各种不安全因素，对查出的安全隐患实行立项消项制，做到整改一个，验收消项一个，避免了安全隐患的事故发生，确保了站库的安全运行。

（三）班组建设精细化——突出“准确”

在班组建设上，将“练、禁、查、抠、夸”五字贯穿在班组建设的全过程，以“五字”促“五型”。

1.“练”出学习型

通过岗位练兵及员工培训考试系统，督促员工自学。同时，每周开展岗位“互动培训”，站内建立学习室及练兵室，定期开展岗位小练兵活动，不断提高岗位员工技能水平。

2.“禁”出安全型

利用网页、报纸、宣传栏等载体多方位宣传和培训，推广应用标准化作业程序、ACT卡、加大“六条禁令”的学习宣传力度，做到有令必行、有禁必止。

3.“查”出清洁型

要求岗位员工从自我做起、从身边做起，从源头上杜绝污染，认真落实岗位责任制，经常检查可能出现“跑、冒、滴、漏”的地方，实行风险挂牌提示，落实每小时巡回检查，做到“三清、四无、五不漏”，开展美化班站活动，做到生产和生活场所有序、整洁、美观。

4.“抠”出节约型

以“金点子”、“金钥匙”、“岗位鲁班”为展现平台，鼓励员工开展小改小革、修旧利废、变旧为新、变废为宝。同时，通过会议要求、日常检查、开展节约主题活动等方式，培养全员节约意识，引导员工从身边小事做起，节约每一度电、每一张纸、每一滴水。

5.“夸”出和谐型

开展“说说心里话、夸夸我们身边的有心人”活动，努力为员工创造一个自我释放、自我倾诉的机会和载体，增强主人翁意识，培养良好的工作心态。

（四）员工培训精细化——突出“多元”

学一联合站针对人员年轻、流动性大、设备现代化、安全环保要求高的特点，有针对性地开展员工培训活动，采取全方位、多渠道、灵活多样的多元培训方式。

1．荣誉激励和物质激励相结合

对培训工作进行周检查、月考核，对于成绩突出的班组和个人授予“明星班组”、“明星职工”称号并予以奖励，以此调动员工的学习积极性，在员工中形成一种“比学习、比技术”的良好风尚。

2．理论授课与实践操作相结合

运用作业区编印的《操作规程汇编》、《员工安全手册》等进行理论学习，了解各种日常作业的操作步骤及注意事项，站内各种设备的故障排除及保养方法。实践操作则利用现场设备、工艺流程等直观讲解结构、性能、工作原理，使员工全面掌握岗位实践操作技能。

3．送外培训与请进来培训相结合

对压力容器操作、电焊工、化验工等特殊岗位，采用送外的方式进行培训。同时，请进消防系统、正压式空气呼吸器、精细化自动过滤系统等方面的专业技术人员，开展专业知识培训。

4．竞赛活动与技术比武相结合

开展“我讲我站”和“今天我主讲”两项活动，使员工人人讲站内流程、讲设备性能、运行参数、工作原理，讲各种故障的排除方法，讲各种突发事件的处置方法和抢险程序。不定期地组织技术比武活动，增强员工的竞争意识，调动员工“学技术、练本领”的积极性。

（五）党群工作精细化——突出“活动”

学一联合站党支部自成立以来，通过“六抓六提高”工作措施的深入落实，使党支部的战斗堡垒作用和党员的先锋模范作用得到充分发挥，推动党支部整体工作水平不断提升。

1．抓起点，提高书记影响力

将党支部书记选配作为党支部建设的起点，坚持“先培训，后上岗”，加强党支部书记党务、经营管理知识及生产业务等方面的培训和自我学习，交叉任职，在搞好党建工作的同时，不断提升党支部书记的能力和素质。

2．抓作风，提高班子凝聚力

坚持政治理论学习制度，引导班子成员牢固树立科学发展观，社会主义荣辱观，正确的世界观、人生观、价值观，筑牢思想防线，打牢思想基础，永葆先进性。

3．抓素质，提高班子凝聚力

大力推进学习型党组织建设，拓宽党员受教育渠道，在党内形成“学习精神、落实政策、完成任务”这三个链环，让职工看到党员的闪光点和示范作用。

4．抓落实，提高制度执行力

通过“心中有制度”等主题教育活动，提高执行制度的自觉性、主动性，并通过组织讨论、自我纠错、员工监督等途径，找出执行中存在的问题，树立正面典型、进行反面警示，不断加强制度执行力，确保各项制度落到实处。

5．抓创新，提高机制有效力

通过“模范党员责任区”和“党员模范岗”的评选，树立正面典型，激发党建工作的活力。

6．抓践行，提高业绩创造力

通过党建带工建、带团建，定期组织工团开展好政治理论、文化科学等知识学习，及时解决涉及员工切身利益的事项和热点问题。积极组织文体活动，通过“职工小家”建设等，不断丰富和活跃员工文化生活，提高职工素质。

三、取得的成果

（一）培育了安全文化

通过各种主题教育、警示教育的开展，实现员工从“要我安全”向“我要安全”、“我会安全”的根本转变，培育了安全观念文化。通过QHSE体系建设，编制《管理制度汇编》、《设备操作规程汇编》、《应急处置预案》等手册，建立健全各种安全制度，完善岗位责任制，形成安全制度文化。通过安全警示日、安全警示周、质量月、“安全生产、青年当先”、安全生产月等安全文化活动的开展，调动员工安全生产的积极性，进一步规范员工的安全行为，培育了安全行为文化。通过台阶安全警语、泵房安全提示语、操作间安全警戒线及各种安全标识标牌等营造浓厚的安全文化氛围，联合站的走廊文化、台阶文化已成为传播安全信息的重要手段，形成浓厚的安全视觉文化。

（二）实施了创新文化

通过精细管理在站场管理各个方面的推行，培养员工的自主管理意识，广大干部员工纷纷献计献策，提出创新性的建议，实现从“要我创新”到“我要创新”的转变，为最终实现员工自主管理打下了坚实的基础。

（三）构建了和谐文化

通过在站场上种植花草、实施绿化美化工程，在站外空地开辟菜园、种植蔬菜瓜果，为员工创造良好的生活和工作环境；通过在生活区建设休闲娱乐广场、配置各种健身器材和娱乐设施，工会、共青团组织开展形式多样的文体活动，丰富了员工的业余文化生活，增强员工的凝聚力；通过开展温暖工程、爱心工程培养员工对企业的认同感，构建和谐的文化氛围。

（四）塑造了品牌文化

通过精细管理的推行和特色文化的形成，使学一联合站正向“一流班子、一流管理、一流站场、一流队伍、一流文化”的一流团队迈进。学一联合站先后荣获陕西省“学习型先进班组”，中国石油天然气集团公司“中国石油先进班组”、“绿色基层队（站）”，油田公司“五四红旗团支部”、“模范集体”、“青年安全生产示范岗”、“模范集体”、“先进党支部”等多项称号。

“3+3”工作法构建输油站库高效运行模式

高春兰　张立明
（第三输油处）

一、基本情况

第三输油处宁夏石油商业储备库现有员工76人，占地面积约480亩，年储油能力$129\times10^4m^3$，有机泵、锅炉等设备近200台，采用18项先进技术，实现全数字化管理，并负责靖惠管线末站、$80\times10^4m^3$宁夏石油商业储备库和$40\times10^4m^3$长庆油田惠安堡生产运行库的日常运行管理。是长庆油田集输系统规模最大、自动化程度最高的现代化输油站库之一，也是油田公司一级防火单位，承担着长庆原油北出口畅通，为油田上产提供有力的支撑。

二、“3+3”工作法的实施背景

近年来，为了解决企业发展需求与员工需求有差距、工作环境和上班制度与员工养老顾小的实际情况有矛盾、只知要执行不懂为什么使员工对宏观政策有不解等问题；为了杜绝因此带给工作的各种不良现象和不利影响；坚信再好的技术、再完善的规章、再安全的软件也无法取代人的素质和责任心，宁夏石油商业储备库从2009年起就着力探索以“掌握人的心理、抓住人的行为”为切入点的“3+3”工作法(三个步骤、三个抓手)（图1），激发员工积极性和创造性，努力提升员工素质和责任心，着力提升管理单元的核心竞争力，构建了输油站库高效运行的模式。

三、“3+3”工作法的具体做法

（一）三个步骤

（1）以前期调研了解员工想要什么、知道员工希望企业为他做什么。

（2）与感恩教育相结合解读政策。通过全方位的氛围营造和丰富的载体应用，在员工中形成“知恩、感恩、报恩”的良好风尚，了解企业发展规划、了解企业发展中个人需承担的责任和义务、了解当前利益与长远利益的关系，树立与企业同发展共成长、成果同分享风险共担当的意识。在政策解读中，既用社会主义核心价值体系引领员工，加强正面舆论引导，又利用人趋利避害的天性，给员工讲解眼前利益与长远利益的关系，使员工认同企业发展愿景、认同企业发展与个人发展的统一，为提升现场管理水平奠定坚实的基础。

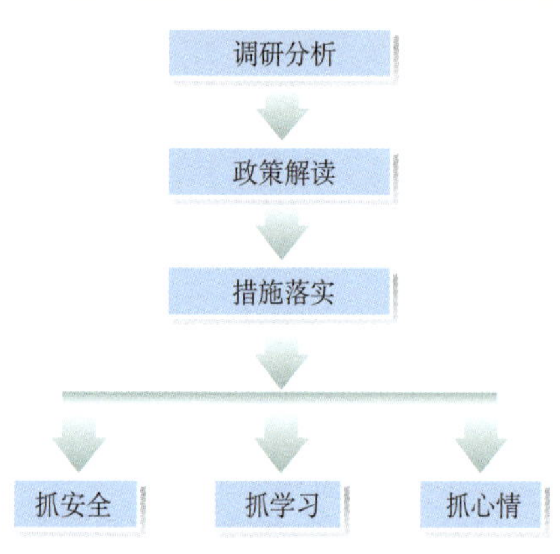

图1　“3＋3”工作法

（3）以“抓安全、抓学习、抓心情”为抓手，力克执行不力难关，确保各项规章制度工作措施落到实处。

（二）三个抓手

1．抓安全

牢固树立“环保优先、安全第一、质量至上、以人为本”的安全环保理念，深刻认识和理解“安全是效益、安全是政治、安全是最大的孝心”的含义，抓住强化“我要安全”的意识、学习“我会安全”的技能、培训“我能安全”的职业素养“三个环节”，着力从“观念、制度、物质、行为”四个层次构建具有本站库特色的安全文化（图2），形成一套极具可行的“四位一体”安全文化体系，使员工在日常工作中知风险、懂操作、能控制、会处置，自觉履行安全责任。

图2　宁夏石油商业储备库的特色安全文化

(1) 结合实际，构建站库安全观念文化。员工自己动手编印安全手写报，编印《安全警示录》，制作岗位温馨提示牌，关键设备制作人机对话卡，开展“征集安全警示语”活动、组织类似“安全伴我行”演讲比赛、安全经验分享等安全文化活动，观看安全警示片。通过各种文化载体，让员工深刻领会安全的内涵。

(2) 重在实践，深化站库安全行为文化。按照“只有规定动作，没有自选动作”的理念，坚持不懈地推行固化标准作业程序。对于流程切换，上罐量油等关键操作，坚持一人操作一人监护，并推行“一想二干三回头”的操作要求，即第一步先想如何干，第二步再进行操作，第三步就是干完后再回头看一看是否运行正常，做好“安全互帮互查”活动。

(3) 建章立制，健全站库安全制度文化。通过完善HSE管理体系，以及修改、补充、完善各类管理制度，形成安全管理“网络化、规范化、全员化”，从而构筑完善的安全制度文化。其次规范安全“三查”，即班组交接班检查、站库月度检查、节假日督查，以制度的严格要求，保障安全措施落实。

(4) 加大投入，改善站库安全物态文化。对于场站的各类设备设施采取分类管理，分为关键设备、重点设备和普通设备，针对分类制定不同的维护保养和巡回检查措施，及时消除各类设备设施的安全隐患，保证站库硬件设施完好。

2．抓学习

新建站库自动化水平不断提高和数字化管理对员工素质要求越来越高。加强学习培训不仅是提高素质成就自我的自身需要，更是做好本职工作的前提和基础。

针对以前员工培训方法针对性不强，教与学需求信息不对等，“扫盲班”与“提高班”不分、“特色班”与“常规班”不分，眉毛胡子一把抓，教得辛苦，学得无聊，效果不好的现状，力克三个难题：一是员工素质参差不齐，对于相同的课件有的吃不饱、有的吃不下，培训效果不理想，培训内容难确定；二是你教我学、你写我记的培训模式单调死板、教的没激情、学的没兴趣，培训效果难巩固，培训形式难出新；三是一考定音，将结果纳入奖金考核，答得出不等于做得到、做得到不等于愿意做、愿意做不等于做得好，不适应德、勤、能、绩的考核评价原则，培训效果难体现。

结合站库发展和生产实际的需要，储备库不断总结工作经验，形成员工培训“一日两考三学、一带二练三评”的“三三”培训法（图3），为站库提供发展动力。

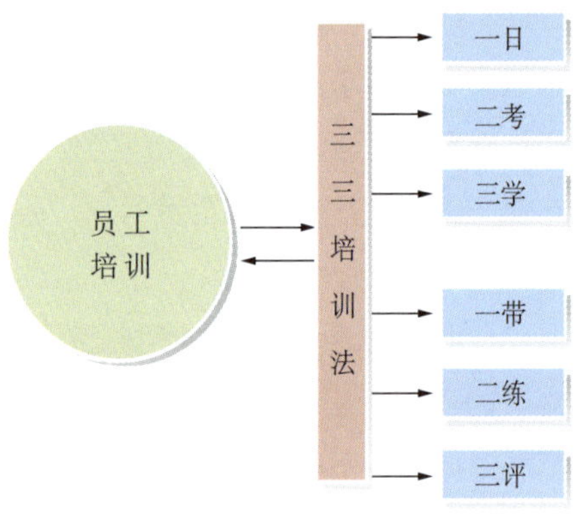

图3 “三三”培训法表述图

“一日”，指坚持每周一天的培训日制度，规定每周的星期一为培训日，全体员工从集输工技能、安全生产常识、储备库新设备操作与维护等方面入手，开展具有针对性地培训。

“两考”，指每月的理论知识考核和操作技能考核，每月考核验收当月的学习培训内容，将考核结果与员工的月奖挂钩，激励员工不断学习，不断进步。

“三学”，指以学政治、学安全、学业务为内容的三项学习。通过员工大会、生产例会、班前会、动员会等时间，以社会主义荣辱观、领导视察讲话、文件等为学习内容，提高员工的政治素养；通过集中授课、岗位练兵，技术比武、劳动竞赛等方式，提高员工的业务技能；通过案例分析、实战演练、消防器材培训、应急物资培训、文件学习、岗位风险源点辨识等安全培训，提高员工的安全素养。

“一带”，指业务骨干传帮带。由技术员、班组长和站库业务骨干手把手地培训新入站员工和基础较差的员工，通过技能传授、业务帮扶、操作带头等举措提高岗位员工技能。

“二练”指以标准操作与职业技能为主要的操作练习，由专门的技术干部负责，组织员工在现场实地操作标准化，做到“人人学、人人会、人人过”。同时，积极开展员工职业技能竞赛，组织员工职业鉴定专项培训，连续四年举办站库“技能杯”员工技术比武大赛，不断提高员工职业技能素质。

“三评”，指以考试成绩、日常表现和工作业绩为评价体系的培训考核机制。员工培训考核评价以岗位绩效量化考评管理方法进行，每月考核结果与员工当月奖金挂钩，全年综合成绩作为员工全年考评依据。采取奖罚并重，激励为主的考评原则,由每月的奖金考评会打分考核方式进行。

3．抓心情

以员工能亮出心情、打开心扉为工作基础和目标，掌握实际情况，解决实际困难，排除安全隐患，提高工作效率。

站库从员工角度出发，考虑员工想要什么、需要什么，替员工解决实际问题，帮助员工树立正确的观念，营造站库大家庭的良好气氛，总结出“六心管理法”，促进站库和谐发展。

1）特色支部引领人心

站库以党支部建设为核心,孕育党支部“四效”工作法，以构建党支部特色引领场站各项工作的开展，即“四好班子”建设力求实效、党支部组织建设完善高效、党风廉政建设文化增效、建区创岗党员引领显成效，彰显党支部工作活力，引领全体员工营造向党员看齐、向先进学习的良好氛围。

2）民主管理凝聚人心

加大站务公开透明度，大力推进“六表一卡一案”，发放工资奖金、领取劳保福利有标准化账目可查，每季度征集合理化建议，就站库管理、奖金分配、生活困难、后勤管理、安全管理、治安保卫、班子意见等方面征集意见，并在员工大会、站务公开栏上答复和公示。同时，与员工“零距离交谈”，做好员工谈心记录，拉近与员工的距离、消除隔阂、解决问题。

3）制度管理齐顺人心

修订完善人事管理、生产管理、技术管理、设备管理、QHSE管理、员工培训、考核管理等7大类规章制度，规范生产组织、QHSE体系、员工培训、成本控制、设备管理、业绩考核等6个方面的管理。同时，构建公平公正的绩效考评体系，由站库领导、各班组长、经管员、资料员组成站库奖金考评小组，每月召开奖金考评会，形成员工心齐、气顺的和谐氛围。

4）关爱员工情暖人心

每逢重大节假日，坚持慰问一线岗位员工，关心和帮助经济困难员工。

建立员工档案，在员工生日送上一份礼物、一句问候。挖掘员工的爱好，收集员工各类手工艺品，提供展示平台。同时，将员工餐桌作为站库的一件大事来抓，定期召开伙委会，广泛收集员工代表对食堂及后勤管理的合理化建议，通过关爱员工，营造站库和谐氛围。

5）兴趣活动欢乐人心

坚持“大型活动有计划、小型活动经常有”的原则，开展三八妇女节时装秀、五一劳动节“我运动、我快乐”主题运动会、五四青年节“传承五四精神，展现青春风采”为主题的诗歌朗诵大赛、“中秋展歌喉 挑战麦克风”晚会等节假日活动。同时，经常组织篮球赛、乒乓球赛、台球赛，不断丰富员工业余文化生活。

6）特色文化鼓舞人心

在员工活动室、宿舍走廊、生产区制作以员工照片为内容的宣传画，打造数字化宣传走廊、安全文化走廊、廉洁文化走廊、家园文化走廊、饮食文化走廊，营造家的氛围，打造家园文化；在电灯开关、水龙头等处制作节能温馨提示，开展节能宣传教育，宣传小常识，灌输节能意识，促使员工自觉节能，打造节约文化；在生产岗位制作安全提示牌，岗位安全温馨提示，用浅显易懂的语言、简练实用的文字、醒目的标示，时时刻刻提醒在岗员工，养成良好的安全操作习惯，关爱生命，杜绝违章，打造安全文化。通过各类文化的构建，耳濡目染，养成员工的良好生产生活习惯。

四、实施效果

“3+3”作业法构建了输油场站硬件设施数字化、日常管理流程化、员工管理人性化的新型高效运行模式,达到生产运行状态“稳”、日常管理水平“高”、员工队伍状态“安”的状态，在人员不增加、工作量增大的情况下，通过管理水平提升，确保各项生产建设任务圆满完成的企业发展要求。

因地制宜打造特色输油站库

高春兰　何　刚
（第三输油处）

一、基本情况

油房庄生产运行库是靖惠管线的中间站，也是联系长呼线、吴定线的枢纽站，对调整全处库存、平衡全线生产具有重要作用。按因地制宜加强三基工作的要求，确定“以安全生产为基石、以健康生活为支撑、以严肃工作为统领”的管理模式，以“站区错落有致、环境整洁优美、管理先进高效”为基本工作要求，切实发挥中间站在全处生产运行中的重要作用。

二、具体做法

（一）抓好支部建设，提高组织能力，发挥战斗堡垒作用

只有建设一个合格的班子，才会带出一支过硬的队伍。作为基层战斗堡垒的站党支部以油田公司“六个一”标准化党支部创建要求和输油三处党委工作要点为指导，依托党支部活动室建设，持续抓好“三项建设”。

（1）加强支部组织建设。通过考察和培养，推荐技术过硬、品德优秀、广大员工认可的骨干员工入党。党员从建站初期的两人发展到21人。并用“党员示范岗”、“党员就在身边”、“党员就在现场”等形式感召群众、凝聚群众，激发广大员工向党员学习、向党组织靠拢，立足岗位真抓实干，依靠发展建功立业的热情。

（2）加强支部思想建设。围绕发扬“延安精神、大庆精神、解放军精神”开展支部思想建设工作。用油田公司5000×10^4t的宏伟蓝图和第三输油处1300×10^4t的原油储输发展目标，引导党员干部树立政治意识、发展意识和责

任意识，促进员工队伍保持良好的精神面貌。同时，利用民主生活会、党员座谈会、党员民主评议会等开展“分析形式、确立目标、明确责任”和“我是党员、我该怎么做”等讨论活动，使党员干部进一步统一思想，充分认识谋划发展、带头实践的责任。在加强学习、统一思想的基础上，要求党员干部事事想在前、事事干在先，用党员的实际行动振奋人心、鼓舞士气。

(3) 加强支部作风建设。要求党员干部牢记“对上级负责、对员工负责、对自己负责”的行为准则，使作风建设更加联系群众。为此，开展“群众看党员、群众评党员”活动，让群众帮助党员查找不足，引导党员干部自觉接受员工的民主监督，树立尊重员工、关爱员工、为员工办实事、依靠员工谋发展的思想。使党员干部的言行举止得到群众充分认可，同时在生产管理中发挥积极的辐射带动作用。

（二）强化硬件建设，重视氛围营造，发挥文化引领作用

几年来，坚持建设“两室一廊一面墙”工作思路，把硬件建设、精细管理和文化引领相结合，员工工作生活环境得到不断改善，场站文化建设氛围日趋浓厚，基层建设工作取得长足进步。

(1) 硬件设施建设。按照“保障生产、整改隐患、提升形象”的原则，高标准、严要求，强化油维建设施工管理。先后完成计量间吸音墙安装、来油计量间扩建、化验室操作台改造等油维施工和隐患治理项目。建成和完善党支部活动室、员工培训室、员工之家、文化走廊等。场站硬件条件不断改善，现场管理标准不断提升，原油储运综合实力进一步增强。

(2) 文化氛围营造。坚持制度管理、文化管理相结合，倡导文化建站、文化管站、文化兴站。积极开展多种健康向上的文化活动，加强企业理念学习、讨论和理解，使优秀的文化理念在广大干部员工中融于心、化于行。在生产岗位悬挂标准作业程序，强化员工规范操作的安全意识；组织员工制作场站简介画册、进站安全宣传手册和安全教育片，充分展示场站蓬勃向上的发展态势。站控室文化走廊、廉洁文化走廊、安全文化走廊、宿舍楼绿色走廊等成为场站基层建设的亮点。风险提示牌、人机对话卡、安全警示语、操作警戒线随处可见，安全文化氛围浓厚活泼。

（3）开展“一报一栏一角”建设。“一报”，即党支部创办双月刊小报《青草地》，宣传输油处的重点工作，又充分展示场站在生产、安全、学习、文化等工作情况。“一栏”，即站务公开栏，及时公示场站管理事务，保证员工对场站管理的知情权、参与权和监督权。“一角”，即展示角，集中展示员工业余制作的小工艺品，创造员工相互了解和交流的机会。场站文化软实力进一步增强，文化建设在提升场站形象，激发团队内动力、执行力中发挥了更加积极的作用。

（三）完善制度建设，促进管理创新，发挥管理基础作用

在积极探索基层管理新经验的过程中，总结梳理适应场站生产建设和持续发展的管理方法。这些管理方法创新，为基层管理水平的稳步提高积累了宝贵经验，促进了场站标准化建设和管理水平的不断提高，为落实岗位责任和强化现场管理奠定了基础。

（1）“2331”管理法，即“两级三责，三控一标”的场站生产管理法。“两级三责”，即充分发挥场站、班组“两级管理职能”；强化干部指导服务责任、班长组织落实责任和岗位员工正确操作责任。“三控一标”，即建立生产组织协调受控、设备设施运行受控、人员操作行为受控的“三受控体系”；严格执行标准化作业程序，“只做规定动作、不做自选动作”，确保生产安全平稳运行。通过这“2331”管理法的探索与实施，保证了各项生产及建设任务的全面完成。该管理法荣获油田公司企业管理年优秀成果奖。

（2）党支部“3个4”工作法，即党支部“四教、四培、四情”工作法。“四教”，即利用支部会、员工倒班会、座谈会等形式，开展员工政治思想、文化理念、职业道德、法制观念等四项教育。“四培”，即充分利用各类学习活动，在潜移默化中注重培养党员干部的政治意识、责任意识、奉献意识和模范意识，通过党员干部的模范作用提高员工队伍整体素质。“四情”，即急员工之所急、想员工之所想、帮员工之所难，围绕党员情、工会情、团员情、集体情开展工作，力所能及为员工办实事、办好事，凝聚员工、维护稳定。党支部“3个4”工作法的探索与实施，在员工队伍中形成急、难、险、重任务向前冲，红旗敢扛，标兵必争的良好氛围。

（四）落实技术培训，提升综合素养，发挥员工主体作用

（1）搭建平台，学练结合。认真制定和落实员工培训大纲，完善培训教材，形成“一月、两讲、两练、两考”的培训模式。在系统培训集输工理论知识的基础上，明确提出“不仅要有场所、而且要有平台”、“不仅要聚人气、而且要强素质”的技能培训理念。利用技术培训广泛开展“员工技术讲台”、“我的岗位我来讲”等活动，为员工搭建学技能、比业务的技能练兵平台。利用安全教育广泛开展“岗位安全承诺”、“查隐患、保安全”等活动，为员工搭建落实六条禁令、争做安全明星的安全生产平台。制作岗位学习卡近400张，用“一卡一题”的形式，让员工学在岗位、练在岗位、用在岗位。使员工基本岗位操作技能得到不断强化，日常操作维护水平和应急避险能力等基本满足场站生产需要。

（2）综合培训，提升素养。在岗位技能培训的基础上，开展多层次专项培训，如工作礼仪、计算机操作、写作能力、演讲口才等，不断提高骨干员工的综合能力。

（3）通过开展现场清洁、节能降耗等生产劳动竞赛，把“干部带着干、班长抢着干、员工争着干”和“设备见本色、管网无渗漏、场站无油污、工衣无油渍”等场站文化理念融入其中，引导员工比技能、讲效率，树立踏实肯干、认真严谨、精雕细刻的工作作风。在学习岗位技能、业务知识的同时，把技能培训的效果体现到员工工作素养中，以适应企业发展的要求。

（五）建设家园文化，构建和谐环境，发挥工会暖心作用

（1）创建“职工小家”。以创建“职工小家”为目标，有计划、有步骤、有重点地开展“职工小家”创建活动，使场站工会小组的作用得到充分发挥，让员工在工作之余有一个温馨的生活环境，场站的人性化和民主气氛更浓了，班组的凝聚力和向心力得到进一步增强，也让全体员工切实感受到运行库这个大家庭的安全、温暖、民主。

（2）“家”里几件事。1月，为了减轻员工的思乡之情，在干部的精心安排下、员工的积极配合下，举办内容丰富、趣味横生的元旦喜乐会；3月开展三八妇女节庆祝活动，场站女员工跳绳、绑腿跑、打扑克，合影留念，晚上会

餐；冬至，室外狂风呼啸，食堂里热气腾腾，一早大家就开始剁馅，擀皮，包饺子准备晚饭。

3、持“家”有方。几年来的基层管理实践，场站总结提炼“生命致高、健康为本、关注安全、关爱员工”和“助员工之所需、想员工之所想、急员工之所急”的亲情文化理念等，并在干部员工中广泛推行。职工小家成为主人之家、爱心之家、亲情之家。

$60\times10^4m^3$长庆油田生产运行库于2011年10月18日顺利投产。老站区、办公区与新站生活区落差两米，新站生活区与新站生产区落差将近6m。整体站库布局从生产区、生活区、办公区呈步步高升的趋势。特色的站库布局形象地体现该站“以安全生产为基石，以健康生活为支撑、以严肃工作为统领”的管理模式。在今后的工作中，其将以“工作高标准、管理高水平、队伍高素质”为工作目标，以措施有效执行有力的“三基”工作为助推，发挥中间站作用，发挥枢纽站作用，以第三输油处的大发展为长庆大发展加油助力。

“六项”体验式工作法提升班组自主管理水平

杨林杰　肖一健　顾继萍　王尊天　陈相军
（第三采油技术服务处）

第三采油技术服务处吴三联合站立足班组建设，不断发现基层工作的难点和问题，本着对员工尊严的尊重及个人价值的肯定，探索适合基层自主管理的方式，形成了“一日站长”轮流制、“每月换岗”等六项体验式工作法，有效激发员工自动、自发、积极主动的开展工作，取得了很好的成绩。

一、实施背景

吴三联合站于2009年9月投运，设计年外输能力为30×10^4t，担负着第三采油技术服务处吴起区块的原油外输工作。由于第三采油技术服务处是转型单位，站内员工多数为原后勤服务岗位转岗至采油生产单位，接触原油集输工作的人较少，业务水平相对薄弱，缺乏大站管理经验。面对集输压力大、工作头绪多、安全管理要求高、基础管理薄弱等因素，必须要统一员工认识，提升专业技术水平，强化自主管理、团结协作意识。该站通过实施“一日站长”、“每月换岗”、“三级巡检”、“安全宣誓”、“岗位明星”、“感谢墙”、“爱心志愿队恳谈会”六项体验式工作法，不断活化班组管理方式，倡导从普通员工开始，从身边的点滴小事做起，保持班组活力，弘扬班组团队精神，推动班组精神文明建设，夯实了发展基础，提高了工作效率，创建了和谐团队，确保了生产运行安全平稳。

二、具体做法

（一）责任体验——“一日站长”轮流制

吴三联合站通过实施“一日站长”轮流制，让每位员工进行责任体验，强化员工主人翁意识。站上制定《“一日站长”工作职责》，明确规定站长在一天里该负责的工作，并组织站上全体员工进行学习，明确自己的职责。“当班站长”每天佩戴胸牌，主持召开晨会，安排全天生产，对具体工作进行分工。“一日站长”轮流制的实施，站上员工的责任意识、组织能力、协作精神显著增强。站长宋建国说：“以前我每次轮休，代班站长不熟悉站上的运行情况，站上总是电话不断，‘一日站长’轮流制实施后，我回家休息就可以放心了。”

（二）角色体验——“三级巡检”

吴三联合站执行“三级巡检”制度，即值班人员每2小时对站内设施设备进行巡检、中控岗通过数字化监控系统，持续24小时对现场设备运行情况进行监控、班站长24小时对生产现场，保证第一时间及时发现和处理站内异常情况，确保站内平稳运行。

（三）岗位体验——“每月换岗”

通过实施“每月换岗”让不同岗位的员工互相交流，分享工作经验，员工很快熟悉掌握了不同岗位的操作流程。“每月换岗”让员工工作积极性显著提高，增进了岗位员工的理解深度，达到“一岗精，两岗通，三岗会”的效果，团队合作精神显著提升。2011年12月16日，交油班女员工李梅由于父亲病重，由黄一丹主动临时代岗，一人兼资料、交油两岗，交油班工作未受到任何影响，得益于联合站“每月换岗”对员工的培训。

（四）意识体验——“安全宣誓”

吴三联合站每日通过宣誓：“违章指挥我不听，违章操作我不干，别人违章我制止，发现隐患我提出”的“安全宣誓”强化员工安全教育，并提高员工安全意识，从思想上拧紧“安全阀”，警醒员工按照岗位标准化、质量标准化作业。

2010年6月开始，每次班前会，吴三联合站上的40多名员工都要进行安全宣誓，一声声响亮的宣誓，在站场上回荡。副站长余清健说：“我们要发挥安全宣誓作用，让安全意识更加深入人心，用更加响亮的誓言来保障联合站的安全生产运行！”

（五）荣誉体验——“岗位明星”

吴三联合站坚持开展岗位明星评比活动，每月通过“比技能、比作风、比业绩”，上榜表扬工作中表现突出个人或者集体，充分发挥模范、先进的示范引导作用。用身边人、身边事教育激励全站员工崇尚先进、学习先进和赶超先进，营造浓厚的创先争优氛围。交油员刘玉进说：“做了岗位明星，自己的照片贴在荣誉墙上，即是对我的肯定，激励我更要努力干好本职工作。”巡检员王永庆说：“我要好好干，下个月的目标是当‘岗位明星’，上荣誉墙。”

（六）心灵体验——“交心恳谈会”

吴三联合站把员工的意愿和需求作为检验工作实效的重要依据，通过每月召开“交心恳谈会”，及时掌握员工思想波动情况，理解员工工作生活中存在的实际困难，关心员工冷暖疾苦，询问征集员工对站长在管理方式上的意见和建议，帮助他们及时解决工作、生活中的困难。引导员工在野外枯燥而寂寞的工作环境中，随时调节自我情绪，保持积极向上的心态，建立和谐的人际关系。“交心恳谈会”体现人文关怀，能及时疏导员工心理，有效增强团队凝聚力。交油员兼资料员闫小玲通过“交心恳谈会”，及时解决了夫妻两地的生活困难后说：“我爱人调过来了，我们两个一定好好工作。”副站长余清健说：“这小两口，一个好静，一个好动，两个人性格迥异，但却是那么合拍，在工作上互相帮助，生活上互相关心，是我们站的‘黄金夫妻档’。”

三、取得效果

通过六项“体验式工作法”的提炼和推广，员工积极参与班组管理，联合站自主管理水平不断提升，该站的管理特色、工作理念渗透到每个员工的日常工作中，极大促进了现场管理，切实提高了员工岗位技能水平与自我安全意识，同时增强了团队的凝聚力。员工对工作不等不靠，不推不拖，主动投身到各项生产工作中，班组开展工作、落实工作的效率得到显著提升，员工对班组认可，班组营造出了浓厚的“和谐”氛围。

“一书两卡三表四定”岗位巡检法

朱君虎　闫怀荣　蒲三龙　王晓江　刘　恺　崔田甜
（第五采油厂）

姬二计量接转站位于陕西省定边县姬塬镇官峁村境内，占地面积1832m²，隶属冯地坑采油作业区耿114应急班。2005年12月建成投运，2006年10月完成二期扩建工程，是采油五厂最大的双流程计量接转站。日输原油380多立方米。全站共有员工9名，其中男员工2名、女员工7名。先后被授予油田公司优秀“五型”班组、“巾帼创新示范岗”、中国石油先进班组、陕西省“五一巾帼标兵岗”等称号。

一、“一书两卡三表四定”巡检法产生的背景

姬二计量接转站是一个双流程建站、双系统运行的班站。在工作中员工们积极对待问题，在实践中积极总结经验、不断创新思维，改变工作方法。计量岗是站上任务最繁忙、最关键的岗位。计量岗岗位员工结合计量站的实际情况，总结日常摸索的工作方法，提出计量岗的“一书两卡三表四定”巡检法，充分利用数字化平台，依据巡回检查指导书、“PSRT”操作卡，每两小时现场巡检一次，对巡检线路定线、对巡检点定点，制定巡检标准，提高巡检的标准化程度。为实现精细化管理，保障生产平稳运行奠定了坚实的基础。

二、“一书两卡三表四定”巡检法的内涵

“一书”，即巡回检查指导书。

“两卡”，即巡回检查签到卡、“PSRT”操作卡。

“三表”，即巡回检查记录表、隐患预警登记表、班组巡检考核表。

“四定”，即定时巡检、定线巡检、定点巡检、定标巡检。

（1）定时巡检：利用数字化平台，岗位员工每半小时电子巡检一次、每两小时现场巡检一次。

（2）定线巡检：明确巡检内容、巡检点和巡检顺序，确定巡检路线。

（3）定点巡检：在定线巡检的基础上，明确所有巡检点的巡检内容、录取数据和巡检时的风险源。

（4）定标巡检：严格按照制定的标准巡回检查，做到制度的有力执行、人员的有效执行。

三、“一书两卡三表四定”巡检法的主要做法

（一）“一书”

（1）以标准作业程序为依据，结合班组设备和现场实物照片，制成班组的巡回检查指导书（图1），将检查内容进一步细化，巡回检查指导书上记载着巡检路线、巡检部位、巡检参数和相关的操作要求及注意事项等，内容全面细致，翻阅时就像身边有位专家在指导一样，杜绝了员工巡检找不到重点的情况发生。

图1 巡回检查指导书

（2）班组在推行巡回检查指导书的基础上，根据站内实际情况，对一些较容易出现隐患的重点对象，制定相应的应急预案，并且经常性地组织站内员工预案演练，对整个隐患的形成深入分析，从演练中发现问题，不断完善预案，使其更具有实用性。反复的预案演练不仅让员工领会到防患于未然的重要性，也提高了员工对突发事件的处理能力，从而形成“巡检——发现问题——解决问题”的完整体系，有效地提升了班组自身安全

管理水平和员工安全生产的意识。

（二）“两卡”

1．完善创新，建立图示化“PSRT”操作卡

在推行巡回检查指导书的基础上，让员工不仅可以检查故障，而且能够分析故障原因及一些主要设备内部故障的发生部位，做到知其然，更知其所以然。姬二计量接转站结合设备平面图（标注各部分名称）、设备内部结构图（标注各内部件名称）、设备工作原理及常见故障分析与排除，制作以班组设备实景为背景的“PSRT”操作卡（设备原理：principle；设备结构structure；巡检标准程序rule；故障排除trouble shooting）（图2）张贴于各种大型设备旁，让员工在巡回检查过程中，既能直观分析故障，又可以深入分析，形成全方位、立体化的认知，对员工来说整个巡检过程清清楚楚、明明白白，极大地提高了员工巡检的自信和能力。

图2　图示化PSRT操作卡

2．痕迹管理，巡回检查确认卡显身手

为进一步增强员工巡检责任心，避免在巡检过程中走过场、不到位等情况，班组制作巡回检查确认卡（图3），员工在检查完毕后，要认真地填写检查情况，使检查留下“痕迹”，其内容包括巡检时间、地点和检查情况。班组长可以通过巡回检查确认卡随时掌握员工的巡检情况，并对员工巡检的质量进行“第一印象”的评价。痕迹管理的应用既培养了员工严谨的工作态度，又对员工的巡检工作起到了很好的督促作用，有效提高了巡检工作的质量。

图3 巡回检查确认卡

（三）“三表”

(1) 创新巡回检查表，实现交互式层级巡检

在巡回检查指导书的规范下进一步完善巡检体系，根据班组巡检的实际情况，制定站内大班、班站长巡回检查表，在小班正常两小时巡检的基础上，融入班站长、站内大班两级巡检，将过去简单的巡回检查记录表变成有巡检路线、阶段重点、参数录取的新型巡回检查记录表，在没有特殊情况下，大班每一班巡检一次，及时处理小班发现的问题和对主要设备进行更加详细的检查，确保设备正常运转，提高注采时率。站长每天零点和早上八点交接班时巡检两

次，查看小班及大班巡检情况，并落实其是否按照要求的路线和巡检点巡检，杜绝“假”巡检现象。同时，分析、对比站内录取的各项参数与前期数据，及时发现问题，排除隐患。通过三级巡检体系的建立，使巡检形成层级负责、相互监督的良性局面，构成全方位、立体化交叉巡检，杜绝巡检漏洞，提高了巡检深度及质量。

(2) 推行预警登记表，确保风险管理全程受控

通过按照规定路线、次数开展的周期性巡检工作，班组能及时排除常见隐患和故障。由于生产中隐患的潜伏性、不可预见性，为了保障生产的真正顺畅和连贯，必须根据设备的特点及运行方式、负荷情况及自然条件的变化，在特殊时期加密巡检，为此班组推出预警登记表，对较容易出现的隐患及故障登记在案，作为重点防范对象，制定相应的应急预案，将万分之一可能发生的事故进行百分之百的防范。隐患和故障不断的排除，增强了员工对巡检的兴趣，逐渐提高了员工对巡检工作的认可和成就感，有效地激励员工按照“一书两卡三表”岗位巡检法开展日常巡检工作。

(3) 制定班组巡检考核表，强化巡检“执行力”

为不断推进和完善“一书两卡三表四定”岗位巡检法，姬二计量接转站结合班组实际情况，根据推行初期的特殊需要制定激励与考核相结合的管理办法，督促员工严格按照“一书两卡三表四定”岗位巡检法，最终养成习惯。班组强调自主工作的环境和氛围，充分将班组愿景与员工自我价值实现相结合，在此基础上与员工签订“自我承诺书”，调动员工主观能动性和工作的积极性。同时，制定班组巡检考核表，将巡检的每个环节纳入考核范围，用制度约束员工的巡检行为，保证巡检的质量和效果，通过“两手抓”，班组达到预期的目标，使员工逐渐养成良好的巡检习惯，并且切实有效地推进“一书两卡三表四定”岗位巡检法在全站的实行。

(四) “四定”

1．定时巡检

姬二计量接转站计量岗员工根据班组实际情况，充分整合数字化平台和班组的人力资源，明确规定巡检时间，要求岗位员工每半小时在中控电脑上巡检

班组的设备运行参数及井组生产动态，每两小时现场巡检班组设备流程，班组长每班随机抽检。数字化的运用和人员的交互巡检，既减低了员工劳动强度，又加密了巡检频次，更好地确保生产安全平稳。

2．定线巡检

作为巡回检查的基础，一条明确而合理的巡回检查路线至关重要。姬二计量接转站根据班组生产实际，制定与岗位对应的巡回检查表，确定巡检路线（图4）。

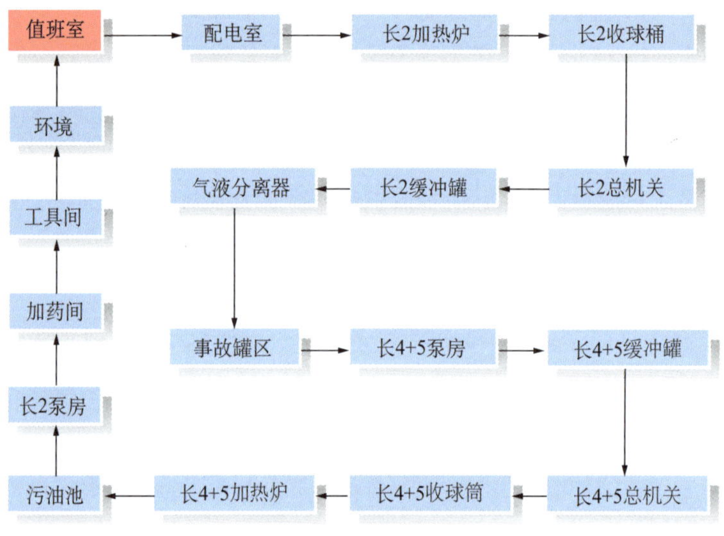

图4　巡检路线图

3．定点巡检

巡回检查所需工具（表1）和工具的使用；巡回检查线路上的每一个区块都有很多关键点，比如泵房需要重点检查压力、温度等情况（图5）。

4．定标巡检

严格按照制定的标准巡回检查，做到制度的有力执行、人员的有效执行。班组自主创新，推行定标巡检卡，巡检卡分为两个部分：第一部分记录要检查

表1 所需工具及作用

工具	作用
电笔	用电笔检查各电器是否有漏电现象
棉纱	巡检过程中，对小面积油污进行随手清理
小活动扳手	巡检过程中，对所要检查的螺丝，设备进行敲打，检查是否松动，并且对松动的螺丝及时上紧
F扳手	巡检过程中，对于没有关紧的阀门，及时关紧
绝缘手套	检查配电室，加药间，要戴绝缘手套，防止触电

的重点部位及录取参数，注意事项和标准巡检操作的温馨提示；第二部分是岗位员工的签到记录，是对员工巡检的一种督促。

四、“一书两卡三表四定”巡检法取得的成效

（1）“一书两卡三表四定”岗位巡检法“来自班组、用在班组”的特性，充分调动和发挥了班组员工的积极性和主观能动性，实现安全管理由“刚性”管理向“刚柔相融”管理的转变，使队伍的执行力、凝聚力和向心力得到提升，让广大员工的安全意识、安全观念及安全态度发生了质的转变。同时，班组全员参与的特性进一步提高班组的巡检工作质量和标准，班组员工能准确把握安全生产的重点和要点，熟练掌握主要设备的结构、工作原理、常见故障分析与排除，并及时发现生产中的隐患，有针对性地防范，有效地确保了安全生产的顺畅。

（2）进一步提高了员工标准操作水平，养成从细节抓住问题的严谨工作作风，实现班组精细化管理，确保了各项工作和人员的全面受控。同时，进一步提高了员工独立思考、自主开展工作、独立发现问题和解决问题的能力，实现班组由制度约束向自主管理的转变，切实增强了班组整体战斗力。

（3）“一书两卡三表四定”岗位巡检法的实施和推广调动了班组员工的创新意识，营造“上下互动、齐心协力、沟通交流”的良好氛围，为构建全员参与、推陈出新的新管理格局拓宽了渠道。

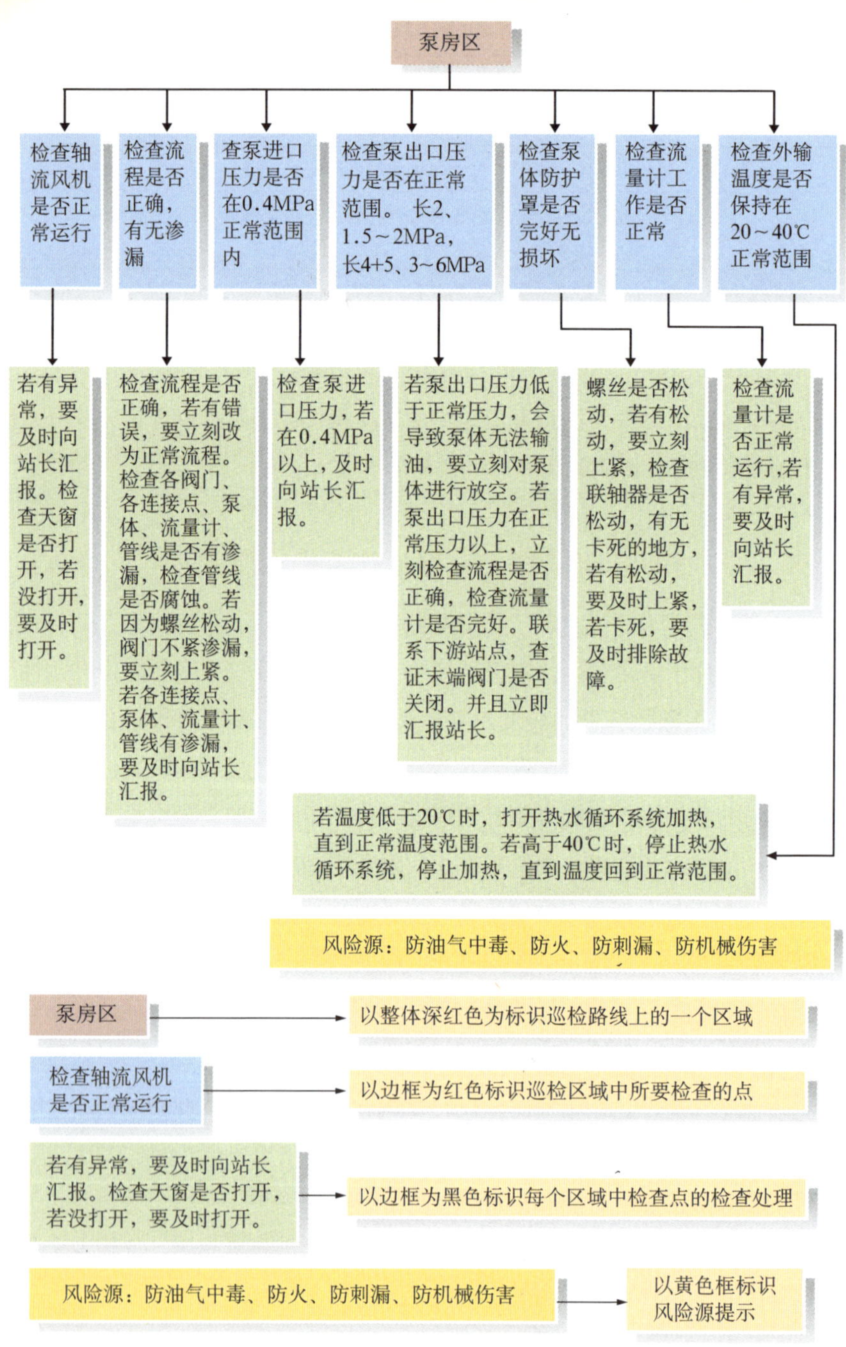

图5　泵房区巡检点检查及处理方法